グローバルビジョンと5つの課題

―― 岐路に立つ国連開発 ――

ブルース・ジェンクス　ブルース・ジョーンズ●編
丹羽敏之●監訳

SINCE 1975
人間と歴史社

United Nations Development at a Crossroads
by Bruce Jenks and Bruce Jones
Copyright © 2014 Center on International Cooperation
Japanese language translation rights arranged directly with the New York University Center on International Cooperation on behalf of the authors through Tuttle-Mori Agency, Inc., Tokyo

日本語版発刊にあたって

岐路に立つ国連開発

　2013年8月、ニューヨーク大学国際協力センター（CIC）から『United Nations Development at a Crossroads』（邦訳『岐路に立つ国連開発』）と題する報告書が発行された。主要著者はコロンビア大学のブルース・ジェンクスとブルッキングス研究所のブルース・ジョーンズで、日本を含む5カ国政府の資金協力で実現したものである。本報告書は、急速に変貌する開発環境の背景のもとに、現在進行中の「国連開発システム」の将来の役割に関する国連加盟国間の意見交換にはずみをもたらしている。本報告書は世界の主要都市で紹介され、好感をもって迎えられた。そして現在、「国連開発システム」の改革に関する議論と論文に頻繁に引用されている。

　2014年の「国連経済社会理事会」（ECOSOC）においては、「国連開発システム」の改革に関する議論がさらに強まり、その一方で、絶え間なく変化を続ける開発環境の分析作業にはずみがかかった。他方で、2015年9月の国連総会で採択予定の「ポスト2015開発枠組み」をめぐる折衝においては、その新しい開発枠組みがどういったかたちで「国連開発システム」に影響を及ぼすかに注目が集まっている。

　「国連経済社会理事会」は決議第2014/14で、2014年度の開発活動に関する本質的討論において、変貌する開発環境における「国連開発システム」の総体的役割、そして「国連開発システム」が新しい課題に対応する必要性に関する意見交換を歓迎した。これに関して、国連加盟国とすべての適切なステークホルダーによる、「ポスト2015開発議題」を配慮した「国連開発システム」の長期的位置付けを、透明かつ包括的に話し合うための会合を開

催することを決定した。また、「国連開発システム」の機能、資金調達、統治体制、キャパシティと影響力、パートナーシップ、組織上の構成の相互関係の分析を要請した。

　2015年前半において、各種のワークショップを通して具体的に進展させる努力がなされており、2015年末から2016年にかけて具体的な行動計画が採択される見通しである。こうした包括的政策についての対話で使われている多くの概念や枠組みは、2013年に発表された報告書『岐路に立つ国連開発』に由来している。

　『岐路に立つ国連開発』の重要部分の一つが、本書の5つのケーススタディである。これらは報告書に必要な分析のために、特別に依頼して作成されたものである。これらのケーススタディを統合したものは『岐路に立つ国連開発』本体に含まれてはいるが、あくまでケーススタディは独立したものであり、参考としてニューヨーク大学国際協力センターのウェブサイトにて提供されてきたものである。

　これらのケーススタディは、発表時の2013年に妥当であったように、現在でもひき続き妥当である。ここで取り上げられた主題は、現在進行中の政策についての対話の中心に位置するものである。たとえば「持続可能な開発」に関する論文は、現在進行中の「ポスト2015開発議題」交渉の中核にある。「気候変動とエネルギー」関係の論文は、今年12月パリで開催される気候変動サミットにとってまことに重要である。「グローバルヘルス」は、エボラ出血熱の急激な発生を期にさらに関心が高まっている。「食糧安全保障」は、引き続き特別の関心事である。「脆弱国」の先ゆきは、各国の一番の関心事であり、貧困撲滅への決意と複雑に絡み合っている。

　最後にこれらの論文で使われている、傾向を示すデータは現在でも有効なものと確信している。

2015年5月

ブルース・ジェンクス

序に代えて

国連児童基金（ユニセフ）前事務局次長
関西学院大学総合政策学部特別客員教授
丹羽敏之

　2013年8月、ニューヨーク大学国際協力センターから "United Nations Development at a Crossroads"（邦題『岐路に立つ国連開発』）と題する「報告書」が発行された。

　私がこの国連開発活動に関するこの「報告書」の企画を知ったのは、その1年前の2012年のことであった。私が26年間勤務した国連開発計画（UNDP）時代の同僚で、後年、私がユニセフ（UNICEF）事務局次長として国連機関相互調整等組織政策課題に携わっていたころ、UNDPでの交渉相手でもあった著者の一人、ブルース・ジェンクス氏から次のような話があった。

　「ニューヨーク大学国際協力センターおよびアメリカ・ブルッキングス研究所のブルース・ジョーンズ氏と共同で『国連開発システム』に関する歴史・現状分析とその将来を論ずる報告書を作成したい。そのためにはまず、今までほとんど試みられていない、専門機関、計画、基金、事務局、部局といった、多数の組織からなる『国連開発システム』に関する各種統計を集計し、システムの全体像をつかみ、その活動規模をよりよく理解する必要がある。さらに国際政治環境の変化、技術革新とグローバル化およびNGOなどの民間機関の台頭により、『国連開発システム』を取りまく諸環境は劇的な変貌を遂げている。そして今日、国際社会が直面している主要開発課題は複雑化し、『国連開発システム』は全体的な立場から対処する必要性に迫ら

れている。したがって、こうした開発課題を深く切り込んで分析してみたい。そうした研究結果にもとづき、『国連開発システム』が直面する課題と対応策を改めて検討し、今後の改革推進努力に資したい。

　ついてはドナーからの資金協力を得てこの企画を進めていきたいと思うが、日本からの協力を打診してもらえないだろうか」──。

　ちなみに私は、前国連事務総長コフィ・アナンに請われ、国連本部総務担当事務次長補として奉職した1997年から2004年までの7年間を除き、1971年から2007年までの36年間、UNDPとUNICEFにおいて、終始一貫して人道、開発活動に携わってきた。国連常駐調整官、UNDP常駐代表、その他の資格でイエメン、ネパール、タイ、タイーカンボジア国境といった人道開発最前線での経験と、政策管理経営責任に携わったUNDPとUNICEF本部幹部職員としての経験から、個々の国連機関を超えて「国連開発システム」全体を対象とする企画がいかに有意義なものであるか、また、変貌する世界の中での「国連開発システム」のあり方や、「国連開発システム」が将来その力をいっそう発揮できるための本質的な国連改革探求の必要性を痛切に感じていたので、諸手をあげてこの企画に賛同した。

　たまたまそのとき私は、いったん引退した身ながらUNDP東京事務所の臨時代表を務めており、開発協力の将来に関心を持つ一個人として、この申し入れを日本政府につなぐことにした。

　その後、この企画はデンマーク、オランダ、ノルウェー、スエーデンおよび日本といった多国間協力に積極的なドナーからの資金提供のもとに実施されることとなった。

　報告書作成作業が最終段階に達したころ、その草案のたたき台として日本外務省の協力のもとに、世界に先駆けて東京で報告書草案の共有と意見交換を目的とするシンポジウムを試みてみたが、残念ながら日程その他の理由から実現に至らなかった。

　しかし一方、英語での限られた参加者だけを対象とした一回限りの、そして専門性の高いシンポジウムよりも、報告書の「日本語版」出版を通してこ

の「報告書」の存在と重要性をより広く日本国民に知ってもらうことのほうがはるかに望ましいのでは、と感じた。

　そこで「人間と歴史社」の佐々木久夫社長に相談したところ、「ぜひ翻訳本の出版をしたい」との返事をいただき、日本語版が世界に先駆けて昨年6月『岐路に立つ国連開発』と題して出版された。その重要部分のひとつが本書の5編のケーススタディであり、その抄録は『岐路に立つ国連開発』に記載されている（Part 3　国連開発システムの新たな課題、3.2.　ケーススタディ〈抄録〉）。

　このケーススタディの性格と意義については、ジェンクス氏の「日本語版発刊にあたって」で述べられているので、私はケーススタディ全体を通して理解するためにも、その作成の源となった報告書『岐路に立つ国連開発』についてその特徴を記してみたいと思う。本書とあわせてお読みいただければ幸いである。

　まず第一に、両著者の指導のもとにニューヨーク大学国際協力センター(CIC)で国連開発システム全体に関する各種統計が集計され、初めて"国連開発資産"の全体像が解明されたことである。『岐路に立つ国連開発』にあるように、「国連開発システム」の活動規模が年間260億ドルまでにのぼり、常時5万人のフィールドスタッフをかかえ、大小含め常駐の国事務所の総数が1000にも達していることを誰が今まで想定したであろうか？

　では、なぜこれまでにそうした全体像を示すデータ収集が試みられなかったのか？

　私の理解では、これは「国連開発システム」が自律・独立した組織により構成され、各機関の説明責任が当該管理理事会、あるいは代表理事会どまりであり、したがって作成される資料も当該組織単位であることによる。また、それとともに国連加盟国自体に「国連開発システム」を完全に一本化して統治・監督するような省庁体制が存在しないことにもよるものと思われる。

　反面、『岐路に立つ国連開発』で試みられている集計には、ある程度の原

データ分類解釈が不可避なため、若干いろいろな果実を詰め込んだ「果物籠(かごもの)」のような性格があること否定できない。しかしそうした不完全さよりも、「全体像」を初めて把握したこと自体を高く評価すべきである。

　第二に、『岐路に立つ国連開発』は「国連開発システム」を学術的・外部的観点からと、実務的・内部的観点の両方から論じている。そして複雑な「国連開発システム」をバランスよく明確に分析し、過去70余年にわたるその歴史を簡潔に説明し、独自の"歴史観"をもとに「国連開発システム」の将来の可能性を論じている。

　ひと言で「国連開発システム」といっても、30以上にもおよぶ自律・独立した組織により形成され、その役割と分野は多岐に及ぶ。「国連開発システム」は大別して、国連食糧農業機関（FAO）、国連教育科学文化機関（UNESCO）、世界保健機関（WHO）、国際労働機関（ILO）といった「専門機関」のように、セクター別、"垂直型"にその役割と権限が定められたものと、国連開発計画（UNDP）、国連児童基金（UNICEF）、国連世界食糧計画（WFP）、国連人口基金（UNFPA）といった「計画」や「基金」のように、援助対象あるいは目的により"水平型"にその役割と権限が定められている2つのグループから成っている。さらに、国際金融機関である世界銀行、国際通貨基金（IMF）も「専門機関」として重要な一角を占めている。

　業務管理体制については、専門機関のように"本部主導型"のものと、多くの計画・基金のように"国事務所主導型"のものとが混在し、また各々が独自の支持層、利害関係者、地盤そして予算形態を持っている。

　それゆえ、「国連開発システム」内に異なった開発理念と指向が存在するのは当然かもしれない。そのため、各機関とこれを取りまく環境を、「ひとつの国連開発システム」として論ずることはたやすいことではないであろう。したがって、説得力をもって「国連開発システム」全体の将来を語る場合、いかに適切なバランスのとれた分析が必要であるかは自明である。

　『岐路に立つ国連開発』は、そうした「国連開発システム」の直面する課

題を、まず国連開発を取りまく環境変化の観点から、そして次に抄録である「気候変動」「エネルギー」「食糧安全保障」「世界保健」「持続可能性」「脆弱国」といった、「国連開発システム」が直面する本質的諸課題をケーススタディとして取り上げ、各分野の専門家により詳細な"深い潜り"（deep dive）を試み、究明している。さらに、「モザンビーク」という一つの国を例にとり、具体的に国レベルで「国連開発システム」が直面している状況を観察し、いかに環境の変化に立ち向かっているか論じている。

『岐路に立つ国連開発』はそうした本質的課題にとどまらず、「国連開発システム」の中心機能に焦点をあて、「形態」「資金」「統治」の三面から、また本質・プログラム的観点と経営管理的観点の両面から、改革の必要性を説いている。さらに、より拡大してきている利害関係者を念頭に置き、「三つの国連」すなわち「加盟国」、「国連事務局、国連開発機関事務局」そして「NGO、学者、コンサルタント、専門家そしてその他の非公式なネットワークも含めた市民社会・民間セクター」の観点から捉えている。

こうした分析をもとに、国連開発システムの将来にとって、過去に試みられたような早急な解決法、たとえばいくつかの組織に手をつけることにより改革を遂行するといった、いわば短期的な安易な解決法ではなく、"急がば回れ"的な中長期的な解決法、つまり加盟国政府、諸国連機関を越えた非公式で広い対話により、「国連開発システム」全体の改革を押し進めるアプローチは、その存在、現状、限界を考えれば当然かもしれない。

『岐路に立つ国連開発』でハイライトされている「国連開発システム」の難題は、極度の断片化、コア資金とノンコア資金のバランスの問題、そして一貫性欠如対策としての「ひとつの国連としての援助提供」（Delivery as One）構想である。これらはすべて、多国間協力機関としての「国連開発システム」の存在理由に関わるまことに深刻な問題であり、そこに広く脚光が当てられているのは喜ばしいことである。

第三に、『岐路に立つ国連開発』にはいくつかの新たな"疑問点"が浮かび上がってくる。まずはじめに、『岐路に立つ国連開発』は過去三回にわた

り「国連開発システム」は大きな改革課題に直面し、そのつど成功裡に対処してきた。したがって今回も原則的に充分な理解と努力があれば、現在直面する開発課題も乗り越えることができる、としている。もちろん、この最終的結論に関して異論はないが、果たして今までの「国連開発システム」の改革対応努力がそのつど適切であったかどうかについては議論が分かれるであろう。

　私自身、開発の最前線で経験したが、1970年代から1980年代末までの20年間、UNDPを中心とした「国連開発システム」の国別計画（Country Programming）努力は今一歩であったと、少なからず感じている。

　これに関連した次の疑問は、開発の"最終目的"を何に定めるか、ということである。「開発」はじつに複雑なプロセスで、いろいろな局面と要素からなり、たとえばあるプロジェクトがA国で成功したからといって、同じことをB国で計画・実施しても成功するとは限らない。そこには技術的な局面とともに、政治、経済、社会的要素が微妙に絡まり合ってくる。したがって、『岐路に立つ国連開発』で強調されている「グローバル公共財」といった世界的、普遍的目的達成のための努力と同時に、国レベルでの計画立案・実施能力が今後引き続き大切なのではないか、と考えられる。

　さらなる疑問点は、果たして横並びの、そして機関間上下の説明責任の存在しない「国連開発システム」において、誰が、どのようにその"まとめ役"になり、必要とされる指導力を発揮するかという点である。当然、"国連事務総長"がまず念頭に浮かぶが、果たして国連システム事務局長調整委員会の「議長」としての現存の調整機能以上の指導力を発揮できるか否か、疑問が残る。

　つぎに、具体的に本書および『岐路に立つ国連開発』の日本にとっての意味について述べてみる。

　まず第一に、国連開発の現状を見つめることで、世界の先が、国連の先が、見えてくるということである。『岐路に立つ国連開発』にあるように、日本がアメリカに次ぐ第二の「ODA拠出国」「国連分担金拠出国」であり、

加えて「平和維持活動予算分担金拠出国」、および「世界銀行国際開発協会拠出金提供国」、「国連開発関係任意拠出金提供国」においてもそうでありながら、残念なことに、日本において「国連開発システム」はまだまだまだ身近な存在ではない。

そのため、『岐路に立つ国連開発』のような「国連開発システム」全体の仕組み、歴史、現状、課題、そしてその将来をかなり踏み込んだかたちで説明する書物は珍しく、多くの読者にとってよき「国連開発システム入門書」であると思う。そこにはあまり注目されていない世界の現状が生々しく語られており、国連開発システムの"大株主"としての日本の責任と使命が明示されている。

国連本体、国連システムにおいて、「日本の顔が見えない」という声を聞く。最近はだんだんと若い邦人国連職員の数が増えているのは事実であるが、まだまだその数は分担金、拠出金レベルと対比しても低迷している。ましてや、幹部レベルの邦人の数は極端に少ない。たとえば、ひと昔前には事務次長補（Assistant Secretary- General）クラスの幹部職員が国連本部、ユニセフ、国連開発計画、国連人口基金に一人ずついたのだが、暫く一人も存在せず、全滅の状況が続いていたが、やっと最近国連開発計画に一人だけ復活した。

なぜそうなのかを考えると、やはり「国連開発システム」を多角的に理解する仕組みが、日本には存在しないため、と思えて仕方がない。もちろん、ほかにも理由があるとも思うが、まず、日本社会で「国連開発システム」をよりよく理解してもらうことから始めなければと、痛感している。

第二の点は、たとえば「ユニセフ」といった特定機関に関する書物はあるものの、国内には『岐路に立つ国連開発』のような「国連開発システム」に関する文献は私の知る限り、今のところ皆無である。これは日本に限ったことではなく、世界的にそうしたものが稀なので当然かもしれない。したがって、これだけ内容の充実した、「国連開発システム」の実態を把握することのできる機会を見逃すのは、まったく"もったいない"と思う。

第三の点は、『岐路に立つ国連開発』は日本の二国間援助の将来にも参考になる、ということである。「国連開発システム」をはじめとする、他の多国間ドナーとの協調、他の二国間援助機関との連携、NGO・市民社会、そして「ゲイツ財団」をはじめとする慈善団体や民間セクターとの連携強化は、日本の援助機関にとっても課題だと思える。
　第四に、改革といえば当然「国連本体」の改革も眼中に入れるべきであろう。政治機関としての国連改革は政治問題であり、「国連開発システム」の改革とは別の課題ではあるが、日本の将来にとって、緊急な課題として共通することは否定できない。なぜなら開発は「平和」と「安全」に依存し、なおかつ相互強化の関係にあるからである。そうした必要性を再認識するきっかけを『岐路に立つ国連開発』が提供することになれば幸いである。

　さて本書の対象になった５つの論文は『岐路に立つ国連開発』の分析のための"たたき台"として各分野の専門家に依頼して、独立したケーススタディとして作成されたものである。これらのケーススタディは日本を含むドナー５カ国からの資金協力で実現した『岐路に立つ国連開発』の重要な構成部分であり、その簡単な概要は〈Part 3　国連開発システムの新たな課題〉にて提供されている。また〈Part 4　岐路に立つ国連開発〉および〈Part 5　改革議題〉にても頻繁に言及されている。
　これらの対象となった気候変動とエネルギー、食糧安全保障、持続可能な開発、グローバルヘルス（世界保健）そして脆弱国、という５つの分野は各々広くかつ複雑である。したがって、これらの比較的簡単な概要、あるいは抄録だけでは『岐路に立つ国連開発』の本論である"国連開発の今後の課題"を一般読者が充分認識することは難しいのでは——と危惧していたので、これらの論文自体をまとめて追加出版するとの「人間と歴史社」の決定を歓迎していた。
　これら論文は対象となった各分野での国連開発の課題を簡潔にまた的確に把握し、分かりやすく説明している。これはひとえにこれらケーススタディ

に第一線の執筆者が登用され、中立な、客観的な観点から、分析を行なっていることによる、と思われる。

　ケーススタディは、編者のジェンクス氏が「日本語版発刊にあたって」で述べているように、『岐路に立つ国連開発』が作成された2013年に適切であったように、現在でも引き続き適切である。たとえば取り上げられたテーマの一つである「持続可能な開発」は、2014年12月に発表された国連事務総長レポートをベースに現在活発に進行中の"ポスト2015、ミレニアム開発目標後の開発課題"交渉の中核に位置している。また「気候変動とエネルギー」に関する論文は、2015年12月の「パリ気候変動サミット」（COP21〈気候変動枠組み条約第21回締約国会議〉）にとって誠に重要である。そして、2014年に西アフリカで急速に連続して発生したエボラ出血熱を機に世界保健機関（WHO）の役割とその活動内容に一段と感心が高まってきている。「脆弱国」の課題が引き続き世界の特別の関心事であることは最近のシリア、イラク、ISIS（イラク、シリア、イスラム国）、リビア、そしてイエメン、での状況にかんがみ自明である。

　本書におけるこれらの論文の日本語版出版により、2014年に日本で出版された『岐路に立つ国連開発』で展開された開発課題と将来の方向性が、より良く日本の読者に理解されるものと期待している。

2015年6月
アメリカ合衆国コネチカット州グリーニッチにて

凡例

本書は『United Nations Development at a Crossroads』（by Bruce Jenks and Bruce Jones , Center on International Cooperation）の Part 3「ケーススタディ」を完訳したものである。ただし今回の日本語版出版にあたっては5つのグローバル課題に焦点を絞ったため国レベルでの開発具体例であるモザンビークのケーススタデイ (Mozambique Country Case Study) を割愛した。また、本文中の見出しは読者の理解を助けるよう編集部の責任にて付した。また、原注（＊）は本文該頁当に、訳注（肩付き数字）は章末に新たに編集部で付した。

グローバルビジョンと5つの課題
―― 岐路に立つ国連開発 ――

目次

日本語版発刊にあたって
序に代えて

1　気候変動とエネルギー　21

Part 1　気候変動とエネルギー問題の趨勢　24
1. これまでの気候変動の動向
2. 現在までのエネルギー問題の動向
3. 変化する開発協力のかたち

Part 2　気候変動とエネルギーの課題　30
1. 法的義務としての気候変動対策
2. 開発課題としての気候変動
3. チャンスとしての気候変動
4. 交渉カードとしての気候変動
5. エネルギー需要の変容
6. 中心的問題としてのエネルギー
7. 拡大するエネルギーの未来像
8. 新たな活動主体
9. 地政学の変容

Part 3　変化する状況への対応　46
1. 過去の改革努力
2. 求められる新たな取り組み
3. 能力開発の必要性
4. 透明性・情報伝達・参加型対応
5. 民間セクターとのパートナーシップ

Part 4 「SE4ALL」―すべての人のための持続可能なエネルギー　*55*
　１「SE4ALL」の戦略的意義
　２ 新たな問題解決システム
　３「SE4ALL」の支援分野

2　食糧安全保障　*73*

Part 1 「食糧安全保障」をめぐる世界的動向　*75*
　１ 食糧安全保障の歴史的背景
　２「食糧安全保障」の定義
　３ 今日の「食糧安全保障」
　４「食糧安全保障」の未来予測

Part 2 「食糧安全保障」のグローバルガバナンス　*94*
　１ 国連食糧関係機関のポジションの変化
　２ グローバル化に伴う枠組みの変化
　３ 問題解決への道
　４ 前進への道
　５ 世界的・戦略的議題へ

Part 3 グローバルガバナンスの課題と挑戦　*115*
　１ 食品市場のグローバル化
　２ 食糧システムの脆弱性
　３「グローバル公共財」と「グローバル公共悪」
　４「食糧・栄養安全保障」と国連の役割
　５ 解決可能な道筋
　６ 開発途上国における食糧・栄養安全保障の現状と課題

3　持続可能な開発　*131*

Part 1　「持続可能な開発」とは何か　*135*
1. 概念の核心にある"曖昧さ"
2. 変化する中心概念

Part 2　「持続可能な開発」における国連の役割　*143*
1. 知識とデータの収集
2. 政府間の意思決定に対する支援
3. 資金調達
4. 国レベルでの実施

Part 3　「持続可能な開発」におけるこれからの国連の役割　*161*
1. 「持続可能な開発」の政治的状況と国連のリーダーシップ
2. 「ミレニアム開発目標」から「持続可能な開発目標」
3. より明確な変革理論に向けて
4. 「共通意識」の構築を通じた議題設定
5. 新しいパートナーシップの形

「持続可能な開発」——10の領域

4　グローバルヘルス　*183*

Part 1　世界保健の沿革　*186*
1. 初期の世界保健
2. 「世界保健」をめぐる構成の変化
3. 資金援助拡大の影響

Part 2　世界金融危機の波紋　*194*

Part 3　世界保健の現況　*199*

Part 4　直面する5つの課題　*205*

- 課題【1】　持続可能な資金調達
- 課題【2】　世界の「富」の偏在
- 課題【3】　世界保健の新たな使命
- 課題【4】　世界の食糧供給
- 課題【5】　気候変動

Part 5　世界保健の成果と未来像　*231*

5　脆弱国　*237*

Part 1　「脆弱国」とは　*239*

1. 脆弱国の背景を分析する
2. 脆弱国の類型

Part 2　脆弱国における国連活動　*242*

1. その規模と存在感
2. 国連開発の関与
3. 国連活動の規模

Part 3　紛　争　*248*

1. 紛争と開発
2. 紛争の原因
3. 内戦の原因
4. 暴力

Part 4　脆弱国における国連の役割　*255*

1. 比較優位性
2. 国連モデル

Part 5　成果不足　*259*
　1 復興初期段階の対応
　2 統治力回復の取り組み
　3 平和構築の策定
　4 平和構築・国家建設目標の策定

Part 6　国連の活動成果の評価　*266*

Part 7　「法の支配」の確立　*268*
　1 政策と活動主体
　2 概念と実践における混乱
　3 人材確保

Part 8　変化する状況　*274*
　5つの変化

気候変動とエネルギー

ルイス・ゴメス・エチェヴェリ

ルイス・ゴメス・エチェヴェリ
Luis Gomez-Echeverri

国際応用システム分析研究所（IASA）上級研究員。2007年にグローバル・エナジー・アセスメント（GEA）のアソシエイト・ディレクターとしてIASA入り。2012年のGEA完了後、「すべての人のための持続可能なエネルギー」構想の国連事務総長官房上級顧問となり、70カ国以上の開発途上国における同構想のプログラム開始を指揮した。IASA入りするまで国連開発計画（UNDP）と国連気候変動枠組み条約（UNFCCC）事務局で長くキャリアを積んだ。

Introduction

変化する環境にどう対応するか

　「国連気候変動枠組み条約」（UNFCCC）の成立から20年を経た2012年6月、「リオ＋20」（国連持続可能な開発会議）が開催された。この会議は、その手続きとテーマ、参加者の多様性、そして討議内容において、1992年の画期的な「地球サミット」（環境と開発に関する国連会議）以降、世界の考え方が大きく進化したことを如実に示すものだった。

　本論ではまず、過去20年間の「気候変動問題」と「エネルギー問題」のすう勢を、より広範な「開発」という観点からその流れを振り返る。そして次に、開発の変容が気候とエネルギーに及ぼした影響を評価し、開発パートナー（とくに国連）の改革と適応に対するその意味合いを見定める。

- 開発パートナーは変化するニーズに対応できているのか？
- 今後、環境の急激な変化にどう対処すればよいのか？
- 急速に変化する世界において国連はどのような役割を果たせるのか？

Part 1
気候変動とエネルギー問題の趨勢

1 これまでの気候変動の動向

危機意識の高まり

　「気候変動」は当初、未解明な点が多く、次世代の問題と見なされていた。それが現在、多くの国で重要な優先課題となっている。気候変動は科学的証拠とデータ、観測結果に基づき、その影響に対する認識も強まっている。また、ここにきて世界的な財政危機や経済減速の陰に隠れがちになっているとはいえ、気候変動に対する危機意識も高まっている。

　科学的知見の蓄積とともに、とくに気候変動の緩和を中心として、対処に求められる具体的な施策についても理解が深まっている。なぜなら、気候変動の緩和にはエネルギーが中心的役割を担うからである。理解面での最大の進歩は次の点が認識されるようになったことであろう。

　まず、気候変動とエネルギーの問題に効果的に取り組むには、いくつかの分野にまたがる対応を取る以外にないこと。次に、そのような対応とそれに伴う行動は、総合的な「開発戦略・計画」の中に組み込まれる必要があること。そして、具体的な成果を上げるためには、いくつかのエコシステム（生態系）も国境も超えた協働が必要であること——。

　このような理解の進歩に伴って、気候変動への効果的な対処と代替エネルギーシステムへの投資を実現するためには、「費用とリスクではなく、便益と機会を強調する必要がある」ということも、理解されるようになった。

　この姿勢の転換は、とくに「新エネルギー技術」の普及促進に大きくつながっている。

地政学の変容

　気候変動の「地政学」もまた劇的に変化した。20年前には「南北」が伝統的な区分原理だったが、それはもうあてはまらない。「国連気候変動枠組み条約」（UNFCCC）が成立した1992年当時、世界の政治的協議は主として先進国と「G77（77カ国グループ）と中国」との間で行なわれていた。それが今でははるかに複雑な構図となり、共通の利害を持つさまざまなグループが、旧来の「南北」という二分割には収まらない立場で動いている。

　今日、気候変動に関する協議に対して、推進したい分野、守りたい権利、あるいは基本方針など、共通の考え方を持つ国々が「グループ」としてまとまるようになっている。

新興経済国の台頭

　このような連携は、ほとんどが特定の問題に関する一時的な連携である。地域的連携も依然として重要ではあるが（とくにアフリカ諸国は頻繁に会合を重ねている）、共通の考えを持つ国々のグループに取って代わられつつある。それは、たとえば「BASIC」（ブラジル、南アフリカ、インド、中国）、「環境十全性グループ[1]」（先進国と開発途上国の両方で構成）、そしておそらく最も組織だった「小島嶼開発途上国」（SIDS）などである。

　「小島嶼開発途上国」の台頭は、力の源泉が経済的勢力だけではなく、共通の課題を核に集合した国々の数にもあることを示している。これまでの「トップダウン型」の取り組みに対する不満が、新たな連携の原動力となっている。

　また、現場の活動に焦点を置く、「草の根」の取り組みも重要性を増している。その一例として、気候変動対策に連携する世界の大都市ネットワーク「C40」（世界大都市気候先導グループ）がある。この連携は、気候変動協議にこれまで積極的に活動していなかった主体、あるいは少なくとも目に見える形では活動していなかった主体に対して、新たな機会を提供している。

2 現在までのエネルギー問題の動向

エネルギー需要の変化

1992年の「地球サミット」以降、エネルギー需要の二大要因である「人口」と「所得」がエネルギー情勢を変容させている。

世界人口は16億人増加し、今後20年間でさらに14億人増す見通しにある。その増加の大部分を占めるのが「開発途上国」である。世界の実質所得も、1992年以降に87%増加し、今後20年間に倍増することが見込まれている*1。

中間所得層の急速な拡大と世界的な一体化、そして新興経済国の台頭によって、エネルギー需要の性格が変容した。このような拡大傾向は、低所得国まで含めて、今後20年にわたって続くものと考えられる。

新たな活動主体の参入

「国連気候変動枠組み条約」（UNFCCC）が成立し、化石燃料の使用と気候変動との関係性について理解が深まるなか、「エネルギー問題」が気候変動対策の中心に位置づけられるようになった。この変化を受けて、資金調達と技術開発に新しい波が生まれ、これまで中心を占めていた供給側の石油・ガス・電力企業のほかに、新たな活動主体が加わるようになった。

このような進展は、当初は気候変動対策の前提をなすものとして促されたが、今では企業活動や人々の健康、生活の質、環境に長期的な便益を生み出すものとして受け入れられている。

エネルギーと保健

エネルギーをめぐる議論においても、「需要」と「サービス入手」は供給と同等の重要性があるという認識が高まっている。エネルギー入手に関しては、すでに21世紀の重要課題の一つとして認識され、政策立案者は人々へのエネルギー供給だけでなく価格水準や供給の安定性、品質、生産的な利用まで課題に含めている。

この新たな捉え方は、提供されるべきエネルギー関連サービスのあり方、その普及方法、そして雇用と所得の創出、ジェンダー平等、全般的な平等、貧困の根絶など、エネルギーサービスが人々にもたらす"便益"に的を合わせている。

　懸案事項の最前面にあるのが「保健問題」である。開発途上国の女性と子どもが不衛生な燃料の「不完全燃焼」による屋内汚染にさらされないように、クリーンな炊事用エネルギー入手の普遍化が喫緊の重要課題である。同様に、化石燃料の燃焼による「大気汚染」も都市部を中心に大きな懸案事項となっている。

「安全性」という要因

　新しい技術の導入に際しては、例外なく安全性のデータや情報に強い懸念が向けられている。日本の福島[*2]での「原発事故」のような環境災害は、瞬時に世界的に報道され、人々の認識に多大な影響を及ぼす。これは原子力エネルギーに限らず、再生可能エネルギーも含む大半のエネルギー源にあてはまる。

　新たなエネルギーに対する大規模な投資と取り組みに際しては、現実上のものであるか想像上のものであるかを問わず、「安全性」に対する一般市民の認識を重大な要因として考慮する必要が生じている。

3 変化する開発協力のかたち

新たな資金の流れ

　「開発協力」のあり方も1992年以降、大きく変化した。開発協力の効果と効率を高めるための取り組みから生まれた変化もあれば、新たな活動主体が加わったことから生まれた変化もある。もはや、開発協力は各国政府と公共セクターだけの領域ではなくなった。

　　＊1　British Petroleum, BP Energy Outlook 2030, London, January 2011
　　＊2　2011年3月11日の東日本大震災による東京電力福島第一原子力発電所の事故。

たとえば「民間資金」の場合、とくに「慈善事業」（フィランソロピー）や「ビル＆メリンダ・ゲイツ財団」*3のような、民間財団からの協力が重要となり、従来とは大きく異なる動機や利害が関わるようになっている。また、ハイブリッド型の組織として「クリントン・グローバル・イニシアチブ」や「GAVIアライアンス」（ワクチンと予防接種のための世界同盟）のような「官民パートナーシップ」が組まれるようにもなった。

　近年、このような新たな資金の流れがODA（政府開発援助）を大きく上回るペースで拡大したが、その一方で、「説明責任」と「ガバナンス」（統治）に対する新たな懸念を引き起こしている*4。エネルギー部門と気候変動対策に関しては、ODAが外国直接投資に占める割合は、わずか10％にまで下がっている*5。

公共セクターと民間セクターの役割の変化
　気候変動とエネルギーの分野においては、すでに官民パートナーシップ（提携・協力）が例外でなく「規範」となっている。その背景には、1980年代と1990年代にエネルギー分野で行なわれた「民営化」の実験的試みに対する失望（および成功事例）がある。そこから省察と改革*6が生まれ、民間・公共セクターのそれぞれが果たすべき不可欠な役割についての認識が高まった。

　公共セクターはビジョン（未来像）、戦略、政策、規制の枠組みを定める。民間セクターは資金と投資に加えて、公共セクターには必ずしも存在しない管理と技術面のノウハウも提供する。ただし現実として、この責任分担が常にあてはまるわけではない。とくに中央計画経済のもとでは、国有企業がしばしば民間セクターの役割を担っている。

　また、会計や監査、企業実務の世界規模の職能団体など、国際的公共・民間セクターが担う新たな役割も生まれている。加えて、「世界エネルギー会議2」（WEC）や「国際自然保護連合」（IUCN）のように、公共セクターと民間セクターを束ねる世界的団体も一般的となっている。各国政府と民

間セクターの活動主体は、「国際標準化機構」(ISO)や「世界知的所有権機関」(WIPO)などの、公的な国際機関にも支援を求めている。

地政学的・経済的力学の変容

　新興経済国の台頭によって、開発協力全般の状況と性格と「地政学」に根本的変化が生じた。その結果、強大な新興経済国がもたらした影響は、もはや技術援助と開発協力の域を越えている。

　気候変動とエネルギー問題をめぐる討議や交渉において、旧来の「南北」という区分原理は、共通の利害に基づくグループ形成へと変容した。従来よりもはるかに複雑なこのグループ形成は、旧来の「南北」および「東西」という区分をまたぐ場合も多く、国際開発協力全般の力学に変容をもたらしている。

＊3　ゲイツ財団は世界の開発・保健プロジェクトに約170億ドルを拠出している。
＊4　Metcalf Little, Heidi, The Role of Private Assistance in International Development, International Law and Politics: Volume 42: 1091, 2010
＊5　The Governance of Energy Finance: The Public, the Private and the Hybrid, Global Policy (2011) 2:51, London School of Economic and Political Science and John Wiley & Sons Ltd.
＊6　Roland, Gerard. 2008. *Privatization: Successes and Failures.* Columbia University Press, New York, NY.

Part 2
気候変動とエネルギーの課題

　前述した動向によって、気候変動とエネルギーに関する開発協力を取り巻く環境に変化が生じた。ここでは、その変化と影響のすべてを説明するのではなく、前述した動向の一部を取り上げ、それが開発協力の性格と必要領域を「どのように変えたか」を検証する。

◼ 法的義務としての気候変動対策
〈1〉排出量取引制度
「京都議定書」の強化と課題
　1992年の「地球サミット」(リオ・デ・ジャネイロ) で成立した「国連気候変動枠組み条約」(UNFCCC) は1994年に発効した。そして、1997年に採択された「京都議定書」の〔附属書Ⅰ国〕(OECD〈経済協力開発機構〉加盟国とEU〈欧州連合〉加盟国) には一連の「法的義務」が課せられ、温室効果ガス排出量削減の具体的約束が取り決められた。
　この「京都議定書」によって強化された「国連気候変動枠組み条約」は、開発途上国の気候変動対策にもチャンスをもたらした。しかし、開発途上国側が、そのチャンスの多くをめぐって交渉を重ねていくには問題があった。この状況から、科学的データに基づく複雑な枠組み交渉において交渉技能を高める必要が生じた。これは全参加国にとっての課題だったが、とくに開発途上の貧しい小国にとって大きな課題となった。

動機づけとなった排出量取引制度
　気候変動は国境を超える問題であることから、「京都議定書」のもとで、

〔附属書Ⅰ国〕は国外での温室効果ガス排出量削減を「自国の削減分」とすることが認められた。〔附属書Ⅰ国〕が投資して、開発途上国で行なった温室効果ガス排出量削減を自国の削減分とすることができるが、途上国側が自力で行なう場合よりも低費用で行なうことが条件となる。この取り決めにより、開発途上国に対する投資と開発協力に動機づけが生まれた。

　このような排出量取引制度の主柱となったのが、「京都議定書」に定められた「クリーン開発メカニズム[3]」（CDM）である。この仕組みにより、ODA（政府開発援助）の範囲を超えた、投資と取り組みがもたらされている。

　「クリーン開発メカニズム」による投資は、「国連気候変動枠組み条約」とその規制枠組みによる義務と結びつけられており、個々のプロジェクトに対して、その方法と基準、成果測定の仕組みに厳格な規定が適用される。だが、開発途上国にとっては、その要件を満たすための能力が、大きな難題ともなっている。

クリーン開発メカニズムと炭素市場
　「クリーン開発メカニズム」を契機に、EU（欧州連合）域内排出量取引制度が発足したほか、開発途上国を含む多数の国で、自主的な排出量取引制度が導入された。このような新しい仕組みによって、「成果に基づく」資金投入という原則が確立された。そのため、ベースライン排出量[4]の設定や、排出削減の成果測定の仕組みが生みだされた。

　クリーン開発メカニズムに関しては、その効果性に対する疑問と、すべての国が対象となっていないことに対する批判もある。たとえば、プロジェクトの大部分が一握りの新興大国に集中し、対象となるセクター（経済分野）もかなり限定されている。

　このような欠点を是正するため「クリーン開発メカニズム」の柔軟性を高めて、セクターや国の対象範囲を広げるための改善案が導入されつつある。しかし現在、公的な「炭素市場」と自主的な（国連気候変動枠組み条約の規

制下にない)「炭素市場」の両方に関して、先行きを危ぶむ見方が強まっている。炭素市場が気候変動対策の有効な仕組みとして存続するためには、大がかりな改革が必要とされる。

〈2〉資金調達方法
地球環境ファシリティ
　「国連気候変動枠組み条約」(UNFCCC)の資金調達を担う機関として、「地球環境ファシリティ」(GEF)が創設された。地球環境ファシリティは、開発途上国の気候変動対策を支援することを目的とし、「地球環境の改善に取り組むプロジェクトに対する最大の公的な資金提供者」となっている。
　1991年の発足以来、100億ドル超の無償援助資金を提供し、165を超える国々で、約2700件のプロジェクトに500億ドル超の資金調達を行なっている。また「小規模無償プログラム」を通じて、市民社会組織と地域社会組織に資金の直接提供も行なっている[*7]。
　地球環境ファシリティは、開発途上国の気候変動対策とエネルギー対策の資金調達を活性化する仕組みを確立した。そして、その仕組みを通じて、多数の国で気候変動対策が開発プログラムの重要部分として組み入れられるようになった。
　しかし、地球環境ファシリティの承認過程は厳格で、ステークホルダー(利害関係者)による精査を受けなくてはならない。このこともまた、開発途上国が能力と技能を高める必要性につながっている。

気候投資基金
　「国連気候変動枠組み条約」は、二国間、地域、多国間のチャネルを通じても気候変動対策の資金調達を促している。資金の増加は総じてプラスの効果を生んでいるが、資金調達方法の拡大と使途特定資金の急増によって、開発途上国に重い負担がのしかかっている。
　資金調達方法の多くは、特定の目的に限定され、それぞれに独自のガバナ

ンス（統治）の仕組みを持っている。その結果として、開発途上国は新たな能力の構築、人的資源と経済的資源の配置を迫られ、往々にして専門機関の創設も必要となっている。

このような拡散状態には、国連システムと世界銀行（世界銀行は最近、「気候投資基金」〈CIF〉を創設した[*8]）を含む、開発協力機関も関わっている。だが、皮肉にも開発協力機関は、資金調達の重複や大きなギャップを避けるために、資金の増加と資金調達方法の拡散についていかなければならない。

「気候投資基金」は開発途上国に対して、低炭素型で気候変動に適応した開発の試験的プロジェクトを、次の四つの面から支援している。

それは現在約50カ国を対象にして、
① クリーン技術。
② 持続可能な森林管理。
③ 再生可能エネルギーを通じたエネルギー利用の普及。
④ 気候変動に適応した開発。
──である。これにより、自国の優先課題とニーズを外部の力で歪められることを避けようとする受益国側に対して、供給側主導のドナー（資金提供者）集団が生まれる結果となった。

グリーン気候基金

さらに最近、「国連気候変動枠組み条約」（UNFCCC）のもう一つの資金調達方法として、「グリーン気候基金」（GCF）も設立された。その目的は、先進国から開発途上国に向かう、気候変動対策支援資金の流れを広げることにある。

[*7] www.thegef.org/gef
[*8] この重要な新財源の経緯と内容については、http://www.climateinvestmentfunds.org/cif/home を参照。気候変動基金は気候変動への適応を対象としており、全面的にエネルギー関連ではない。また、同基金は世界銀行の主導で設立されたが、同時に国際開発銀行（米州開発銀行、アフリカ開発銀行、欧州復興開発銀行、アジア開発銀行）とのパートナーシップにも基づいている。こうした点から、新たなタイプの世界的パートナーシップであると言える。

2020年までに最大で年間1000億ドルの調達を目標とし、資金は一連の取り組み分野を通じて配分され、厳格な達成評価のもとに置かれる。「国連気候変動枠組み条約締約国会議」において、グリーン気候基金は300億ドルの早期開始資金で発足することが合意され、近い将来に運用開始となる見通しにある。

　気候変動への適応策と緩和策に資金の大幅な増加が見込まれるなか、すでに一部の国々が資金の調達・配分・管理にあたる専門機関を設置しており、したがって制度と能力の構築に需要が生まれている。

　気候変動とエネルギーに関しては今後も資金の増加が見込まれる。しかし、開発途上国の気候変動対策に必要となる資金は、「グリーン気候基金」の調達目標額をも上回る。「国連気候変動枠組み条約」（UNFCCC）の推計によれば[*9]、世界の温室効果ガス排出量を2030年までに2005年水準で安定させるには、年間約2000億〜2100億ドルの追加投資が必要となる。その大部分は開発途上国のための資金となる。

　グリーン気候基金の資金調達目標が達成された場合、開発協力は、①能力開発、②制度構築、③政策と規制枠組みの策定能力、④プロジェクトとプログラムの立案能力の強化に、さらなる重点を置くことが必要となる。

2 開発課題としての気候変動

環境問題から開発課題へ

　1992年以前の世界では、気候変動に対する多くの取り組みは気候変動対策として分類されず、もっぱら「環境問題」として扱われていた。したがって、そのようなプロジェクトの多くは「国連環境計画」（UNEP）によって立案され、他の国家開発プログラムからは独立して運営された。

　ところが、1992年の「地球サミット」（環境と開発に関する国連会議）は、環境と開発の重要な関係について、世界の関心を一気に高めた。現在では両分野において、もう一方の一般的知識についても十分に併せ持つ専門家が増え続けている。

現在、気候変動とエネルギー関連のプロジェクトや投資は「主流化」を企図して設計されている。各国は、自国の開発優先課題やニーズ、潜在的可能性を考慮してプロジェクトや取り組みを特定し、立案し、実施することを求められている。

気候変動はもはや「環境問題」として扱われるのではなく、統合的対応とセクター間の政策協調を要する「開発課題」とされている。そのことから、政策立案者は科学的な総合評価によって、実施に対する協調対応を進める政策・制度を導入しやすくなっている。こうした新たな知見から、各国が直面している問題の複雑性は日に日に増しており、そのため新しい技能と能力の必要度は高まる一方である。

科学的緊急性と危機意識の高まり

20年ほど前まで、開発途上国の政策立案者にとって、「気候変動」はさほど最重要課題ではなかった。しかし、観測データの蓄積とともに、その取り組みの緊急性が広く認識されるに至った。

資金の劇的な増加と同時に、プロジェクトの特定・立案・実施・効果測定のサイクル全体に、厳格な基準が適用されるようになった。また、資金配分の基準が強化され、明確な指標と厳格さが時流となり、ノウハウと技能の要件がさらに増した。

市民意識の高まりを受けて、資金を出す側も使う側も「透明性」と「説明責任」の向上を迫られた。そのため、意思決定と実施への参加拡大が必然的な流れとなり、意思決定と実施のプロセスは労働集約的性格を強めている。その結果、より厳格な参加型アプローチは取引費用を増したが、おおむねプロジェクトとプログラムの質、およびオーナーシップの向上につながったと見なされている。

＊9 UNFCCC, 2007. *Investment and financial flows to address climate change: an update.* Bonn: UNFCCC Secretariat.

3 チャンスとしての気候変動

長期的便益を見込んだビジネスチャンス

　気候変動対策における最大の障壁の一つが、その「高い費用」を理由とする、必要な投資への抵抗である。近年、とくに『スターン報告書』*10 の発表をきっかけに論争が始まって以来、気候変動対策がもたらしうる「長期的便益」に関心が向けられるようになった。

　すなわち、気候変動の脅威に対して、適切な時期に適切な投資と対応を行なうことは経済的に見合うものであり、社会と経済の全体的福祉に寄与するという捉え方が広がった。このことは、「費用対効果」の計算方法を改める必要があることを示唆している。

　このような変化は、政策と規制枠組みをめぐる議論、そして気候変動およびエネルギー関連のプロジェクト、とくに新技術を導入するプロジェクトの特定・立案・実施に大きな影響を及ぼしている。

　すでにいくつかの企業は、気候関連ビジネスモデルの追求と適用に動き始めており、収益向上効果をすでに強く確信しているケースも少なくない。イギリスでの最近の調査によると、イギリス企業の3分の2が気候変動を「ビジネスチャンス」と捉えている*11。また、中国などの新興経済国は、再生可能エネルギー技術の先頭に立つことで利益を得ている。

グリーン経済という概念

　気候変動対策には他の「便益」も伴うという捉え方が重んじられ、あるいは少なくともそうした考え方が受け入れられるようになったことにより、環境保護、リサイクル、エネルギー効率、資源全般の持続可能な管理に対する取り組みが重視されるようになった。そして、それとともに、企業、政策立案者、意思決定者、保険・金融業界のリスク分析のあり方も変わった。

　また、「持続可能な開発」の意味が明確になって、取り組みに生かされるようになり、経済開発の厚みが増している。2012年の「リオ＋20」（国連持続可能な開発会議）において、「グリーン経済」という新しい概念が打ち

出されたことも、環境と経済と投資の関係性重視に拍車をかけた。

4 交渉カードとしての気候変動
責任をめぐるかけ引き
「国連気候変動枠組み条約」（UNFCCC）の成立とともに、気候変動対策、とくに気候変動緩和策（たとえばエネルギー政策）は、開発協力、貿易、知的財産権や競争に関する法的条約など、各国が他分野の国際協議に使える政治的手段と「交渉カード」になった。

開発途上国側は新たな科学的データを武器に、「大気中の温室効果ガス濃度の上昇は先進国に最大の原因があるのだから、気候変動の責任は先進国にある」と指摘している。そして、「結果として開発途上国が気候変動対策に取り組んで犠牲を払うことになるのだから、経済的補償が必要であり、問題解決のための新技術に対する入手手段も拡大してほしい」と主張している。

政治的力学の引力
この新たな政治的現実の力学が、資金・技術や資源の移転における先進国と開発途上国の関係に大きな影響を及ぼしている。かつては交渉のテーブルに載せることが難しかった原子力エネルギーや、炭素回収・貯留、原生自然地域での資源開発などが、今では"解決策"と目される傾向が増している。

また、これまで不評だった「炭素税」などの解決策にも同じことが言え、低炭素経済・社会の実現につながりうる手段と見なされるようになっている。ごく控えめに見ても、このような可能性が以前よりも議論されるようになったと言える。

---

* 10　Stern, Nicholas, *The Stern Review of the Economics of Climate Change*, UK Treasury 2006
* 11　UK Trade and Investment, *Climate impacts mean big business for UK firms*, March 2011.

5 エネルギー需要の変容

エネルギー需要の見通し

エネルギーとその需要における急速な変化は、複雑さと変化への対応に苦慮している政策立案者に大きな課題を生み出している。そのなかでも、重要性の高い動向の一部を以下に挙げておく。

❶ 過去20年の間に世界の一次エネルギー消費量は45％増加し、さらに今後20年間に約39％増加する見通しにある[*12]。

❷ 世界のエネルギー需要は過去35年間に96％増加し、2011〜2030年にも約36％増加する見通しにある。最大の増加が見込まれるのは中国とインドをはじめとする開発途上国である[*13]。

❸ 需要の拡大に対応するうえで、インフラの維持と新設に2030年までに26兆ドルの投資が必要と推計される[*14]。その大部分を占めるのが、中国とインドをはじめとする開発途上国、および人口が増加する都市部のニーズに対応するためのインフラ投資である。

❹ 現在、推計14億人が電気のない生活をおくり、約27億人が伝統的な自然燃料（薪・木炭・農業残渣物）に頼っている。「国際エネルギー機関」（IEA）の予測では、政策と政治的意思が大きく変わらない場合、この数字は2030年まで変わらず、とくにサハラ以南アフリカで最大の課題となる。

❺ 大気中の温室効果ガス濃度の上昇を引き起こしている排出の大部分は、都市部における化石燃料の使用によるものである。現在、世界人口の半数以上が都市部で生活している。これは人類史上に前例のない状態であり、2050年までにその割合は60％前後に増加すると予測される[*15]。

❻ 二酸化炭素排出量を2050年までに2005年比で半減させるには、316兆ドルの投資を要する。この数字は、世界のエネルギー需要を満たすのに必要なエネルギー投資という基準シナリオよりも、17％上回る[*16]。

❼ エネルギー入手を拡大し、気候変動に対処するための技術・資金の基

盤は存在するが、その潜在的可能性を実現するには、政策、規制の枠組み、制度、技能開発を大きく改める必要がある。

エネルギーシステムの転換がカギ

「国際エネルギー機関」（IEA）と、「国際応用システム分析研究所」（IIASA）[*17]が最近まとめた報告書『世界エネルギー評価』によると、上述のような動向のなかで、現在のエネルギーシステムは大規模な転換を必要としている。

その転換が果たされない限り、クリーンなエネルギーの供給、エネルギー効率の引き上げ、再生可能エネルギーの利用によるエネルギー入手の改善といった気候変動対策を前進させることはきわめて難しい。問題は、現在の活動主体と機構が、このような課題を達成できるかどうか、である。

6 中心的問題としてのエネルギー

ミレニアム開発目標（MDGs）からSE4ALLへ

21世紀のエネルギーに関する課題に対しては、「国際協力」がカギを握る。エネルギーと気候変動に関する目標を達成するには、統合的な解決策が必要であり、国際協力はその前提をなす。「国連気候変動枠組み条約」（UNFCCC）によって気候変動の緩和策が打ち出されたことにより、エネルギーに関する世界的な取り組みと議論が高まった。ところが不思議なことに、国連システム内では、ごく最近までエネルギー問題が中心的位置に据えられていなかった。たとえば、「ミレニアム開発目標」（MDGs）にエネル

---

* 12　UK Trade and Investment, *Climate impacts mean big business for UK firms*, March 2011.
* 13　British Petroleum Energy Outlook, 2013
* 14　Project Transitions: The Investment Challenge for Creating a Sustainable and Secure Energy Infrastructure, IEA, www.iea.org
* 15　WHO Global Health Observatory, Urban population growth, www.who.org
* 16　International Energy Agency, *Did you know?*, IEA 2010
* 17　Johansson, Thomas B, Nebojsa Nakicenovic, Anand Patwardhan and Luis Gomez-Echeverri, *Global Energy Assessment: toward a sustainable future*, Cambridge University Press, 2012.

ギー関連の目標は含まれていない。この点も徐々に変わりつつある。

SE4ALL構想とは

　直近では、「リオ＋20」（国連持続可能な開発会議）において、エネルギーが中心的議題の一つとなり、成果文書にも主要部分の一つとして盛り込まれた*18。すべての人が持続可能なエネルギーを利用できるようにするための世界的取り組みを訴える国連総会決議を受けて、国連事務総長は「すべての人のための持続可能なエネルギー」（Sustainable Energy for All:SE4ALL）構想5を打ち出し、2030年までの目標として次の「三つ」を掲げた。
　①近代的なエネルギーの普遍的入手。
　②世界のエネルギー効率の改善率を2倍に高めること。
　③世界の最終エネルギー構成に占める再生可能エネルギーの比率を2倍に高めること。

　その上で、国連総会は2012年を「すべての人のための持続可能なエネルギー国際年」に定めた。

「エネルギー物語」──エネルギーの新たな概念

　このような新たな進展によって、「エネルギー」が世界の政策課題の中心に位置づけられ、大規模なパートナーシップや国際協力が必要不可欠な要素として促進されている。とくに、「開発協力」という議題の正当性と、その潜在的役割、とくに国連システムのそれは重要性を増している。しかし、その潜在的役割が実現されるのは、はるかに大きな「エネルギー物語」のなかで、国連システムが特別な立場を獲得できた場合に限られる。
　言い換えれば、エネルギーは単に電力や供給面の問題ではなく、その入手や価格や品質に関わる問題でもある。したがって、エネルギーが教育や保健、雇用、福祉（well-being）などの課題、つまり「ミレニアム開発目標」

（MDGs）と結びついていることを意味している。このより大きな物語を伝えるうえで、国連は格好の立場にある。結局、国連の存在なくして、エネルギーの物語が開発途上国で妥当性と普遍性を得ることはできない。国連は、その役割を果たせば、貧困層のためのエネルギーや開発との関係について包括的かつ妥当な議論を促すチャンスを生みだせる。

しかし、この役割を果たすことができなければ、再び脇に置かれることになる。言い換えれば、SE4ALLが「『ほんの一部の人々』のための持続可能なエネルギー」となる危険が生じてしまう。

7 拡大するエネルギーの未来像

エネルギーと「ミレニアム開発目標」

エネルギーを単純に送電網やエネルギー変換、エネルギー技術者などと結びつける一般的認識から、他の視点・セクター・活動主体にも関わるものとして捉える概念に移行することは、きわめて大きな意味を持つ。この移行はまだ進行途中にあり、完全に定着し、すべての活動主体に認識されるまでには時間を要する。

多くの開発機関や国連諸機関は、エネルギーを「ミレニアム開発目標」などの包括的目標に結びつけるうえで、初期段階において強力な役割を果たした。たとえば、「国連開発計画」（UNDP）は、エネルギーと「ミレニアム開発目標」に関する啓発活動を積極的に展開した。

また、「世界保健機関」（WHO）はエネルギーと保健、「国連食糧農業機関」（FAO）はエネルギーと食糧安全保障、「国際農業開発基金」（IFAD）はエネルギーと農村開発、「国連工業開発機関」（UNIDO）はエネルギーと中小企業、「国連環境計画」はエネルギーと気候変動対策およびその資金調達について、同様の役割を果たした。

* 18　http://www.uncsd2012.org/content/documents/, *The Future we Want.* Outcome document of Rio + 20 Conference.

「エネルギー物語」の新たな主体

　このより大きな「エネルギー物語」へ移行することの意味は決して小さくない。エネルギーに関する過去の協議では、エネルギー供給を担う産油国、石油会社、電力会社、エネルギー企業、大型インフラ事業に融資する金融機関など、供給側のリーダーが主体だった。それが現在では、エネルギー利用とその影響に強い関心を持つ新たな活動主体が多数加わっている。それによって代表者の裾野は広がったが、まだすべてに平等な発言力が行きわたってはいない。

　したがって、貧しい人々が恩恵を受けるには、新たな活動主体の発言を生かすための組織化、協調化、強化が必要である。新たな活動主体は、化石燃料の不完全燃焼を原因とする屋内空気汚染による健康被害、石炭を燃料に使用する工場・発電所や交通部門の排ガスを主因とする大気汚染による健康被害、そしてエネルギー安全保障も問題としている。しかし現状は、新たな活動主体は強力な存在ではあるが、断片化され、個々の方向性がバラついている。

エネルギー入手と供給の齟齬

　エネルギーの新たな概念の広がりは、現実上のニーズに加えて、「ミレニアム開発目標」（MDGs）の達成の遅れは「エネルギーの入手不足」に起因する部分が大きいという認識から生まれている[*19]。さらに、供給のみに焦点を合わせた「旧来の対応の失敗」を正す義務があるという意識もある。エネルギーの物語を広げることに成功した多くの「事例」に学び、さらなる理解の広がりにつなげなければならない。

　可能性を示す好例の一つとして、開発途上国の農業部門が挙げられる。開発途上国の農業部門は、多大なエネルギーを消費する一方で、バイオマス燃料によるバイオエネルギー供給に巨大な潜在力を秘めている。バイオエネルギーについて焦点となるのは、農業プロジェクトによる生産可能量だけではない。現在、食糧安全保障に対する影響など、バイオエネルギー市場の拡大

に伴う社会的影響について精細な分析が行なわれている。従来の取り組みは「インフラ事業計画」と「大型投資」にほぼ焦点が絞られていたが、現在では「エネルギー入手」という課題に対する新しい対応、すなわちエネルギー供給のサービスに重点を置いた対応が必要とされている。

　それでもなお、大型インフラ事業に傾きがちな状態が続いている。そのような事業によって供給されるエネルギーの大部分が、数十年後になっても、エネルギーを欠く多数の人々に届かない、あるいは入手可能な価格で供給されないことが明白である場合でさえも……。この種の投資は、エネルギー問題全体の解決につながらず、むしろ多くの場合、齟齬をきたす結果となる。

8 新たな活動主体

活動主体の変遷

　20年前まで、気候変動とエネルギー分野における活動主体は現在よりも棲み分けが明確であり、舵取りもしやすかった。加えて、気候変動に関しては、豊かな国々と貧しい国々が交渉で向かい合い、気候変動緩和策（どのようなものであれ）の「合意された増加費用」については、無償資金援助や譲許的融資を通じて富かな国々が資金提供するものとされていた。それが現在では、開発途上国側が新たな資金や追加資金をめぐっては、なお強硬な交渉姿勢を保ちつつも、自ら問題に対処しようとする姿勢に変わっている。

中国とインドの台頭

　エネルギー需要の拡大をかかえる新興国と、より安定性の高いエネルギーを求める開発途上国が、影響力において存在感を増している。現在、世界のエネルギー需要増加分の約70％をインドと中国が占めている[20]。エネルギーの安定供給を求めているのは各国政府と専門家だけではない。通信技術

＊19　Mody, Vijay, Susan McDade, Dominique Lallement, and Jamal Saghir. 2005. *Energy Services for the Millennium Development Goals.* Millennium Project, UNDP, World Bank, ESMAP
＊20　IEA

の発達を背景に中心的役割を担うようになっている「非政府組織」(NGO)や「市民社会」も同様である。

変わるエネルギー技術の提供者

　新たな活動主体は「供給側」においても台頭している。もはや、一部の中東諸国や富裕国が資源を独占する時代は終わった。アフリカと中南米の産油国が台頭し、供給側の力関係を変えている。

　ブラジル沖合での高深度の石油採掘のように、従来は到達不可能だった場所で新技術によるエネルギー生産が行なわれているケースもある。エネルギー技術の提供者も、もはや先進国だけではない。風力発電用タービンの生産規模では、中国が2009年に、スペイン、ドイツ、アメリカ、デンマークを一足飛びに追い抜いてトップに立った。中国は太陽光発電パネルの生産量でも世界1位である[21]。また、中国の電気自動車保有台数は他のすべての国の合計台数を上回っている。

これからの中国の役割

　このような進展が市場に変容を引き起こし、また多くの面で技術開発の潜在的可能性も変化している。新たな活動主体が加わったことによって、エネルギー問題をめぐる状況は複雑さを増したが、その一方で、エネルギーを支配する権力構造に均衡をもたらした。このような進展は、技術を世界中に普及させるうえで非常に有望である。中国の役割は、自国の雇用創出と環境改善のみならず、生産と流通の商業的費用の低減にもつながるものである。

9 地政学の変容

意思決定プロセスへの参加

　新たな活動主体の参加によって、市場と技術的可能性だけでなく、気候変動とエネルギーの「地政学」にも変容が生じた。このことは、気候変動とエネルギーに関する取り組み交渉に大きな影響を及ぼし、その結果、取り組み

の広範な選択肢が生まれた。

　上述のような変化によって、気候変動とエネルギー分野における意思決定プロセスは「参加型」の性格を強め、それを受けて機関のガバナンス（統治）も改善されてはいるが、まだ十分な域に達していない。そのような変化の多くは能動的ではなく、受動的であり、現在の状況に対応するには、すべてのレベルにおいて、さらなる改革と意思決定プロセスへの参加拡大が求められる。

　世界銀行や国際通貨基金（IMF）など主要国際機関の首脳を決める方法について、多くの国々が疑問の声を上げている。また、国際機関が管理する基金の統治についても、これまでより厳しい目が向けられている。その結果として、「気候投資基金」（CIF）のような新たな方式とパートナーシップが台頭している。

流動的な協力関係
　気候変動対策をめぐる交渉は、もはや「二大陣営」を核として展開してはいない。旧来の陣営をまたいだ連携が組まれ、交渉と意思決定に大きな影響が及んでいる。たとえば、相対的責任、資金援助の対象となる事業の条件、対象国の基準などをめぐる協議に、その影響が現れている。利害を共にするグループが特定の問題に共通の関心を寄せることで分かれたり、かつては「南北」という単純な区分の下で離れていた国々が結束する場合も少なくない。

　そこで問題となるのは、このような連携はより流動的で、時間の経過とともに変転することである。こうした事情から、気候変動の影響を最も受けやすい一部の開発途上国が、状況の変化に追いついていくことも、自国にとってのその影響を理解することも難しくなる。

　　＊21　Bradsher, Keith, *China leading global race to make clean energy*, New York Times, January 30, 2010.

Part 3
変化する状況への対応

開発協力の新たな対応

　過去20年間の急速な変化は、国連を含む開発協力機関に大きな課題を突きつけている。開発協力とその効果については、多数の学術論文などで評価が試みられ、開発協力機関の側もみずから内部的・外部的評価と改革の取り組みを行なっている。

　このセクションの目的は、総合的評価を行なうことではなく、外部環境の変化によって開発協力に「新たな対応」が求められている分野を取り上げ、とくに国連にとって適応が難しい分野を見極めることである。

◼ 過去の改革努力

開発協力戦略の流れ

　「OECD／DAC」（経済協力開発機構／開発援助委員会）[*22]は20年前から継続的に自己評価を行ない、大がかりな改革につなげている。「OECD／DAC」の努力から生まれた改革は、加盟国のみならず、国際開発界全体の開発協力戦略に影響を及ぼしている。重要な具体例として、次のようなものがある。

① 1992年の「地球サミット」（環境と開発に関する国連会議）後の環境問題の重点化。
② ひも付き援助の制限の強化。
③ 特定の開発課題に対する直接的な予算援助の提供。
④ 受益国への援助提供から開発パートナーとの協力への移行。
⑤ そのような協力を相手国のニーズに重ね合わせる努力。

⑥ 民間セクターとの協力拡大。
⑦ 「ミレニアム開発目標」（MDGs）策定に結実した世界的な開発目標の促進。
⑧ ジェンダー問題の重視。
⑨ 開発と安全保障の結びつけ。
⑩ 2005年の「援助効果にかかるパリ宣言」と「援助効果向上に関するハイレベルフォーラム」（アクラ・ハイレベルフォーラム）を通じての、開発に対する主要な障壁への取り組みの主導。
⑪ 援助効果に関する大がかりな調査。
⑫ 後発開発途上国（LDCs）と脆弱国の重視。

開発協力の妥当性と効果性

「OECD／DAC」による改革は、世界的な動向に適応するうえでの問題点を重視しているが、参加型意思決定システムを拡充する必要性には対応していない。また、国連も「国連開発協力フォーラム」を通じて援助の改善を図っていて、「OECD／DAC」よりも包括性が高いが、効果的な調整を果たしているとは見なされていない。その任務は、「国際開発協力の取り組みにおける進展を確認し、さまざまな開発パートナーによる開発活動の一貫性向上を促進する」ことにある[*23]。

このような取り組みが開発協力の効果性と妥当性の向上に寄与している。しかし、まだ次のような問題の数々が残されている。以下にそれを列挙する。
① 開発活動の断片化。
② 国連内部も含めた基金と機関の拡散（国連開発計画〈UNDP〉のまとめによると資金調達方法は1000を超え、世界銀行は多国間開発機関の

＊22 OECD/DAC（経済協力開発機構・開発援助委員会）は主要援助国、世界銀行、国際通貨基金（IMF）の代表者と、オブザーバー参加の国連開発計画（UNDP）で構成され、開発援助の評価と改善にあたっている。
＊23 国連経済社会理事会。

1 気候変動とエネルギー

数を230以上としている）*24。
③ 調整の不足。
④ 多国間機関間の競争。
⑤ 需要主導型でなく供給主導型のプログラム。
⑥ 開発協力の最終的目標に関する開発パートナー間の合意不足。

「国連エネルギー」の構想

エネルギー部門では、協力の拡大を促進する努力も強化されている。2002年の「持続可能な開発に関する世界首脳会議」（ヨハネスブルグ・サミット）では公正でゆるやかな合意がなされ、それに基づいて「UN-Energy」（国連エネルギー）が影響力のある機構に発展した。その任務は、国連諸機関間の情報交換、国連システム全体の一貫性の確立、調整の強化だったが、発足当初は目標を達するための資源と指針を欠いていた。

その後、「UN-Energy」は2007年に再編され、活動の焦点をエネルギー入手、再生可能エネルギー、エネルギー効率の3分野に絞り込んだ。そのため、それぞれの分野の主導的役割が主要機関に託され、責任が明確化された。これによって、それまでの活動の場当たり的な性格が排除された。その結果、3分野のそれぞれにおける議題を促進するための活動と投資がなされるようになり、依然として断片化していたとはいえ、国連の重要な活動がより見えやすい形になったのである。

「UN-Energy」の活動は「エネルギーと気候変動に関する諮問グループ」の設置につながり、その報告書*25がのちに、国連事務総長の「すべての人のための持続可能なエネルギー」（SE4ALL）構想の策定に影響を及ぼした。多くの面で、これは広く知られるべき成功事例である。成功の根底には、ビジョン（未来像）、良好な指導力、質を重視する取り組みという要素があり、それが現場レベルでの行動を引き起こしたのであった。

気候投資基金の方式

「気候投資基金」（CIF）の統治方式もまた、新しいタイプの機構が必要とされている時代性を象徴している。「気候投資基金」は世界的な金融機関のパートナーシップを核とし、それぞれのパートナーシップに名目上、同等の権利と責任が与えられている。資金の提供は国際開発金融機関（MDBs）[6]を経由して行なわれることになっているが、統治機構には国連機関とその他の機関が加わっている。

2 求められる新たな取り組み

〈1〉統合化された対応

ハイレベルの専門家が必要

科学的知識と技術的解決策に関する知識が蓄積された結果、統合化された対応が必要とされている。気候変動の科学は過去20年間に大幅に進歩した。たとえば、気候変動と生態系のさまざまな相互関係、気候変動と開発の相互関係、最も効果的な対応策、技術が最も効果を発揮する部分に関する知識の向上である。

気候変動とエネルギーに関わる開発協力を提供する機関にとっては、そうした知識の深まりに足並みをそろえることが開発の実践に欠かせない。このような状況から、科学と関連技術の知識とともに、専門分野外の領域との関連性についても、知識を持つハイレベルな「専門家」が必要とされるようになっている。しかし、この条件を満たす人材は少なく、報酬も高水準となるため、国連システムには手の届かない場合が少なくない。

柔軟な管理システムと資金調達システムの構築

「気候変動」についての世界の政治と統治も変化し続けている。その変化

＊24　Dervis, Kemal, Homi Kharas and Noam Unger, *Aiding Development Assistance Reform for the 21st Century*, Brookings Blooms Roundtable 2010.
＊25　AGECC. 2010. *Energy for a Sustainable Future: Summary report and recommendations*. Advisory Group of the Secretary General on Climate Change.

に足並みをそろえられないと、パートナーシップ、国際協力、資金援助などの、潜在的な便益に対する機会を失う結果となるおそれがある。気候変動対策をめぐる交渉は、より広範な課題である開発やエネルギーと結びつけられ、舵取りがいっそう難しくなっている。

　しかも、気候変動対策が公的資金だけでなく、パートナーシップや民間資金によってまかなわれる傾向が進んでいるため、投資を呼び込む能力の低い国々にとっては厳しい状況となっている。ここでの大きな問題は、国や機関が、柔軟な対応性を持つ管理システムと資金調達システムを作り上げられるかどうかである。

　国連システムは柔軟性がなく、官僚的と見なされがちであることからもわかるように、とくにこの点で大きな困難に直面している。この事実上のハンディに人材獲得の困難が相まって、国連システムは不利な立場に置かれている。

　多くの面で例外となっているのが「国連開発計画」（UNDP）で、「多国間ドナー信託基金」を通じて国連に資金を引き込み、管理する新たな資金調達構造を確立しつつある。この構造は、多数の信託基金が個別の統治システムのもとで、それぞれ特定の専門領域において設定された目標を一定期間内に達成するためのものである。この構造によって資金調達の柔軟性が高まっているが、国連諸機関間の協調にどれだけつながるかは、まだはっきりしていない。

統合的対応の条件

　多くの国連諸機関が気候変動問題の担当部局を設置し、機関を代表してさまざまな協議に対応する専門家を置いて、機関の活動の主流に気候変動問題を位置づける手助けをしている。しかしながら、国連諸機関全体の一貫性を育むための改革努力において、機関間での情報共有は改善されているが、協調にはまだ問題を抱えている。

　開発活動の主流となるための統合的対応には、必然的に協調と合同事業が

求められる。「UN-Energy」の取り組みは部分的な成功を収めているが、気候変動とエネルギーに関する課題を開発協力の「主流」に位置づけるには、はるかに発展的な協調が必要である。

〈2〉新しい指標と資金調達
ノウハウの構築への投資
　開発プロジェクトの策定は、それ自体が一つの科学となっている。そして、プログラムやプロジェクト策定の方法論も気候変動とエネルギーの分野で、とくに厳密化している。気候変動の影響、緩和策と新しい技術の効果を測定する「指標」も大幅に進歩した。気候変動とエネルギーの分野におけるプロジェクトの展開と策定には、科学者、経済学者、両分野の専門家、金融の専門家、技術の専門家からなるチームを必要とする。
　二酸化炭素（CO_2）排出量削減の目標設定、その目標の部門別内訳、費用対効果の推計、資金調達の手法など、すべてのプロジェクトで作業が複雑化、高度化している。このような変化に追いついていく唯一の方法は、「ノウハウの構築」に対する重点投資である。この点で、国連諸機関は競争力に弱みを抱えている。なぜなら、プロジェクト展開のための資源が不足しているうえに、さらに大きな問題点として各機関が断片化しているからである。

3 能力開発の必要性
能力開発の弱点
　適切な対策とその複雑性に関する知見の進歩とともに、交渉、制度構築、事前評価、プロジェクトの立案・策定・実施、資金調達、監視と評価、監査と監督の技能の必要性が劇的に高まった。このような「能力開発」に対する資金調達は、それよりも短期間で見返りを生み出すプロジェクト資金の調達ほど容易ではない。
　たとえば、インフラ投資では、投資家が一定の期間内の収益率を期待して投資に応じるが、能力開発では、おおむね無償資金提供となる必要がある。

また、能力開発の進歩と向上は把握が難しい。さらに加えて、能力開発には長い時間枠と長期投資が求められる。そのためには、能力開発の大幅な拡充を訴える努力を高める必要がある。この点において、国連は今よりも大きな役割を果たすことができるし、また果たすべきである。

交渉能力が成否を分ける

　気候変動に対する取り組み体制と、そこから派生したエネルギー論議において、とくに交渉技能が必要となってきている。このことが貧しい開発途上国にとって、ノウハウと資金の獲得能力が成否を分ける競争の激しい分野での大きなハンディとなっている。これは気候変動に対する取り組み体制全体にとっての懸念材料である。なぜなら、気候変動の進行とエネルギー需要の拡大による悪影響を最小限に抑えるうえで、最貧国を支援する機関や資金調達の仕組みを確保することが不可欠だからである。

　開発途上国では、気候変動とエネルギー問題への取り組みを支える「政府機関」があっても弱体でしかない。それゆえ、提供される資金の増加は見込まれているが、主流化と管理に「政府機関」が関与する必要がある。しかし、現状の断片化した資金提供の仕組みと国連諸機関のあり方が、開発途上国にとってさらなる負荷となっている。政府機関の強化と総合的な能力開発に大きな努力を傾けずに、どれだけ多くの開発途上国が短期間に新たな資金を活用・配分・吸収できるのか、見通すことは難しい。

「リオ＋20」の誓約

　国連システムは、そのような開発途上国の「能力開発」を長期的に支えるうえで、絶好の位置にいる存在のひとつである。しかし、残念ながら資金不足、断片化、機関間の競争、能力開発への投資の緊急性に対する意識の不足によって、国連は現在、この必要性の高い役割を果たせずにいる。

　2012年の「リオ＋20」（国連持続可能な開発会議）では、強い訴えかけが実って数十億ドルの資金拠出が誓約された。しかし、開発途上国側が資金

活用に関する適切な政策と規制の枠組みと機関の設置を確立するうえで、それにつながる能力開発に大きな努力を傾けなければ、誓約された資金拠出のごく一部でも陽の目を見ることになるとは考えにくい。残念なことに、現時点で、その目的に対応して対応資金拠出を申し出たドナー（資金提供者）はなく、また国連にその役割を担うよう働きかけている主要ドナーもない。

4 透明性・情報伝達・参加型対応

新しい対応が成功を生む

　国連が最大の優位性をもっているのは、おそらくこの部分だろう。国連は数々の課題分野にまたがって現場で活動し、各国政府との幅広いつながりもあるため、「情報伝達」と「参加型対応」の促進はおのずと伴ってくる。しかし、「諮問」の役割も重要性を増しており、その役割を十分に果たすためには、専門的な技能と資金が求められる。これは重荷であり、素早く対応することは難しいとする見方も多い。しかし、このような新しい対応をプログラムやプロジェクト実施に結びつける捉え方から、最大の成功が生まれるはずである。

必要な専門的技能と資金

　国連の課題は「資金不足」である。ステークホルダー（利害関係者）との情報共有を通じて関与を維持するためには、諮問過程と情報伝達システムにかなりの費用と専門的技能が必要となる。これらは、現状の断片化した国連諸機関にとって、必ずしも容易に得られるものではない。国連システムがこれらの分野で「役割を果たすことができる」とする見方が広がれば、この目的のための資金調達の可能性も高まる。これらの分野で前進できなければ、気候変動とエネルギー分野におけるプロジェクトと介入の成功の見通しは乏しくなる。

5 民間セクターとのパートナーシップ

民間セクターの役割

　気候変動とエネルギーに関して、民間セクターの積極的な役割と参加を伴わない気候変動対策はおよそ考えにくい。実際、大半の気候変動対策に数億ドル規模、あるいは数十億ドル規模の長期投資と技術導入が必要となる。公共セクターも投資の一部分を担ったり、投資活性化の環境づくりに関われるとしても、投資の大部分は民間セクターによってなされる必要がある。

　したがって、民間セクターとパートナーシップを組んでうまく協働できる国際機関が最も成功することになる。

求められる協働促進

　国連システム、とくに「国連環境計画」(UNDP) は、民間セクターとの協働能力を大幅に向上させている。「国連グローバル・コンパクト[7]」を通じて、国連は企業社会とのつながりを組織的に強めている。

　しかし、民間セクターの活動主体が国連のプロジェクトに参加することはまだ一般的ではなく、金融面での厳しい規則や規制が協働促進の障壁になっている。この現状が変わらない限り、国連にとって、資金と技術と運営管理の大部分を民間セクターに負う「SE4ALL」（次のセクションで詳述）のような、パートナーシップによるプロジェクトをまとめ上げることは困難なままであろう。

Part 4
「SE4ALL」── すべての人のための持続可能なエネルギー

現在のエネルギーシステムへの警鐘

　2011 年 9 月、国連総会は 2012 年を「すべての人のための持続可能なエネルギー国際年」とすることを宣言した。それとともに、国連事務総長に対し、エネルギー開発に向けて意識の向上を図るため、世界的行動をまとめ上げるよう求めた。この国連総会決議は、現在のエネルギーシステムが貧困削減と気候変動に対する世界的な取り組みを阻害していることに警鐘を鳴らし、その早急な改革を訴えるものだった。

　前述したように、今なお約 13 億人が電気のない生活を送り、少なくとも 27 億人がクリーンな炊事用燃料を使えていない。そして、このままいくと、地球の気温は今世紀末までに約「4℃」上昇するおそれがあり、人類に悲劇的影響が及ぶことになる（図 1～3 参照）。国連総会の要請を受けて、国連事務総長は、「すべての人のための持続可能なエネルギー」（Sustainable Energy for All:SE4ALL）構想を打ち出した。

SE4ALLの目標

　この構想は、2030 年を達成期限とする次の「三つ」の目標を掲げている。
① 近代的なエネルギーの普遍的入手。
② エネルギー効率の改善率を 2 倍に高めること。
③ 世界の最終エネルギー構成に占める再生可能エネルギーの比率を 2 倍に高めること。

　この三つの野心的な「目標」を達成するには、持続可能なエネルギーに対

100万人

出典：GEA 2012, chapter 19, Shonali Pachuari

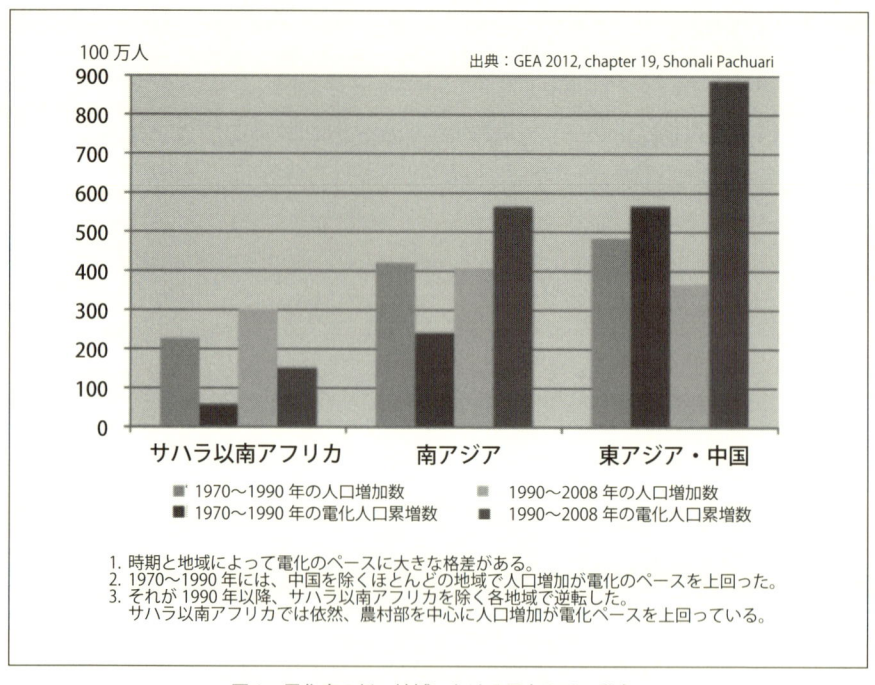

- 1970〜1990年の人口増加数
- 1990〜2008年の人口増加数
- 1970〜1990年の電化人口累増数
- 1990〜2008年の電化人口累増数

1. 時期と地域によって電化のペースに大きな格差がある。
2. 1970〜1990年には、中国を除くほとんどの地域で人口増加が電化のペースを上回った。
3. それが1990年以降、サハラ以南アフリカを除く各地域で逆転した。
サハラ以南アフリカでは依然、農村部を中心に人口増加が電化ペースを上回っている。

図1　電化率の低い地域における電力入手の動向

する投資を数倍に引き上げる世界的な取り組み強化が求められる。最近の研究によれば、2030年までに持続可能なエネルギーの普遍的入手を実現するには、年間約420億ドルの投資が必要となる[*26]。一見、大きな数字に思えるが、実際には、新たな需要を満たしながら現在のシステムを維持していくのに必要なエネルギー投資全体からみれば、ごくわずかに過ぎない。このような投資は電力の供給のためだけでなく、炊事・暖房用の薪（まき）など、生物資源燃料への依存度を減らすための投資でもある（図2参照）。このような投資は、エネルギー入手を確実に実現するための政策によって支えられる必要がある。

必要な初期投資

「SE4ALL」の目標達成には、投資と政策の拡充が必須であり、それがな

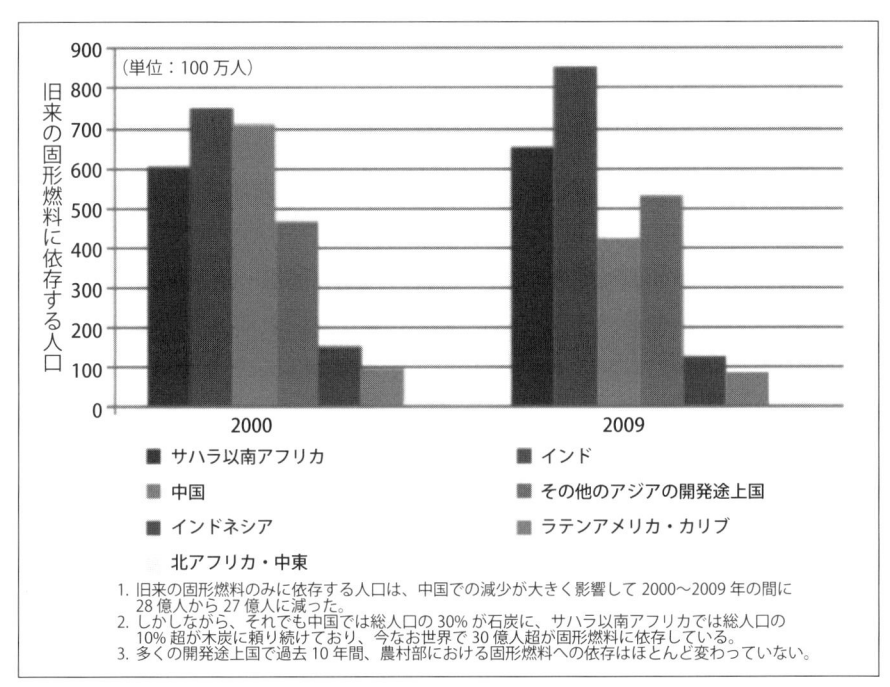

図2　近代的な炊事用エネルギー入手の最近の動向　（出典：GEA 2012, chapter 19, Shonali Pachuari）

ければ現在のエネルギー動向を反転させることは難しい。エネルギー入手をテーマとした「国際エネルギー機関」（IEA）の最近の報告書によると、現在の傾向がこのまま続くとすると、エネルギー入手を欠く人口は2030年までにはほとんど減らない。また、薪などの燃料に依存する人口も同様にほとんど減らない[27]（図3参照）。

同じことは、「SE4ALL」の三つの目標すべてについてあてはまる。すなわち、現在の傾向がこのまま続くとすると、エネルギー入手を欠く人口も、最終エネルギー構成に占める再生可能エネルギーの比率も、エネルギー効率の改善率も、2030年までにはほとんど変わらないことになる。この状況を

[26] Global Energy Assessment 2012
[27] World Energy Outlook, - 2010. How to make modern energy access universal., International Energy Acces, Paris

出典：GEA 2012, chapter 19, Shonali Pachuari

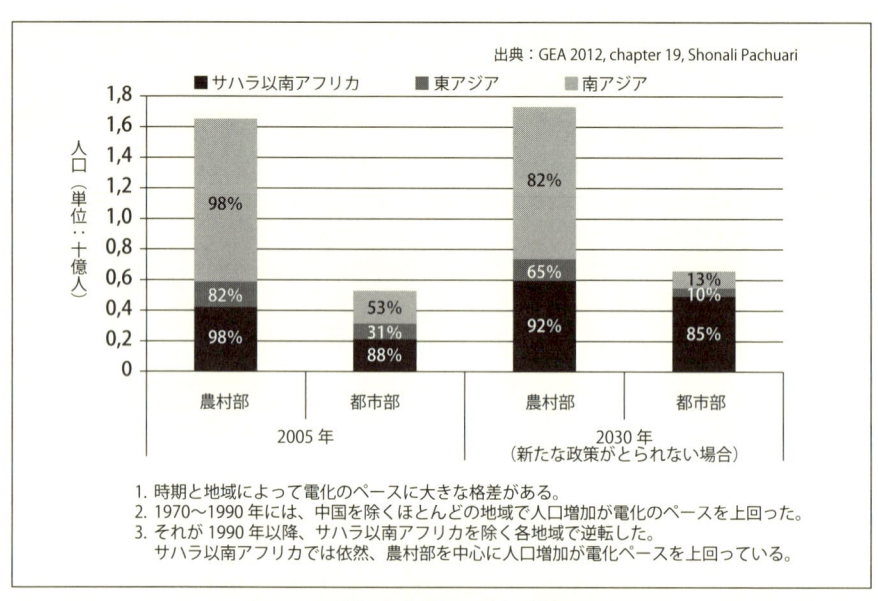

■サハラ以南アフリカ　■東アジア　■南アジア

人口（単位：十億人）

2005年
- 農村部：98%、82%、98%（合計約1.65）
- 都市部：53%、31%、88%

2030年（新たな政策がとられない場合）
- 農村部：82%、65%、92%
- 都市部：13%、10%、85%

1. 時期と地域によって電化のペースに大きな格差がある。
2. 1970〜1990年には、中国を除くほとんどの地域で人口増加が電化のペースを上回った。
3. それが1990年以降、サハラ以南アフリカを除く各地域で逆転した。
　サハラ以南アフリカでは依然、農村部を中心に人口増加が電化ペースを上回っている。

図3　固型燃料への依存の現状と将来見通し

（単位：ギガトン＝十億トン）

世界の二酸化炭素排出量

- IPCCのカテゴリー1
- IPCCのA2シナリオ修正版
- IPCCのB1シナリオ
- GEAシナリオ - 供給
- GEAシナリオ - ミックス
- GEAシナリオ - 効率化

平均気温上昇 2℃未満となる高い確率
（出典：GEA 2012, chapter 19, Rhiai et al）

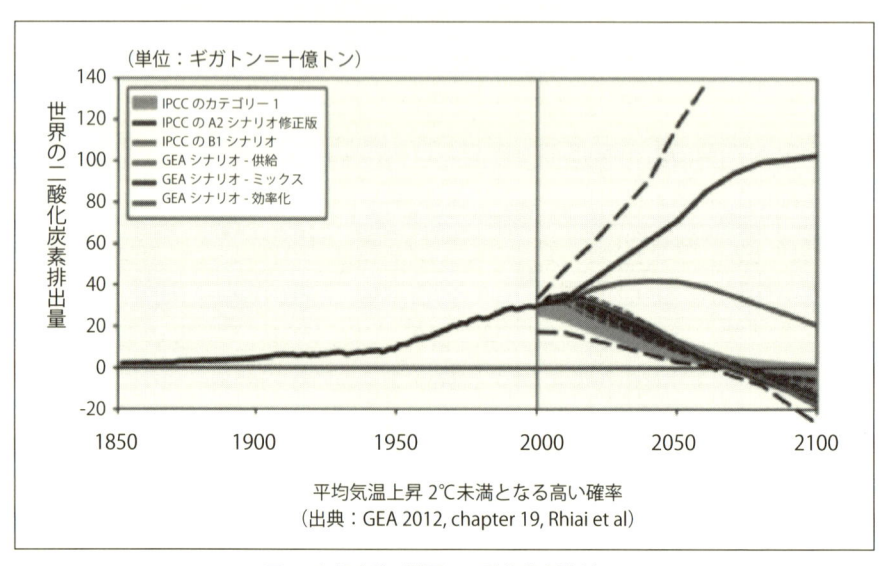

図4　気候変動〈世界の二酸化炭素排出〉

変えるためには、すべての経済部門にわたる大規模な「初期投資」が必要である。

気温上昇抑制のシナリオ

　2007年の『スターン報告書』*28 によると、対GDP（国内総生産）比で約2％の投資が必要となる。この数字には、新規投資によってクリーンな技術を導入していく増額費用と、既存設備の改修費用が含まれる。同僚評価のシナリオによると、投資、政治的努力、政策パッケージ、技術革新を適正な形で組み合わせれば、対GDP比2％未満で収まる可能性がある*29。

　図4は、地球の気温上昇を「2℃」以内に抑えるための、主要なシナリオの一部を示している。このシナリオによれば、2020年までに温室効果ガスの排出量の増加に歯止めをかけ、その後も減らし続けなければならない。各国が「エネルギー入手」「エネルギー効率」「再生可能エネルギー」の三つの目標を達成できれば、「SE4ALL」は世界の温室効果ガスの排出水準の安定化に寄与することになる。

◼ 「SE4ALL」の戦略的意義

世界的協働のネットワーク

　ここまで本論では、国連システムは改革を経てもなお断片化や競合（往々にして国連諸機関間の競合）、透明性の不足、協調の不足を抱えていることを指摘してきた。そこから重複や人的資源と資金の浪費が生じ、多くの開発途上国が除外される結果となっている。

　「SE4ALL」は、このような問題点の是正にも寄与しうるものであり、その成功には大きな報酬が伴うことになる。逆に失敗に終わった場合は、国連システムの信頼性を大きく損なうことになる。世界的統治におけるこの実験的取り組みが成功すれば、多分野間の統合的対応、多数のステークホルダー

　＊28　Stern, Nicholas 2007. *The Stern Report*
　＊29　GEA 2012, Chapter 17.

（利害関係者）の参加、世界的な協働のネットワークを要する今後の取り組みに有用な先例となる。

テーマ別ハブの設置

「SE4ALL」の三つの目標の達成と、世界の温室効果ガス排出水準の安定化に欠くことのできない投資の拡大が必要であることから、民間セクターが不可欠な役割を担うことになる（クリーンエネルギーに対する民間投資の水準に関しては図5参照）。

この点を強調すべく、「SE4ALL」立ち上げのための高級諮問評議会では、国連側の代表と国際大手銀行の会長が共同議長を務め、委員にも国際企業のCEO（最高経営責任者）が名を連ねた。また、「SE4ALL」の活動開始とともに、戦略的な助言にあたる新評議会も組織されつつあり、国連事務総長と世界銀行総裁が共同議長に就く。メンバーには、公共セクターと並んで民間セクターの代表も加わる。そして、主要な資金拠出組織と各国政府を代表する執行委員会が全体の監督と説明責任を担う。

事業の実施は国際機関のネットワークを通じて行なわれ（国連開発計画〈UNDP〉、世界銀行、EU〈欧州連合〉、地域開発銀行、その他の国際機関で構成）、世界各地に設置される「テーマ別ハブ（拠点）」が個々の活動の支援と促進にあたる。

「エネルギー入手」に関しては、開発途上国全体にわたって一連の国際機関が担当し、「再生可能エネルギー」に関しては国際再生可能エネルギー機関（IRENA）をはじめとする諸機関が担当し、「エネルギー効率」に関してはデンマーク政府が統括する。

グローバル・チームが支援

加えて、一連のハイインパクト（高効率）機会が特定されている。その目的は、「エネルギー効率」「再生可能エネルギー」「エネルギー入手」の促進に関心を持つ大企業が主導するプログラムを立案することにある。

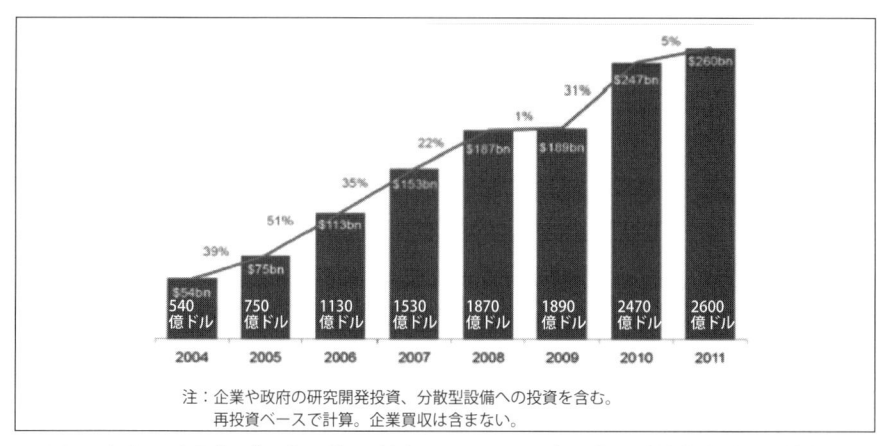

図5　クリーンな再生可能エネルギーに対する 2004〜2011 年の世界の新規投資（年間総額）
出典：Bloomberg New Energy Finance

　たとえば、クリーンエネルギーの解決策、再生可能エネルギーの確保、エネルギーと女性の健康問題、電気自動車、第 2 世代のバイオ燃料、建物のエネルギー効率などに関するプログラムである。

　国際機関のネットワークがプログラム、投資、政策改革、能力構築の促進にあたる。このように高度に分権化されたネットワークと活動に対して、オーストリアのウィーンに本部を置く「グローバルチーム」（グローバル・マネジメント・チーム）が支援する。このチームはアメリカのニューヨークにも事務所を置き、政治的レベルで国連総会や各国政府の国連代表部、国連のその他の機関などとの折衝にあたる。

　中核チームはウィーンとニューヨークの両方を拠点とするが、特定の責任を担うスタッフと顧問が世界各地に駐在して、必要な活動を行なう。しかも、すべてのスタッフが国連と雇用契約を結ぶのではなく、スタッフの一部は企業や機関、政府から「出向」の形で派遣される。

世界的協力とガバナンス

　言うまでもなく、これは典型的な国連プロジェクトではなく、また、世界

的な取り組みの典型的な組織構造でもない。したがって、「SE4ALL」は多くの面において「世界的な協力とガバナンス」を追求する試みである。では、国連システムは、このように活動主体と実施の仕組みが複雑に入り組んだなかで活動・促進できるのか？　成功の度合いは、「委任」と「権限」に基づく行動よりも、国連システムが状況に応じて「機会」を捉える能力に大きくかかっている。

2 新たな問題解決システム

求められる新たな役割

「SE4ALL」の野心的な目標を達成するためには、各国のエネルギーシステムと世界的な協力のあり方を変えることがまさに求められる。「SE4ALL」が成功すれば、クリーンで持続可能なエネルギーの新時代を迎えることになる。しかしながら、その成功は、国連が気候変動とエネルギーの分野において、資金調達と政策と交渉にいかに柔軟な役割を発揮できるかにかかっている。

　国連に求められる新たな役割は、ときにはまとめ役、ときには招集者、ときには一パートナー、そして時には主要な活動主体やリーダーになることである。国連システムは、それぞれの役割にふさわしい時と場合を見分けることが必要となる。委任や任命される役割ではなく、自由な機会を臨機応変に捉えることが求められる。

試される国連システムの正当性

- 国連システムは、この挑戦に立ち向かえる状態にあるのか？
- その範囲とさまざまな時間枠の中で最大限の貢献を果たせるように自らの役割を正しく捉え、必要に沿って適応する柔軟性をもっているのか？
- 国連システム内での協力も、外部との協力もこなせる組織構造になっているのか？
- 国連システムは代償や支配的立場にこだわることなく、単に協力者や促

進者となる文化を備えているのか？

　国連がどのように行動するかが、気候変動とエネルギーの分野における国連の正当性に大きく影響することになる。

　気候変動、貧困根絶、技術開発など、エネルギーに関係する分野において、重要課題に取り組む「国際協力」の強化に大きな努力が傾けられていることによって、それらの分野における「国際協力」のレベルがかつてなく高まっている。それにも増して、重要な点として、これら多くの課題解決への道は、「国際協力の強力なシステム以外にない」という認識も広がっている。
　たとえば、「国連気候変動枠組み条約」（UNFCCC）の下での気候変動対策に関する交渉体制、世界の主要な開発課題に取り組む「ミレニアム開発目標」（MDGs）キャンペーン、クリーンエネルギー技術の促進など国境を超えた課題に関する地域協力協定などである。
　しかし、国連システムはかなりの改革努力を経てもなお、問題点と欠陥を抱えたままである。断片化と諸機関間の競合によって、最善の場合でも協力の効果が弱まってしまい、最悪の場合には逆効果となり、ムダな活動に行き着いてしまう。部門をまたぐ協力は今も通例でなく、例外のままである。

国際社会のテストケース
　「貧困根絶」と「気候変動」という二つの大きな課題を対象とする「SE4ALL」には、ステークホルダー（利害関係者）と活動主体が複雑な課題に統合した形で対処するために、緩やかに結びついて協働する大規模なネットワークが求められる。
　この点において「SE4ALL」は、今後の数々の新しい複雑な重要課題に対して国際社会が用いるべき、新たな「問題解決システム」の格好のテストケースとなる。このように、今後の重要課題には革新的・グローバルな協力モデルが求められる。

最善のシナリオ

　「最善のシナリオ」にもとづけば、次のような大きな「成果」が上がることになる。

❶ 国連システムは、多くの人々が不可能と見なしていたことを「実現した」と評価されることになる。つまり、開発途上国における近代的エネルギーの普遍的入手、あるいはほとんど普遍な入手への支援を通じて、貧困根絶と平等の推進という政策課題に進展を生み出した。また、「国連気候変動枠組み条約」（UNFCCC）の締約国が合意した（そして現在、多くの人々が達成はほぼ"不可能"と考えるようになっている）気温上昇2℃以下の抑制をもたらすことで、「世界の温室効果ガスの排出安定化に道筋をつけた」と評価されることになる。

❷ 水資源や食糧安全保障、技術革新、環境汚染、都市化などの、複雑な緊急的課題にも生かせるハイブリッド型のグローバル・ガバナンスと協力のモデルが創出されることになる。

❸ 国連システムは、持続可能性の三つの柱である環境・経済・社会の分野において、統合された方式で行動を結びつけ、政治的交渉をこなすことで、能力と信頼を兼ね備えた組織と見なされることになる。

❹ 次々と浮上するエネルギー問題に対処するパートナーシップと世界的な取り組みのネットワークが創出されることになり、その結果として、エネルギーと技術の分野に大規模な「革新の時代」が訪れることになる。そうした革新は、相互強化の基盤を通じて共有されうる。

❺ よりクリーンな生産・消費傾向によって、世界は「生活の質」（クオリティ・オブ・ライフ）と人間の福祉（well-being）の向上に、大きな前進を遂げることになる。

最悪のシナリオ

これに対し、最悪のシナリオのもとでは次のような結果になる。

❶ 国連システムは、「ミレニアム開発目標」（および後継の「持続可能な開発目標」）と「国連気候変動枠組み条約」（UNFCCC）それぞれのもとでの貧困根絶と気候変動対策に関して、世界的な取り組みを「阻害した」と批判されることになる。
❷ 世界的な協力システムを強化するのとは逆に、これまでの大きな努力のすえに達成された援助の効果性の向上が、競合の増加、信頼の不足、単独行動の傾向に取って代わられてしまうことになる。
❸ 国連システムは、統合的対応を要する開発課題において妥当性を失い、脇に退いてしまうことになる。
❹ パートナーシップと世界的な取り組みのネットワークが、単なる一貫性を欠いた広がりだけを生み出す結果となる。
❺ 「持続可能な開発」に貢献する大きな機会を逸することになる。

3 「SE4ALL」の支援分野

政策提言と能力構築

次に記すのは、「SE4ALL」が開発途上国において支援が求められる「主要分野」である。それぞれの分野で、国連は自らの能力を正確に測ることが求められる。国連の大きな貢献が見込まれる分野においては支援し、支援する能力がないと思われる分野においては、他に委ねるべきである。理論上、「国連システム」は、後述する各分野で「支援」を提供することが可能である。

また、国連は分野内の比較優位性だけを考えるのではなく、国連の貢献が他の機関の貢献と合致しない部分も認識しなければならない。たとえば、国際金融機関は投資や金融市場に関して国連よりも高い専門性を持っている。しかしながら、国連システムは、「政策提言」（他の機関と協働すること に

よって効率が高まるはずである）と「能力構築」において主導的役割を担う能力が高い。能力構築は最も難しい課題の一つであり、支援と資金を得るのも最も難しい半面、解決に伴う便益と効果が最も永続する。

支援を要する主要分野
　「支援」を要する主要分野は次のとおりである。

　① 三つの目標ごとの基本線の評価。
　② 戦略と計画の策定。
　③ ニーズと機会の確認。
　④ 投資案内の策定。
　⑤ 適正な政策と規制の枠組みの確立。
　⑥ 調整メカニズムの確立とセクター間連携の促進。
　⑦ 次の分野における機構および機構内容の強化。
　　・金融および金融市場。
　　・調整と統合的対応。
　　・開発の優先課題、戦略、計画の主流化。
　　・説明責任と透明性の向上。
　　・実施。
　⑧ さまざまな経済セクターにわたる技術・過程のイノベーションの拡充と、革新を成果につなげる開発・活用能力の構築。
　⑨「SE4ALL」の全段階にわたって（個人、組織、システムの全レベルで）エネルギーシステムの変革を支援する能力・技術の構築。
　⑩ 国内・地域・国際レベルでのパートナーシップ、ジョイントベンチャー（合同事業）、アライアンス（連携）の促進。

Conclusions──結 論

比類ないニーズと課題

　気候変動とエネルギーの分野においては、活用できる資金の急増が見込まれ、国連システムに大きな機会が生まれている。しかし、世界のニーズに応えるためには、国連は現在の欠点を真剣に考え、参画している活動主体のなかでの独自の役割を深く見極めなければならない。

　「SE4ALL」の大きなニーズと要件は、その規模と野心度の点で比類のないものである。しかし、国連が21世紀に成果を上げるための要件という点では、他の取り組みと共通している。幅広いセクターやステークホルダー（利害関係者）との密接で複雑な「協力」が緊急に求められていることは、今日の主要課題の多くに当てはまる。国連が役割を果たすためには、多くの分野で、妥当性と有用性を維持するための「改革」が必要である

　国連が、さまざまな開発部門のなかで存在感を得るには、相手国が求める専門的能力や資源を提供することが求められる。国連諸機関は、適切な自己能力評価に基づいて特定の活動分野を現実的に理解し、他の国連機関や国際金融機関、二国間機構と競合する（これは成果につながらないことのほうが多い）のではなく、足りない部分を補うことによって貢献できる。

機関としての利益がカベ

　依然として、断片化と単独行動の傾向が、大半の国連諸機関の効果性を阻害している。国連諸機関の奨励的な構造は今もなお、成果の分かち合いよりも「機関」としての利益を核としている。このような奨励的な構造が変わらない限り、断片化と機関間の競合が解消する可能性はおよそ乏しい。

協調の向上については、「UN-Energy」(国連エネルギー) がいくつかの教訓を示している。「UN-Energy」は 2004 年に情報の共有と協調の強化を目的として創設されたが、強い指導力と課題分野に沿った再編によって、国連がエネルギー分野で実際に協調できるようになったのは 2008 年のことだった。

「SE4ALL」の端緒となったのも「UN-Energy」である。どの機関が何をしているのかについて、情報が定期的に集約・更新され、一定の頻度で会合が開かれた。「UN-Energy」には世界銀行も参加し、積極的な支援態勢をとった。国連システムはかなりの進歩を遂げているとはいえ、新しい時代の要請のもとで、今後も改革を続けていかなければならない。

構想実現のカギ

気候変動とエネルギーは、開発協力の効果性の向上が最も見込まれる分野の一つであり、その具体的方法は、国連諸機関と世界銀行が「協働してリーダーシップ」を強化することである。国連事務総長が打ち出した「SE4ALL」構想は、多くの人から「不可能とまではいかないが、実現は困難」と見なされている。しかし、とくにエネルギー入手の面で、国連諸機関と世界銀行の相互補完的な特定分野の追求が「構想実現のカギ」になりうるという、有望な兆候が表れている。それでもなお、他の面においても可能性を追求する必要がある。

求められる民間セクターとの融和性

民間セクターとの協調は、技術と投資および管理技能が中心的役割を担うので、絶対的に重要である。国連の内部でも外部でも、民間セクターとの協働に長けている公的機関はほとんどない。しかし、「SE4ALL」には民間セクターの強力な関与が必要である。

世界銀行などの国際金融機関は、国連諸機関が教訓や成功事例を学ぶモデルとなる。国連グローバル・コンパクトや国連開発計画 (UNDP)、国連

貿易開発会議（UNCTAD）、国連環境計画（UNEP）などによる経験からも有用な教訓を得ることができる。といっても、これらの組織が21世紀のニーズに合うように「再編や改変が必要である」と言っているわけではない。21世紀のニーズを満たすためには民間セクターが重要な役割を担うということなのだ。国連諸機関にとって、最初のステップは、このことを認識し、「民間セクターとの融和性」を高められるよう、スタッフの能力を強化することである。

エネルギーは供給とサービス

　国連は、「SE4ALL」の最重要課題の一つである気候とエネルギーに対する世界の認識を変えることに、強力な役割を果たす能力を秘めている。エネルギー部門の多くの活動主体にとって、エネルギーのニーズは変電所や送電網といった供給の問題である。しかし、開発に取り組む国際機関と開発途上国のコミュニティーにとって、エネルギーとは「供給」だけでなく「サービス」の問題でもある。

　つまり、エネルギーを「必要な時に適正な値段で入手できる」サービスが提供できるかどうかである。たとえば、炊事・暖房・照明用のクリーンなエネルギー、生産活動と雇用と教育とジェンダー平等のためのエネルギーの提供である。これは国連システムにとって格好の課題である。

　しかし、そのためには、保健、食糧安全保障、雇用などの諸分野にまたがる総合的な構想を打ち出して、国連内の断片化を是正する必要がある。これらの課題を機構および組織の改革（これもまた強く必要とされている）に結びつける一貫した「戦略」が現状では大きく欠けている。

欠かせぬ統合された解決策

　今日の複雑な課題には「統合された解決策」が求められる。分野と課題に沿って活動する国連システムにとって、これは大きな課題となる。国連システムが、いずれかの時点で、21世紀の重要課題に合わせて国連開発グルー

プを抜本改革することが望まれる。その日が来るまで、国連システムは旧来の組織構造を、ニーズに合わせて調整していかなければならない。

　たとえば、再生可能エネルギーの専門スタッフは特定の技術に精通しなければならないが、同時に、開発全体や農村開発・制度についても基礎知識を持たなければならない。このような新しい専門スタッフは従来よりも見つけにくく、給与水準も高くなる。国連は給与水準が低く、人材採用過程も込み入っている。国連システムはこのような状態で、公共セクターよりも民間セクターでは通例である素早い行動や助言が求められる世界での競争に大きな困難を抱えることになった。

ニッチの追求

　国連が、現場でとくに強力な役割を果たせる分野である「能力」と「機構」の構築に関しては、資金調達がより難しい状況にある。というのは、成果が上がるまでに時間がかかり、評価も難しいからである。しかし、「資金不足」という釈明の陰に、より根深い問題が隠されている可能性がある。というのは、国連システムの信頼性が損なわれていなければ、資金調達はそれほど大きな問題にはならないはずである。したがって、国連システムは、この分野において今よりも多くの資金を調達して、より大きな役割を果たすことができるように、国連ならではの「最適地位」（ニッチ）について熟考する必要がある。

■ 編集部注

1　環境十全性グループ　温暖化交渉における韓国、メキシコ、スイスによるグループ。「経済協力開発機構」に加盟したため、「G77」と同じ立場で条約交渉上発言しにくくなった韓国、メキシコと、EUの笠に入っていないスイスが交渉で発言権を強くするためにグループをつくり、2000年9月の「気候変動枠組条約第6回締約国会議」（COP6）で結成され、環境の保全ということに非常に積極的な発言をしている。

2　世界エネルギー会議　1924年に創立された、すべてのエネルギーを横断的に扱う非営利の民間組織で、先進国から途上国まで世界の約100ヶ国・地域が加盟。エネルギー問題やエネルギー関連の重要な問題を研究、分析、討議し、社会および政策決定者に対して、その意見や助言、勧告を国際的に提供している。

3　クリーン開発メカニズム　温室効果ガスの削減を補完する柔軟性措置のひとつ。先進国が途上国に技術、資金等を提供して、温室効果ガスの削減・抑制対策など、相手国の持続可能な開発を支援する事業を実施することにより得た温室効果ガスの削減量の一定量を、自国の削減目標に参入、充当できる仕組み。

4　ベースライン　温室効果ガスの排出を測定する基準となる参照シナリオのこと。クリーン開発メカニズム（CDM）などの排出削減プロジェクトを行なったことにより、温室効果ガスの排出量をどれだけ削減できたかを測定するためには、行なわなかった場合の温室効果ガスの排出量を正確に測定することが必要になり、その場合に想定される排出量を「ベースライン」と呼ぶ。

5　「SE4ALL」構想　Sustainable Energy for All（SE4ALL）構想は、2012年の国連総会で国連事務総長の元に立ち上げられた。各国政府、民間セクター、市民社会がアイディアを出し、議論し、2030年までに「すべての人に持続可能なエネルギーを」との目標のもとに行動することを目指す。国連は2012年を「すべての人のための持続可能エネルギーの国際年」とし、全加盟国、国連システムその他あらゆる主体に対し、同年を活用して、ミレニアム開発目標（MDGs）、持続可能な開発、および地球気候の保護を含む国際的に合意された開発目標の達成に向けエネルギー問題に対する認識を高めるとともに、地方、国内、地域および国際レベルでの行動を促進するよう促した。

6　国際開発金融機関（MDBs）　国際開発を目的として融資や専門的な助言を行なう、複数の国によって設立される機関。国際開発金融機関には資金を拠出する先進国と、融資を受ける途上国の双方が幅広く参加している。またその融資の対象となるプロジェクトには、市場金利による長期のものや「信用貸し」と呼ばれるような市場を下回る金利での超長期のもの、助成金を通してのものといった形態で資金を提供している。主要な機関としては世界銀行、アフリカ開発銀行、アジア開発銀行、欧州復興開発銀行、米州開発銀行グループがある。

7　国連グローバル・コンパクト　1999年の世界経済フォーラムにおいて、当時の国連事務総長コフィー・アナンの提唱で作られた、国連における自発的な企業・団体の集り。

食糧安全保障

ハンス・ペイジ

ハンス・ペイジ
Hans Page

2010年から国連改革プロセスの一貫性アジェンダに関する上級コンサルタントとして、常駐調整官システムに関する国連事務総長報告書や「ひとつの国連としての援助提供」構想のパイロットプログラムの評価などを担当。国連システムでのキャリアは37年に及び、欧州、アフリカ、アジアで開発や危機後の支援、プロジェクトおよびプログラム立案、国連システム全体の一貫性、援助調整の管理、本部での監視などを手がけてきた。

Part 1
「食糧安全保障」をめぐる世界的動向

❶ 食糧安全保障の歴史的背景
食糧をとりまく環境
　「食糧」は人類の生存に不可欠である。したがって、食糧に不足が生じれば、その時期や場所において、食糧と食糧生産に必要な資源の保有が〈力〉の源泉となる。また、食糧は商品であり、〈富〉の源泉でもある。それゆえ、食糧供給網のある部分が支配されると、食糧の価格と流通量と入手に影響が及ぶことになる。そのため現在、食糧相場での「投機」の倫理性をめぐって論争が起きている[*1]。

　食糧の生産はまた、エネルギーや自然資源の開発、土地利用などにおいて、技術開発を含めた他の生産活動と競争関係にもある。また、これまでの歴史を通じて、食糧不足は技術革新、社会変革、生産性の向上、組織化の原動力ともなってきた。さらには、食糧不足への恐れ、または現実の食糧不足、あるいは食糧生産に必要な「資源の不足」は、地域住民全体の「移住」や「政治的紛争」を引き起こしてきた。

「万国農事協会」の設立
　19世紀後半以降、貿易網の世界的拡大とともに、各国の農業と食糧の相互依存関係に対する認識が高まるようになった。その認識が食糧・農業問題を任務とする、初の政府間機関である「万国農事協会」の創設につながった（1905年）。第一次世界大戦後には、「国際連盟」が食糧供給と栄養に関わる問題を議題とすることとなる[*2]。

　　*1　www.oxfam.org/en/grow/policy/not-game-speculation-vs-food-security

第二次世界大戦にともなって、ヨーロッパで発生した飢餓・飢饉により、「食糧問題」は国と地域の「安全保障」に対する脅威として、再び前面に位置づけられた*3。

　このような経緯から、公式な政府間機関の枠組みが必要であるという認識が高まり、飢餓と食糧と農業に関わる問題への対処を任務として、国際的責任を負う初の国際機関*4である「国連食糧農業機関」（FAO）が設立された（1945年）。その後、予測されていなかった新たな問題に対処する必要が生じ、国連加盟国間で新しい枠組みの採用が決まった*5。

集団的取り組みの必要性

　20世紀後半には、新しい通信技術の発達とともに、別の大陸で発生した事象についても瞬時に情報が得られるようになり*6、また開発途上国も含めて、国際的大衆観光による移動の大幅な増加から、「地球村」という相互依存関係の意識、世界の別の地域に住む人々の「福祉」に対する責任意識も生まれるようになった。

　1990年代後半を境に、とくに2000年以降、「食糧安全保障」が世界的な議題として定着し、さまざまな政府間協議で取り上げられるようになった。——とくに1996年の「世界食糧サミット」[1]、2002年の「世界食糧サミット5年後会合」[2]、2009年に国連食糧農業機関において開催された「世界食糧安全保障サミット」[3]。また、「ミレニアム開発目標」（MDGs）の8つの目標の「目標1」に、「貧困」と「飢餓」の解消が位置づけられた*7。

　2008年の食糧価格急騰を受けて、数カ国で食糧暴動が発生したことから、食糧安全保障と開発との関係、および広義の安全保障、食糧供給の安定化を同時進行議題と捉えて、集団的に取り組む必要性が改めて認識された。

不可欠な民間セクターとの協力

　「食糧安全保障」は、かつては専門的な一分野として、国際機関と各国政府機関が「食糧」と「食糧生産」の問題として対処していたが、既存の取り

組み方式の拡充や、専門のハイレベル・グループの創設、G8（主要8カ国）とG20（主要20カ国）における継続協議を通じて、より広いガバナンス（統治）の仕組みの中に含まれるようになった。それに伴い、国際NGO（非政府組織）も、世界規模の食糧安全保障と食糧供給の不安定性について、世界の認識を高めることにきわめて重要な役割を果たした。

　2008年の食糧価格高騰危機以降、世界的な仕組みが広がったにもかかわらず、国際的システムは依然として国家間政策と国家政策との統合化に困難をかかえ、民間セクターとの調整が依然として不足した状態にある。

　本論では、新たに現れてきた「世界的動向」という文脈の中での食糧安全保障と食糧供給の不安定性、大規模な混乱（ショック）と危機発生時における国際的対応の仕組みと経過について論ずる。

2 「食糧安全保障」の定義

食糧安全保障の必要性

　「食糧安全保障」という言葉は、「食糧生産の不足と農業分野の市場の失敗が人々と国と世界にどのような影響を及ぼしているのか」——その捉え方に従って進化してきた。

＊2　出典：FAO:Its origins formation and evolution 1945-1981, www.fao.org.docrep/009/p4228e/P4228e01.htm
＊3　Marshall Plan Speech in /en.wikisource.org/wiki/The_Marshall_Plan_Speech. も併せて参照されたい。
＊4　国連食糧農業機関（FAO）の起源については、www.fao.org/fileadmin/templates/getinvolved/pdf/FAO_Italia_per_web_19ott.pdf. を参照。FAOの目的は次のように掲げられている。「人類の栄養及び生活水準を向上させ、食糧および農産物の生産および分配の効率を改善し、農村の生活条件を改善し、もって、世界経済の拡大と人類の飢餓からの解放に寄与することを目的とする」
＊5　1961年に「世界食糧計画」（WFP）が開発途上国の食糧不足に対処。1971年に開発途上国における貧困削減と食糧安全保障を目的に、農業研究の国際協調を図るため世界各国の農業研究センターのネットワークとして、「国際農業研究協議グループ」（CGIAR）が設立された。1974年に「国際農業開発基金」（IFAD）が農村部開発に対する投資の資金調達を開始。1964年にFAOと世界銀行が協働を開始。1965年に「国連開発計画」（UNDP）が農村部開発を含む技術協力への資金提供を開始。
＊6　1960年代のテレビと1990年代後半のインターネット。
＊7　www.un.org/millenniumgoals/poverty.shtml

「食糧安全保障」の適切な定義という課題は、個人・家庭・国・世界のそれぞれにとって、食糧安全保障の必要性がどのように関連しているのか、たとえば個人の栄養問題と、政策立案と資源配分の効果的な仕組みとの関連といった問題が焦点となった。

　したがって、「十分な食糧に対する権利と飢餓からの解放の権利にもとづき、食糧供給の不安定化、飢餓、栄養不足を根絶するため」の政策対応に、社会経済と農業の状況を踏まえて、調和と一貫性のある枠組みを確立するうえで、「食糧安全保障」を明確に定義することが必須となった[*8]。

食糧安全保障の歴史

　元来の「食糧安全保障」の定義は、戦火に引き裂かれたヨーロッパの諸地域における「食糧不足」を背景として、生産と市場システムの回復を主眼としていた[*9]。それが、1960年代になると、その概念に「食糧安全保障」と「個人の栄養問題」も広く含まれるようになった。

　1970年代には、食糧生産と市場の相次ぐ失敗によって発生した食糧危機[*10]を受けて、対応策を協議するために開かれた「世界食糧会議」（1974年）において、食糧安全保障は「食糧消費が着実に拡大していくことに対応し、また生産と価格の変動に左右されることなく、いかなる時でも基本的食糧を十分世界に供給することのできること」と定義された。そして、既存の国際機関（国連食糧農業機関〈FAO〉、国連世界食糧計画〈WFP〉、国際農業開発基金〈IFAD〉）に、「（国連／FAO）世界食糧安全保障委員会」（CFS）と「国連行政調整委員会栄養常任委員会」（ACC SCN）が加えられた。

　1975年以降、「国連食糧農業機関」は、「栄養不良は食糧入手の問題だけでなく、貧困と剥奪の結果でもある」と訴えるようになった。この論は、食糧供給全体の増加にもかかわらず「栄養不良」が続いていることを踏まえて、栄養不良を直接的に「総合開発計画」に結びつけた。

　1980年代には穀物の不作が続き、再び世界食糧危機が発生した。世界の

食糧安全を保障するための食糧供給に失敗したことを受けて、食糧安全保障の概念に「三つの目標」が採り入れられた。

1. 十分な食糧供給量の確保。
2. 食糧供給と市場の安定化。
3. 食糧への入手手段の確保。

1986年に世界銀行[*11]は、「飢餓の根絶」と「開発」の関係性をさらに深めて、慢性的な飢餓と一時的な食糧不足の原因はともに「貧困」にあるとして、「家庭」(世帯)を貧困に閉じ込めている要因の解消を図る「援助戦略」を導入した。

1990年からは、ユニセフ(国連児童基金)が子どもの栄養に関わる不可欠な要因を「食糧」および「非食糧」(ケアと保健)に区別し、1992年に「国際栄養学会議」(ICN)が設立された。

2010年には、栄養・保健分野の幅広いステークホルダー(利害関係者)が「栄養改善拡充のための取り組み」(SUN)を展開し、「栄養問題」を主要な政策議題とするよう訴える活動を開始した。

食糧と栄養の安全保障

食糧安全保障に関する理解の広がりにより、2012年に「世界食糧安全保障委員会」(CFS)が次のような「合意」に達した[*12]。

「食糧と栄養の安全保障は、すべての人がいかなる時にも、彼らの活動

[*8] 「食糧安全保障と栄養向上」に関する問題に対しては、国際的・学際的レベルで意味のある議論ができるようにするうえで、専門分野と各国語の壁をまたぐ一貫した定義が必要であると確認されている。

[*9] 1943年に44カ国の政府が連合国食糧農業会議で初めて、現在の国際行動の課題に通じる文脈で「食糧安全保障」と「栄養安全保障」という用語を用いた。

[*10] 世界の穀物備蓄の減少、市場供給量の不足、多くの国における食糧価格上昇、穀物・でんぷん作物の1人当たり入手可能量の大幅な減少。

[*11] World Bank: "Poverty and Hunger: Issues and Options for Food Security in Developing Countries".1986

[*12] CFS, Coming to Terms with Terminology, Revised draft 25 July 2012.

的で健康な生活を営むために十分な保健衛生環境に支えられ、必要な食生活のニーズと嗜好に合った十分な、安全で、栄養のある食糧を、物理的にも社会的にも経済的にも入手可能である時に達成される」

3 今日の「食糧安全保障」

二つの認識

　1990～2000年のあいだ、世界の食糧供給は比較的安定状態を保ったが、その結果として食糧安全保障に対する慢心が生じ、食糧産業では他の産業に比べて投資と技術革新が減少した。2008年の異常な「食糧価格高騰」により[*13]、「二つの認識」が再び前面に浮上した。

　その一つは、国々の間にある需給不均衡と、脆弱な集団が抱えている大きな格差を是正するためには、市場の効率性と国レベルの政策決定だけでは不十分であるという認識。もう一つは、国際協調を欠く、短期的な国家政策は、食糧価格の世界的な不安定化と他の国々の食糧入手への悪影響につながるという認識である。

食糧入手の不安定化とその要因

　この危機的状況には、次のような複雑な要因が重なり合っていた[*14]。

① 中国、インドをはじめとする新興国での需要拡大。
② 中国、インドなどの新興国をはじめとする世界の経済成長。
③ 生産に大量の穀物飼料を要する食肉・乳製品の1人当たり消費量の増加。
④ 農業産品の在庫の減少。
⑤ 「ドル」の切り下げ。
⑥ ヨーロッパとアメリカにおけるバイオ燃料の生産拡大。
⑦ 一部の輸入国による「パニック買い」。
⑧ 投機目的を含む商品先物取引への投資の再流入。
⑨ 世界の農業生産増大の減速。

⑩ 耕作適地の農業以外への転用。
⑪ 「水」の利用費用の増加。
⑫ 気候変動による主要な農産物地域に不利な気象現象。
⑬ 主要農業国が一時的に行なった輸出制限。
⑭ 原油などの燃料価格上昇による農業生産費用の増加。

　市場の効率性と国レベルの政策決定によって、世界と各国の食糧供給を確保することは可能であるとしても、上述のような状況のなかでは、国々の間の不均衡や脆弱な人口集団に対処するには"不十分"であることが浮き彫りにされた。また、国際協調を欠いた各国の短期的政策は、他の国々の食糧価格や食糧入手の"不安定化"など、世界的な影響を引き起こすことも明らかになった。

経済情勢に左右される栄養不良
　「国連食糧農業機関」(FAO)は、2010年の報告書において、世界の経済システムが世界的な食糧余剰を生み出している一方で、飢餓や食糧不足の状態にある人々は"10億人"近くにまで増加しており、「ミレニアム開発目標(MDGs)の『貧困削減』は達成が危ぶまれる」と指摘した。2010年の時点で、世界の栄養不良人口の98％を開発途上国の人々が占め、開発途上国における栄養不良人口の割合は16％に達している。

＊13　Food Security: A G20 Priority.「世界の食糧市場が比較的安定した10年の後、2007年以降は主要農産品の継続的な価格上昇に特徴づけられた。2007年9月〜2011年9月に国際食糧価格指数は55.3％上昇した。この上昇は基本的に二つの局面で生じた。最初の局面は2007年から2008年第1四半期にかけてで、国際食糧価格指数が61.6％上昇した。世界金融危機とその後の総需要の減少によって食糧価格は低下に転じたが、なおも2007年以前の水準を上回り続けた。食糧価格上昇の第2局面は2010年7月〜2011年2月で、国際食糧価格指数が41.4％上昇した。農産品価格高騰の影響は付加価値連鎖を通じて比較的早期に他産業に広がり、いくつかの国でトウモロコシや小麦、畜産・酪農品を原料とする一連の基礎的食糧品の小売価格上昇につながった。その結果、食糧価格の上昇が再び、とくに低所得層に影響を及ぼす世界的なインフレ要因となっている」
＊14　Trostle, 2008; Mitchell, 2008; Headey and Fan, 2008; Rossett, 2008; Elliott, 2008 and poldev.revues.org/145　などの研究がある。

2　食糧安全保障　81

栄養不良人口は全体的な経済情勢によって左右される。そのため、2003〜2005年と2007〜2008年の食糧価格高騰のあとに、慢性的な飢餓が急増した。2010年以降の飢餓の急増は、世界的な「食糧危機」と「燃料危機」が大きな原因となっている。

求められる農業貿易政策の改革
　このような状況を受けて、「農業投資の停滞を解消する必要がある」という合意が形成されつつある。それを反映して、国際レベルと各国レベルで政策が立案され、二国間機構や金融機関、財団、民間基金、企業が再び開発途上国の食糧産業への投資に強い関心を向けている。
　開発途上国の農業政策にも変化が現れ、課税強化から課税緩和と保護への転換に動き始めている。それを支えているのが、G8（主要8カ国）サミットで打ち出された「ラクイラ食糧安全保障構想」（AFSI）や「包括的アフリカ農業開発プログラム」（CAADP）など、一連の世界的・地域的取り組みである。また、ロシア・中国・インドも農業生産性の改善に力を入れており、このような取り組みを補完するうえで、農業貿易政策の改革が求められている。
　「食糧価格」は今後も、過去10年間の水準にくらべて、実質ベースで高止まり状態で推移する見通しにあり、農業市場の不安定性も続く可能性がある。

4 「食糧安全保障」の未来予測 *15
【1】望ましいシナリオと課題
　「国連食糧農業機関」（FAO）は次のように予測している。
- ❶ 2050年の世界人口の食糧ニーズを満たすには、食糧生産を現在の1.7倍に拡大する必要がある。同時に、2050年までに開発途上国の食糧需要はほぼ3倍に増加する。
- ❷ 都市化の進行により、農村部から都市部への移住が増加するにつれ、

複雑に統合された供給網に依存する都市型の食糧消費の割合が増し、世界の食糧消費に占める畜産物の割合も増加が続くことになる。
❸ 都市型の食糧消費パターンのもとで、都市住民の支出に占める食費の割合は下がる一方で、農村住民の支出に占める食費の割合は高止まりすることになる。
❹ 食糧需要の拡大は、作物集約化によって次第に対処されるようになるが、それには、商業的に複雑に組織化された農業関連産業と食糧流通網が必要となる。
❺ 農業部門とエネルギー部門の相互依存関係が強まっていく。農業部門は化石燃料・エネルギーの主要消費産業の一つであるが、その一方でエネルギー製品（バイオ燃料）の生産源にもなりつつある。このことから、食糧用の農業生産とエネルギー用の農業生産の競合が拡大していくことになる。
❻ 現在の研究レベルでの農業生産性と、実際の農業生産性との間には大きな格差があることから、需要の拡大に対応することは技術的に可能なはずである。

立ちはだかる気候変動

一方で、食糧生産の増加と食糧入手の改善という目標に「気候変動」が立ちはだかることになる。しかも、気候変動の影響は世界全体に一様ではなく、食糧生産に好影響を受ける地域と悪影響を受ける地域が出てくる。気候変動による影響を以下に示してみる。
❶ 農作物は気候・気温の変化に敏感だが、気候変動が及ぼす影響は生態系ゾーンによって異なるため、農林漁業部門の生産性が上昇することになる地域もあれば、低下することになる地域もある。

＊15　このセクションはとくに http://www.fao.org/docrep/meeting/025/GT_WebAnnex_RC2012.pdf の内容に依拠しているが、同じ結論が数々の論考から導き出されており、例えば「食糧安全保障と世界的影響」(food security and global impact) といったキーワードでインターネット検索できる。

❷ 海面水位の上昇による高潮や洪水で、農業や居住が不可能になる沿岸地域も出てくる。
❸ 多くの地域で生活用水の重要な水源となり、また農業の灌漑用水や牧畜、水産養殖などの不可欠な水源にもなっている高山の氷河が「地球温暖化」によって、さらに減っていく。
❹ 降水パターンの変化によって一部の地域が乾燥化するなど、農業生産力に悪影響が及ぶことになる。
❺「異常気象」(洪水・ハリケーン・干ばつなど)の頻度が増す兆候が現れている。

【2】食糧・農産物の需要予測

強まる他産業との相互依存

　2050年までに、世界人口は93億人に増加する見通しにあり、それとともに「都市化」が大きく進む。「国連食糧農業機関」(FAO)の基本予測では、このような人口動態の変化に対応するには、2050年までに世界の食糧生産を現在の1.7倍に拡大する必要がある。また、「国連食糧農業機関」は、現実的に見込める作物収量と土地・水利用率の向上によって、増加する世界人口の食糧需要を満たすことはできるはずだとしている。

　全体的な経済成長と個人所得の上昇により、農林漁業の相対的重要性は低下し、他の産業の変化により敏感となり、相互依存関係が強まっていくと考えられる。さらに所得の上昇とともに、食糧需要は上級品目(魚と肉を含む)や非季節性食品、加工食品に移行していくと予測される。

食糧不安は都市問題

　このようなプラスの経済動向の一方で、地域間の格差、国と国との格差、そして国内の格差は残ると予測される。しかも、世界人口の3分の2が都市部に集中し、都市型の消費と食生活をすることになる。農村部と都市部の「所得格差」が、農村部から都市部への"移住"の大きな要因とみられ、

往々にして「貧困の都市化」につながっていく。

その結果、「食糧不安」は次第に都市問題としての性格を強め、食糧不足がより目立つこととなり、政治的に敏感な問題となる。

【3】自然資源の低下と生態系の喪失
2050年までのシナリオ

2050年までの"シナリオ"では、土地と水資源の減少・枯渇・劣化、生物多様性の喪失、転用による耕作適地の減少によって、食糧安全保障の向上と貧困の削減に求められる世界と各国の能力が阻害されることになる。

自然資源の質と量の低下と生態系の喪失を引き起こしているのは、次のような原因である。

❶ 自然資源の劣化、枯渇、過剰開発、汚染。
❷ 人為的および非人為的な気候変動と、沿岸地域の洪水、異常な降雨、長期の干ばつなどといった自然災害。
❸ 国内紛争、住民避難、地雷などによる土地放棄や居住地域の拡大、インフラ建設・鉱物採取などによる耕作適地の減少。
❹ 環境保護規制や自然保護地区指定など、生態系の保全措置にともなう自然資源利用の制限。

自然資源の獲得争いを適正に管理しないと、「ゼロサム」（差し引きゼロ）におちいる危険性がある。自然資源の需要増加は、次のような原因によって生じている。

① 人口の増加。
② 都市化比率の上昇。
③ 土地集約型の生産を必要とする消費パターンの変化（食肉消費の増加など）。
④ バイオ燃料の生産。
⑤ グローバル化にともなう食糧輸出の増加と、投資国側の食糧安全保障

に対する懸念。
⑥ 自然資源の商業的利用の拡大。
⑦ エネルギーや肥料、水など農業部門への資金投入や生産助成金、政府買い上げなどによる農業補助制度（生産の促進と食糧安全保障を目的としているが、耕作地の拡大にもつながりうる）。

食糧供給側のリスク

　世界の人口増加に対応するために必要な70％の食糧増産分の大部分は、農業集約化によってまかなわざるを得ない。生産性の向上には投資、技術革新、政策が必要となるが、作物収量の拡大は化石燃料に大きく依存するため、開発途上国の大多数の小規模農家にとっては経済的に「手が届かない」ことになる公算が大きい。この点が「食糧安全保障」の供給側のリスク要因となる。

　食糧生産に対する商業的投資は"好条件"の農地や漁場に集中することになる。その結果、法的な所有権が確立されていない地域では、土地や漁場を利用していた人々が立ち退かされたり、条件の悪い場所に追い出されてしまうおそれがあり、それにともなって社会的費用が発生する。よって、経済成長のための施策と、脆弱な集団を保護する必要性との兼ね合いを調整する「社会的保護措置」が必要となる。

　所得水準が低く、経済の多角化が進んでいない「開発途上国」では、依然として農業が主要産業であり、とくにサハラ以南アフリカを中心として、こうした国々の人口増加が自然資源に対する圧迫に拍車をかけることになる。この問題にともなって"国際的移民"の増加が加速する可能性もある。

多発する水資源争い

　農業は地球の「水資源」の約70％を利用している。需要の増加に対する農業生産の拡大とともに、水資源に対する圧迫が強まる。それにより、水資源をめぐる農業と他産業の"争い"が問題化していくことになる。

「国連食糧農業機関」（FAO）は、自然資源の減少が生産に及ぼす悪影響に対処するうえで、作物収穫後の"損失"を減らすことが補完的戦略になると捉えている。

【4】農業とエネルギー

近代農業は化石燃料からつくられる化学肥料や機械に頼っているため、莫大な「エネルギー」を必要とする。そのうえ、食糧の保管・加工・流通にも大量のエネルギーが使用される。それゆえ、エネルギー費用の増大は直接的に農業生産費用と食糧価格にはね返ることになる。

バイオエネルギーも、農産物・食品がつくられる連鎖の過程で生み出される。「バイオ燃料」は、政府補助金、税制上の優遇措置、義務的目標（とくにG20〈主要20カ国〉において）——大半の種類のバイオ燃料に関して、このような措置がとられている——を通じて生産が促進され、生産拡大の原動力となっている。しかし、バイオ燃料の生産に利用される農地は食糧生産に利用できないことになる。

【5】農業研究と開発（R&D）

一極集中する民間開発研究

現状の作物収穫量と試験用農地での（高水準の）作物収穫量とは大きくかけ離れているが、その実用化には、効率的なインフラ、金融とリスク管理の手段、適正な政策と制度の枠組みなど、農業生産者に対して十分に機能する資源投入と市場が必要となる。

農業の「研究開発」に対する世界の投資は、過去30年間にわたって増加し、とくに民間セクターの占める割合が高まっている。しかし、民間の研究開発投資はごく一部の先進国と、ひと握りの新興国に集中している。

農業の大きな革新の源泉となる「バイオ技術」の進歩によって、小規模農家は大きな恩恵を受けることになる。とくに「種苗」を中心に、知的財産権の保護が重要になってきている。しかし、技術とノウハウ実践の普及におけ

る民間セクターの役割が拡大する一方で、公的な農業普及サービスの役割は縮小している。

注目されるアフリカの動向

　このような変化のなかで、とくに「アフリカ」の動向が焦点となる。そこで、食糧増産と貧困削減のために「技術革新」を普遍的に活かすうえで、公的な政策と投資、民間セクターとのパートナーシップが重要性を増すことになる。

　農業生産性の改善、食糧安全保障、持続可能な農業運営は、政策と制度に依拠する。それゆえ、民間セクターの投資によって生まれた"技術発展"の成果を小規模農家が活用できるようにするためには、公的な政策とともに、それを支えるインフラと制度が求められる。

　増加する人口のニーズを満たすには、「農業研究」が不可欠である。食糧需要の拡大に対応する方法としては、研究と革新にもとづく農業生産性の引き上げと、食糧供給網における損失と無駄の削減しかない。そして後者には、社会的意識の向上、研究、管理が必要となる。

　民間企業の運営と投資による農業研究の割合が増加しているが、その主目的は「企業収益」の改善であり、食糧部門へ参入するための所得も資源も不足している脆弱な人々のニーズとは必ずしも合致していない。そのため、小規模農家と脆弱な人々を支援するための農業研究の資金は公的セクターによってまかなわれている。しかしながら、世界的に政府予算が縮小するなかで、開発途上国の小規模農家を支えるための研究の割合は減少している。

【6】集約化される農業生産システム

国境を越える食糧生産網

　「食糧生産システム」は、国レベルでも世界レベルでも、大規模で複雑な世界的バリュー・チェーン（価値連鎖）の発展を通じて強く"垂直統合"されつつある。そして「食糧生産網」は、すべての地域でより長く、より複雑

になり、国境を越えるようになっている。外国直接投資が重要な役割を担っているこのプロセスにおいて所得機会を生み出してはいるが、同時に、集約化と技術的変化の加速を引き起こし、旧来型の生産システムとの競合、さらにはその衰退にもつながっている。

高度に集約化された「農業関連企業」（多国籍企業である場合が多い）によって管理された食糧供給網が開発途上国にも拡大し、生産者を世界的な市場網や地域的な市場網に取り込んでいくことになる。農業関連産業は、製品および加工時間の「標準化」を必要とし、また小売業者が競争力を維持するうえで十分な技能をもつ「労働力」も必要とする。その結果、農業生産者は「契約農業」（とくに園芸作物の契約農業）を通じて、標準化と契約条件の順守が重視される大規模な食糧供給網に結びつけられる。

このような生産網と企業の制度的枠組みは、国際市場と都市の市場向けに設計されている。その結果、加工食品と季節に縛られない食品提供に対する需要が増すなかで、管理やマーケティング、情報、物流、食品の安全性、品質基準なども重要度が高まっている。

農地の拡大と資本集約型農業への移行

地方企業や小規模な第一次生産者にとって、厳格な「品質基準」の順守を要求する農業食品生産網に加わることは困難な場合もある。とくに、適応するために資本や投入財が必要とされたり、「リスク管理」が複雑になりすぎる場合には、いっそう困難となる。小規模な漁業関係者も同様の状況に直面している。

「農地の拡大」が全体的傾向となっている。その傾向がとくに顕著なのが、土地が豊富な地域の開発途上国と新興国である。また、小規模な家内農業から、雇用労働者と資本集約型の大規模な企業による農業生産に移行する動きも広がっている。

とくに、小国や開発途上国などの政府は、経済上の相互依存関係の深まりと国際的な民間投資による影響に直面している。このことから、国際機関と

各国の政府機関は、自由競争と独占禁止に関わる市場の失敗に対処するために、消費者と生産者の情報格差の是正、環境保護、地球環境問題、土地・水・生物多様性などの資源管理において、国内経済と国際経済を規制する政策の立案・実施を行なう必要がある。

【7】農業貿易の発展
二国間協定と地域協定
　農産物の国際貿易を統治するルールは、世界経済のバランスの変化に沿うかたちで、過去40年間に大きく進歩した。1980年代まで、世界の貿易交渉は「経済協力開発機構」（OECD）加盟国が主導していた。「農業貿易」は多国間の枠組みのもとで、相手国によって異なる貿易条件を適用する二国間協定と、地域協定に沿って発展した。これは「世界貿易機関」（WTO）ルールの例外規定にもとづく合法的慣行だった。

　「世界貿易機関」の「ドーハ・ラウンド」（多角的貿易自由化交渉）[*16]では、開発途上国と新興諸国（G20のメンバー国を含む）が経済力と政治力の高まりを背景に、その存在の重みを増している。現在の枠組みは、多国間貿易体制と二国間／地域貿易体制の混在として捉えることができる。

強まる安全性の保障
　国際貿易に従事する民間企業による「私的基準」が、妥当性と厳格性の点で「公的規定」を上回ろうとしている。食糧と農産物は「健康」に直接関わることから、先進国を中心に、消費者が「安全性の保障」に対価を支払おうとする姿勢を強めている。この状況を受けて、企業側は「安全性基準」を高めることに前向きになっている。

【8】長期化する気候変動の影響
「生産性」を左右
　気候変動対策も進み始めたとはいえ、「気候変動」の影響は今後数十年に

わたって強まるものと予測されている。乾燥地の土壌が劣化し、自然災害が多発化するなかで、農業分野における気候変動への適応には、灌漑(かんがい)、家畜・植物の品種改良、植林などの対策に中期・長期の投資が必要となる。

　農林・漁業に対する「気候変動」の影響を正確に予測することは難しいとしても、地域、生態系ゾーン、生産方式によって気候変動の影響は異なると考えられる。たとえば、年間降水量や季節の降水パターンのわずかな変化など、小さな気候変動であっても「生産性」に影響を及ぼしうる。その影響は次のように予測される。

① 洪水、サイクロン、ハリケーン、干ばつや少雨など、異常気象の頻度と強度が増していき、土壌の質に直接的に悪影響が及ぶことになる。
② 気温上昇によって、疫病大流行(パンデミック)の発生場所や、頻度に変化が生じることになる。また、地球上の動植物全体の約20〜30%に絶滅の危険が高まることが予測される。
③ 世界の主要山系の氷河と雪の消失により、山麓地域で灌漑に利用できる水源が減少する。
④ 気温の上昇、降水パターンの変化、異常気象の頻度と強度の高まりによって、食糧、飼料用穀物、畜産、漁業、水産養殖の生産量と生産性に影響が及ぶことになる。
⑤ 森林と放牧地は、気象パターンの変化や異常気象、長期的な気候変動の影響を受けやすい。

その一方で、農業生産は食糧供給網全体にわたる「温室効果ガス」の排出を通じて、「地球温暖化」にもつながっている。その排出量は全体の約20%に及んでいる。

＊16　www.wto.org/english/tratop_e/dda_e/dda_e.htm：ドーハ・ラウンドは世界貿易機関（WTO）加盟国による貿易交渉の最新ラウンドで、貿易障壁の削減と貿易ルールの改定による国際貿易システムの大幅改革を目的としている。

【9】食糧生産方式の変化と自然災害[*17]

転業か移民か

　気候変動の影響により、すべての地域が「食糧生産方式」の修正を余儀なくされる。食糧生産者は新しい生産方式を導入するか、既存の生産方式を変えなければならず、それができないと「転業」せざるを得なくなる。それによって、農村部から都市部への「移住」がさらに拡大し、食糧生産者が食糧消費者に変わることになる。しかも、農村部から都市部に移住しても、所得機会が得られない地域では国外への移住が選択肢となって、〈南〉の国々から〈北〉の国々への移民が増加することになる。

　大規模な自然災害（洪水、ハリケーン、病害虫、干ばつなど）が増えた場合、保険や予防・防護策に投資する資力がなかったり、国の補償制度の対象にならない農業生産者は、生産基盤や生産能力を失う危険に直面する。とくに、小規模農家は「食糧供給」の不安定化に影響を受けやすい。このようなプロセスを通じて、異常気象が移住の増加につながることになる。

「福島原発」の教訓

　日本の「FUKUSHIMA」（福島・2011年3月）で発生した原子力発電所事故は、大災害から世界規模の影響が生じうることと、「再生可能エネルギー」の利用を確立する必要性をまざまざと示した。また、国際貿易と旅行の増加とともに、植物病害虫や家畜伝染病が国境を越えて拡大する危険も増している。

　世界のほとんどの国の政府にとって、自然災害および人為的災害のリスクを軽減・管理する効果的な方法を見いだすことが課題となっている。とくに、統治の脆弱な国、政情不安を抱えた国、紛争下にある国（複雑な非常事態や長期的危機の中にある国）は、災害による影響を悪化させる要因、たとえば、湿地帯やマングローブ・森林など、災害に対する緩衝効果をもつ生態系の劣化、極度の貧困や政治的・経済的不平等の広がり、都市開発や地域開発の不備などを是正することが難しい。

気候変動および災害リスクへの適応戦略

　食糧生産方式の復旧に対する支援など、適応能力を高めることによって、予測される気候変動の影響を軽減することができる。「適応戦略」としては、作物の多角化、水利効率の改善、植物病害虫や家畜伝染病に対する耐性化、収量変動の縮小化などがある。

　そのためには、技術と環境の変化に強い「品種」（作物および家畜）の入手が必要となる。さらに、影響の軽減には、変革に対処するための農業生産者と政府の能力を高めることも必要となる。

保護と回復を図る予防戦略

　「食糧・栄養安全保障」に対する複合的な脅威、漸増する悪影響、大規模の有害事象と飢餓との明らかな関連から、現状の食糧生産方式の弱点と、災害や危機、紛争に対するその"脆弱性"が浮き彫りにされている。

　異常気象と気候変動に適応するためには、その影響を悪化させる紛争や災害という"リスク要因"に目を向け、脆弱性を軽減して「統治能力」を強化することが必要である。つまり、災害リスクが軽減されることは、気候変動の影響を悪化させる要因も軽減・削減されることであり、したがって「適応」が促進されることになる。

　危機と災害のリスク軽減と「食糧・栄養安全保障」の管理は、「食糧への権利と飢餓からの解放」を確保するうえで決定的に重要である。さまざまな有害事象に対して、農業・畜産業・漁業・林業の生産者などの、脆弱な集団の生計を確保し、保護と回復を図る予防戦略として、世界・地域・国・地方のレベルで一貫した政策介入と制度が求められる。

　＊ 17　scenarios.globalchange.gov と www.guardian.co.uk/global-development/2013/apr/13/climate-change-millions-starvation-scientists も参照されたい。

Part 2
「食糧安全保障」のグローバルガバナンス

1 国連食糧関係機関のポジションの変化
中心は〈個人〉

「食糧安全保障」の組織的なステークホルダー（利害関係者）には、多国籍企業、国内企業、民間セクター、市民社会、非政府組織（NGO）、民間財団、各国政府が含まれる。消費者および生産者としての「個人」は、食糧安全保障の仕組みの中心に位置する。

世界・地域・国の各レベルで、食糧安全保障を効果的に「統治」するためには、基準の設定と政策の立案、規制の枠組みの策定・実施・監視に対して、脆弱な集団を含むすべてのステークホルダーが積極的に関与する必要がある。食糧安全保障は農業部門の域を大きく超え、ジェンダーや環境など部門横断的な課題にも関係する。

FAOの設立目的

「国連食糧農業機関」（FAO）は1945年に、次のような目的を掲げて政府間機関として創設された[*18]。

　「各自の管轄の下にある人々の栄養および生活水準を向上させ、食糧および農産物の生産および分配の効率を改善し、農村の生活条件を改善し、もって、世界経済の拡大と人類の飢餓からの解放に寄与することを目的に、個別および集団の行動を促進して共通の福祉を増進する」

「国連食糧農業機関」は各国政府を活動の主体として発足したことに重要な意味がある。この「国連食糧農業機関」は活動の大半を、法的に設立され

た理事会あるいは委員会を通じて行ない、その実施を他の国連機関と共同監督する仕組みで設計された。

強まる非政府ステークホルダーの関与

消費者および生産者の権利と利益を擁護する非政府組織（NGO）、市民社会組織、民間セクター[*19]といった、他のステークホルダー（利害関係者）もオブザーバーとして関与した。現在では、民間企業も含めて、正式に助言や諮問を行なう非政府ステークホルダーの関与が強まっている。

さらに、情報技術と世界的輸送手段の革命的な進歩、かつての開発途上国の安価な労働力を背景として発展してきた世界的な「多国籍企業」も、企業目標の観点から基準の設定と規範の形成に関与するようになっている。

「食糧への権利」が原動力

現在、「食糧・農業システム」に関わる連携やネットワーク、パートナーシップの数と種類が増している。このことは、食糧安全保障、農業、自然資源の管理、生物多様性に関してグローバルガバナンスの仕組みを求める傾向につながっている[*20]。

食糧システムと気候変動に関する研究・知識創出のため、さまざまなス

[*18] Preamble of FAO's Basic Texts: www.fao.org/docrep/meeting/022/K8024E.pdf

[*19] その例として「コーデックス・アリメンタリウス」（国際食品規格）、「国連食糧農業機関（FAO）食糧問題委員会」、「農業の流通と使用に関する国際行動規範」、「ロッテルダム条約、紙・木製品諮問委員会」などがある。また、異なるタイプの国際的誓約として、「食の権利に関する指針」（国の食糧安全保障の流れの中で適切な食の権利の積極的実現を支える自発的指針）などもある。

[*20] 国連食糧農業機関（FAO）の活動に関する世界的な統治構造の創出を求める最近の具体的な動きとしては、「世界食糧安全保障委員会」（CFS）に対して土地保有の権利に関する国際監視機関の設置を求めた要請、G20（主要20カ国）による「農業市場情報システム」（AMIS）の創設要請、「地球環境ファシリティ」（GEF）の国家管轄外地域（ABNJ）プロジェクトを通じた漁業・農業・海洋管理に関する問題への取り組み要請、「国連海洋関連機関」（UN Ocean）の統治見直し、「生物多様性及び生態系サービスに関する政府間科学政策プラットフォーム」（IPBES）の設立合意、ジェンダー平等の促進に関する国連システム全体にわたる説明責任の枠組みの創設、「土地及び他の自然資源の保有の権利に関する責任ある統治の自発的指針」の策定、「責任ある農業投資の原則」の策定、「国の食糧安全保障における土地、漁業、森林の保有の権利に関する責任ある統治のための自発的指針」の策定、「小規模漁業に関する自発的指針」の策定などがある。

テークホルダー（利害関係者）の関与をはかる、科学的かつ透明でオープンなプロセスへの努力が傾けられている[21]。また、同時に、「人権」にもとづいた「食糧への権利」への対応によって焦点が変化し、すべての開発政策の中心に「個人」を位置づけるようになった。

それによって、人々の食糧に対する「権利」が尊重され、保護・実現されるのみならず[22]、その権利が「食糧安全保障」の問題に関わる政策と統治の強力な原動力にもなる。

ガバナンス（統治）の形態は、各国の優先課題に重点を置く"参加型"の分権的形態へと、徐々に移行している。また同時に、現在の世界的議題は国境・地域を超えて横断的なものとなり、世界的な合意形成を得るためにはさまざまなステークホルダーと政府間の「討論の場」を広げることが必要となっている。

強まるNGOの優位性

このような状況のなかで、「食糧と飢餓」の問題にたずさわる国内・国際NGO（非政府組織）が、食糧安全保障の諸側面に関するすべての公的討議に重要な位置を占めるようになり、しばしば各国政府や政府間機構を行動に押し向ける役割を果たしている[23]。

こうした動向が、ローマに本部を置く国連の食糧関係機関に深い影響を及ぼしている。そのような国連の諸機関は「食糧安全保障」の中心的な活動主体としての役割から、多数のステークホルダーが参画する仕組みのなかで、みずからの役割を他の活動主体と分担しなければならなくなった。そのためには、「どうすれば中立的な政府間組織としての比較優位性を最大限に活かせるか」を、自問する必要があった。

この点が「国連食糧農業機関」（FAO）の加盟国によって、2008年に開始された「独立外部評価」[24]でも焦点となり、「国連食糧農業機関」の抜本的な組織再編と方向修正につながった。

新たな戦略的構想

　食糧安全保障におけるステークホルダー（利害関係者）の拡散は、食糧安全保障に専任する政府間組織である「国連食糧農業機関」（FAO）、「国際農業開発基金」（IFAD）、「国連世界食糧計画」（WFP）が、次のような形で適応・再調整しなければならないことも意味している。

① 他のステークホルダー（他の国連機関、市民社会、民間セクター、開発パートナー）との協働やパートナーシップを高める。
② 各国が農業と食糧安全保障に関する効果的な政策、戦略・投資計画、プログラムを主導、策定、実施、評価するための能力開発を支援する。
③ 各国の戦略やプログラムの策定と実施に効果的な協働がなされるように、主要な市民社会のステークホルダーと生産者組織を参画させる。
④ 世界的な推移に関与し、世界的な洞察を国連の各国支援と活動に反映させる。
⑤ 各国が地方レベル、国レベル、世界レベルで農業と食糧・栄養安全保障に健全で一貫性のある包括的な統治体制を確立することを支援する。
⑥ 農業と食糧・栄養安全保障に関して、各国のステークホルダーが開発パートナーや国家予算から取り組み資金を調達することを支援する。

＊21　国内・国際レベルにおいて科学と政策の融合には加速的な進歩が見られている。とくに顕著なのが気候変動（たとえば「気候変動に関する政府間パネル」〈IPCC〉）や生態系（「ミレニアム生態系評価」）などの環境問題と、農業（「開発のための農業科学技術の国際的評価」〈IAASTD〉）で、さらに現在では食糧安全保障についても「食糧・栄養安全保障に関するハイレベル専門家パネル」が設置されている。また「包括的アフリカ農業開発プログラム」（CAADP）などのように、根拠にもとづく分析によって意思決定過程を支えるという取り組みの広がりも地域と国の開発構想に反映されている。さらなる事例として、食糧・栄養安全保障のレンズを通して、食糧と農業のための生物多様性について政府間協議を行なう「食糧農業遺伝資源委員会」もある。この委員会による協議はいくつかの世界的な取り組みに結実している。たとえば、「生物多様性条約」と調和化した「食糧および農業のための植物遺伝資源に関する国際条約」（ITPGR）の採択や「遺伝資源に関する世界行動計画」の合意などである。
＊22　具体的に言えば、より公平な土地保有制度、より良い知識とコミュニケーション、資源管理の意思決定に関する「自由意思による、事前の、十分な情報にもとづく合意」（FPIC）を通じて、脆弱な人々の自然資源の入手手段を保護または改善することを意味する。
＊23　一つの好例として、食糧市場での投機の禁止を求める国際NGOのキャンペーンがある。www.oxfam.org/en/grow/pressroom/reactions/european-parliament-draws-line-sand-financial-markets-must-not-play-food を参照。
＊24　ftp.fao.org/docrep/fao/meeting/012/k0827erev1.pdf。

⑦ 幅広い分野のステークホルダーの参加を促し、世界的な統治の仕組みを求める要求に配慮して受け入れる。
⑧ 国連が監視に果たしうる役割を視野に入れて、世界的な統治の仕組みと指針の実施・監視を支援する。

加盟各国における統治、促進環境の構築、政策支援に新たな焦点を置いた「国連食糧農業機関」（FAO）の「新たな戦略枠組み」*25（2013年）は、上述した適応と再調整の直接的成果である。

2 グローバル化に伴う枠組みの変化

オーナーシップという考え方

「持続可能な開発」の中心原則の一つは、各国の開発戦略とプログラムが当該国のオーナーシップ4によることである。援助と開発の効果をめぐる議論*26から生まれた大きな成果として、この「オーナーシップ」という考え方が開発主体*27に"活動の尺度"として採用されるようになった。その結果、多くの開発パートナーが意思決定方法と予算権限の一部を分権化し、支援提供の仕方や、協働相手の決定に関して「国連カントリーオフィス」（国事務所）の自主性を大幅に高めている。

新たな形態の登場とその特徴

国連システムは、もともと加盟国が世界的問題や国境を超える問題に対処し、知識の交換を促進・管理するための集団的な取り組みとして構築された。しかし、いまやグローバル化の進行とともに、世界は根本的に変わり、新しい強力なステークホルダー（利害関係者）が台頭してきた。このような変化のなかにある開発環境において、「食糧安全保障」の新しい実施の形態と方法が生まれ続けている。その特徴は、

❶ 国連の「地域経済共同体」（The UN Regional Economic Communities = RECs）の役割の重要化、

❷ 計画および政策の立案・実施に関わる組織力を各国レベルで強化する必要性の高まり、
❸ 国連の開発関係機関を含む全開発パートナーの分権化、
で、次のようなものがある。
① 国境を超えた植物病害虫や動物伝染病の拡大防止、植物検疫、共有の生態系や水源の管理、食糧・農産物貿易などにおいて、各国の開発の取り組みを支援する「地域経済共同体」（RECs）の役割が高まっている——たとえば「西アフリカ諸国経済共同体」（ECOWAS）、東アフリカ地域の「政府間開発機構」（IGAD）、南アジアの「経済協力機構」（ECO）、「カリブ共同体」（CARICOM）など。
② 国レベルでは、既存の枠組み（貧困削減戦略や農業と食糧安全保障の枠組みなど）を修正し、効果的な農業開発と食糧安全保障の確立のための支援を強化する必要がある。なぜなら、既存の枠組みでは食糧安全保障に対する多部門からの同時取り組みと、重点投資の共通化に十分に対応できない可能性があるからである。
③ 地域と国々は農業開発の支援に関して、各国のオーナーシップにもとづく包括的な協調行動を拡充する手段をすでに整えている。プログラムレベルの一例に、「包括的アフリカ農業開発プログラム」（CAADP）がある。このプログラムは、「ミレニアム開発目標」（MDGs）の「目標

---

* 25　www.fao.org/docrep/meeting/027/mg015e.pdf.
* 26　ハイレベル・フォーラムにおける誓約は、その焦点を「援助効果」から「開発効果」に移し、国レベルでの責任を大幅に拡大している。2002年の「ローマ宣言」が国別プログラムの調和を図る開発パートナーの誓約に焦点を合わせていたのに対し、2005年の「パリ宣言」では、対象国が主導する方法の調整および一致した援助への誓約が拡大され、対象国と開発パートナーの相互の説明責任が重視された。したがって国レベルでの責任が拡大することとなった。さらに2008年の「アクラ行動計画」（AAA）では、市民社会を含めた国レベルのパートナーシップに焦点が当てられた。したがって対象国が主導する議題におけるステークホルダー（利害関係者）として、その国の市民の関与が明示されることになった。「アクラ・ハイレベル・フォーラム」は市民社会の代表が初参加する舞台ともなった。さらに「アクラ行動計画」では、対象国が自らの未来を管理するための能力強化の必要性も強調された。2011年の釜山成果文書では援助効果から開発効果への移行が明示され、各国の役割のさらなる強化が打ち出された。
* 27　ローマ（2002年）、パリ（2005年）、アクラ（2008年）、釜山（2011年）の4回にわたる「援助効果向上に関するハイレベル・フォーラム」での決定による。

1（極度の貧困と飢餓の撲滅）」の達成に向けてアフリカの農業を復興させる共通の枠組み、手段、プロセスとして、2003年に「アフリカ連合」（AU）の各国首脳により合意された[*28]。この「包括的アフリカ農業開発プログラム」の進展において、「非国家主体」（生産者組織や広範な民間セクター、市民社会組織など）の参加の重要性に認識が高まっている。

レバレッジを活かす

グローバル化、人口増加、気候変動に伴う課題と照らし合わせて、「国連開発システム」は保有資産を再評価し、自らの役割を再定義しなければならない。そして、援助と技術協力という伝統的な役割を超え、知識とノウハウを見極めて結集させ、他のステークホルダー（多国籍企業、NGO〈非政府組織〉、市民社会組織を含む民間セクター）を引き入れることに国連の招集能力をテコ力（レバレッジ）として活かす役割に移行する必要がある。

3 問題解決への道

必要な利害対立の調整

各国と地域から出現してきた優先課題が分野横断的な性質を帯びていることから、国や地域の境界を超えた"多国間システム"としての支援が必要となっている。また、世界的な合意形成を達成するうえで、多数のステークホルダー（利害関係者）が参加する政府間機構を求める声の高まりにも応える必要がある。さらには、分野横断的な課題に効果的に対処するうえで、地方レベルの小規模生産者から、国、地域、世界のレベルに至るまで、すべてのステークホルダー間の利害対立[*29]の調整が必要となる。その一方で、現在、「統治」の形態は参加型の分権的方法と、各国の優先課題重視の方向に移行しつつある[*30]。

したがって、各国主導の開発を支援する誓約を実施に移す基礎として、グローバルガバナンス（統治）と「グローバル公共財」（GPGs）の提供が必

須となる。といっても、グローバルガバナンスは中央計画を意味するのでも、管理の仕組みや手順を意味するのでもない。それは、各国政府の内部であれ、多国籍企業の内部であれ、独立した意思決定者による自発的な意思決定を促す「中心原則」への合意形成を意味する。

4 前進への道[*31]

現システムの不備

2007〜2008年の「食糧価格高騰危機」の帰結のひとつとして、次のような暗黙の了解が生まれた。

① 第二次世界大戦後に構築され、1970年代のエネルギー危機後に修正された「国際食糧安全保障システム」は、もはや、世界的規模の食糧生産システムを含む現在の経済的・制度的環境の中では不十分である。

② 21世紀の食糧・農業部門における市場と生産の失敗は、一国の経済を不安定化させるだけでなく、世界経済を脅かしかねない[*32]。

新たなモデル──行動のための包括的枠組み

各国政府の反応として、場当たり的な性格が強いながらも、一連の世界的制度の仕組みと方法が確立された。そして現在、「食糧不安」の問題に対処するための新しいモデルが現れつつある。

---

*28 「アフリカ開発のための新パートナーシップ」（NEPAD）の枠組み内において。
*29 「国連食糧農業機関」（FAO）, C2013/7.「統治とは、公共および民間の活動主体が各々の利益を明示して決定を実行するうえでの公式および非公式なルールと組織と過程を指す」。世界銀行は、統治を「一国の開発のための経済的・社会的資源の管理における権力行使のあり方」と定義している。また別の定義として、「社会または経済における資源の配分と、活動の調整あるいは統制に関して制度・権力構造・ときには協力をも使うこと」や、「機構の適正な働きと、それが市民一般に受け入れられること（正当性）」。「政府の効率性を促し、民主的方法による合意形成を促すために用いられること（参加）」というのもある。
*30 foodgovernance.com/global-governance/ も参照されたい。
*31 出典：www.fao.org/fsnforum/forum/discussions/global-governance: Global Governance for Food Security: are the current arrangements fit for the job?
*32 "The Food Crises and Political Instability in North Africa and the Middle East, Marco Lagi, Karla Z. Bertrand and Yaneer Bar-Yam, New England Complex Systems Institute, 2011. も参照されたい。

2008年4月、国連機関首脳者委員会によって「世界食糧安全保障危機に関するハイレベル・タスクフォース」(HLTF)＊33が設置された。そこには、国連の専門機関・基金・プログラム（計画）のトップ、国連事務局の関係部局、世界銀行、国際通貨基金（IMF）、経済協力開発機構（OECD）、世界貿易機関（WTO）が国連事務総長の統率のもとに結集した。
　この「世界食糧安全保障危機に関するハイレベル・タスクフォース」の主目的は、優先順位を定めた「行動計画」の策定を促し、その実施に協調を図ることにより、世界の食糧安全保障の達成に向けて総合的な一体的対応を促進することだった。その結果として、2008年、脆弱な人々の緊急ニーズを満たすとともに、長期的な適応能力の構築を図るという二段構えの方式によって、食糧価格高騰危機への協調対応を高める「行動のための包括的枠組み」（CFA）がまとめられた。
　この「行動のための包括的枠組み」によって、各国政府、国際機関、地域機関、市民社会組織が適切な対応を取るための政策と行動のリストが提供されると同時に、とくに女性に重点を置く「小規模農家」＊34の生産力向上に焦点が向けられた。さらに、世界経済危機を背景として、この概念は脆弱な人々の「栄養確保」にも拡大された＊35。

「食糧安全保障」への一連の取り組み
　「世界食糧安全保障危機に関するハイレベル・タスクフォース」の発足と「行動のための包括的枠組み」の発表以降、国際社会は、国家予算およびドナーからの外部的支援を通して、「食糧・栄養安全保障」に対する投資拡大に大きく力を傾けている。各国政府は、食糧・栄養安全保障関連の課題に対する予算比率を高めただけでなく、次のような取り組みを通じて「食糧安全保障」の問題に多国間で対応する必要性も認識している。

●世界の食糧安全保障に関する洞爺湖首脳声明
　2008年のG8サミット（洞爺湖サミット）において、各国政府首脳は、

世界の食糧安全保障を確立するためにあらゆる手段を追求することを誓約する（「世界の食糧安全保障に関する洞爺湖首脳声明」）とともに、「世界食糧安全保障危機に関するハイレベル・タスクフォース」（HLTF）に対する支援を通して国連の調整機能を認知した。各国首脳はまた、余剰を抱えている国々に食糧備蓄の放出を促すとともに、輸出制限の撤廃も求めた。

● ラクイラ食糧安全保障構想

　2009年のG8サミット（ラクイラ・サミット）では、26カ国の首脳と14の国際機関・地域機関の代表が農業生産の拡大を宣言し、「ラクイラ食糧安全保障構想」（AFSI）[36]を採択した。この「ラクイラ食糧安全保障構想」は、各国が3年間で農業投資に220億ドルを拠出するとした「世界の食糧安全保障に関するラクイラ共同声明」によって補強された[37]。

　この取り組みは次の"五つの原則"にもとづいている。
① 国家主導の計画とプロセスに対する投資。
② 人道援助と持続可能な農業開発、栄養まで含めた食糧安全保障に対する包括的取り組み。
③ 援助の戦略的調整。
④ 多国間組織の強力な役割。
⑤ 財源に対する継続的責任。

● 持続可能な世界の食糧安全保障のためのローマ五原則

　「世界食糧安全保障サミット」（2009年：ローマ）は、「ラクイラ食糧安全

---

[33] www.un.org/en/issues/food/taskforce/index.shtml
[34] 小規模農家とは、2.0ヘクタール未満で限界もしくは限界以下の農地を所有または耕作する家族農家と定義される。出典：wiego.org/informal-economy/occupational-groups/smallholder-farmers　and www.fao.org/docrep/005/ac484e/ac484e04.htm.
[35] 地域社会全体の食糧生産が増えているにもかかわらず栄養不足の子どもが多いままであることが確認されている。
[36] 26の国と14の国際組織。
[37] www.feedthefuture.gov/resource/laquila-food-security-initiative-final-report-2012.

保障構想」(AFSI)による取り組みをもとに「持続可能な世界の食糧安全保障のためのローマ五原則」*38 をまとめあげた。なかでも、とくに国家主導の計画への投資に重点が置かれた。

●世界農業食糧安全保障プログラム信託基金

　「ラクイラ食糧安全保障構想」での誓約は、「世界農業食糧安全保障プログラム（GAFSP）*39 信託基金」の創設につながった。これは、「ミレニアム開発目標」(MDGs)の「目標1」の達成に向けて、世界銀行を通じて資金を調達する多国間の仕組みで、すでに立案段階にある国、および地域の農業・食糧安全保障の戦略的投資計画の「資金不足」に対応することを目的としている。

　国連事務総長によって構想が発表され（2009年：マドリード）、世界レベルと国レベルの取り組みを通じて、既存の制度に乗るかたちで「行動のための包括的枠組み」（CFA）の実施を支えることが任務となった。信託基金は、公的セクターからも民間セクターからも資金を受け入れ、「ビル＆メリンダ・ゲイツ財団」を含む8つのドナーから、合計10億ドルの拠出が誓約されている（2013年3月現在）。

　「世界農業食糧安全保障プログラム」は、国際農業開発基金（IFADS）のローマ本部内に設置された事務局──「世界食糧安全保障危機に関するハイレベル・タスクフォース」（HLTF）によって組織された──による調整のもとで、既存の方法と制度に沿って実施されている。

●栄養改善拡充のための枠組み

　「栄養改善拡充のための枠組み」（SUN）*40 は、幅広いステークホルダー（利害関係者）による取り組みであり（2010年4月：ワシントンで発足）、新生児の最初の1000日間の「栄養」に対する介入と行動に特化している。

　「栄養改善」のための行動を、保健、食糧安全保障、農業、ジェンダー、

社会的保護、教育、水、衛生など、他の部門や開発分野に組み入れ、とくに女性など、社会的に軽んじられている人々を対象に含めている。これは「ミレニアム開発目標」（MDGs）の「目標1」を含めて、各国の栄養改善目標の達成を支援する取り組みであり、多数の国が2015年以降の栄養改善目標を設定している。

「栄養改善拡充のための枠組み」は、国連事務総長に任命された多様なステークホルダーからなる、ハイレベルの「リード・グループ」が統率している。2012年半ばに、3カ国で開始された「栄養改善拡充のための枠組み」の活動はたちまち大きな勢いを得て、2013年初頭の時点で34カ国が参加し、100を超える組織や団体が支援を表明している。

● 世界食糧安全保障委員会

国際社会による最も重要な行動の一つとして、「世界食糧安全保障委員会」（CFS）[41]の改革と再編がある。

「世界食糧安全保障委員会」は1974年、食糧安全保障政策の評価と追跡調査を目的とする政府間組織として創設された。その後、「世界食糧安保

---

[38] 2009年9月にローマで開催された「世界食糧安全保障サミット」において、同年7月の「G8ラクイラ・サミット」で合意された「世界の食糧安全保障に関するラクイラ共同声明」にもとづいて、「持続可能な世界の食糧安全保障のためのローマ五原則」が採択された。原則1：良く設計された、成果重視の計画及びパートナーシップに資源を結び付けることを目指し、各開発途上国が主体的に取り組む開発計画に投資する。原則2：ガバナンス（統治）を向上し、資源配分の改善を促進し、取り組の重複を避け、対策のギャップを特定するため、国、地域及び世界レベルにおける戦略的調整を発展させる。原則3：食糧安全保障に対する包括的な二段構えの方式に向け努力する。これには　1）最も脆弱な人々の飢餓に直ちに取り組む直接的な行動、2）飢餓と貧困の根本的原因を除去する中・長期的な持続可能な農業、食糧安全保障、栄養及び農村開発の計画、これは十分な食糧に対する権利の漸進的実現によるものも含む。原則4：多国間機関の効率、対応、調整及び有効性の持続的向上による、多国間システムの強い役割を確保する。原則5：複数年にわたる計画及びプログラムを意図して、必要とされる資源の適時かつ信頼性のある供与を通じた、農業、食糧安全保障及び栄養に対する全ての投資パートナーによる持続的で十分な誓約を確保する。これらは地域レベルで政治的誓約を行動とその結果に向かわせるための基本として役立つ。出典：Updated Comprehensive Framework for Action, HLTF, 2009

[39] www.gafspfund.org/gafsp/content/global-agriculture-and-food-security-program
[40] scalingupnutrition.org/
[41] www.fao.org/cfs/cfs-home/en/

障委員会」は2009年の改革により、食糧・栄養安全保障に関係するすべてのステークホルダーが協働するもっとも包摂的な国際組織および政府間組織となった。この改革は2008年の「食糧危機」を受けてのものだったが、改革後の「世界食糧安全保障委員会」は長期の構造的問題にも対処できるようになった。

「世界食糧安全保障委員会」は国連経済社会理事会（ECOSOC）に年次報告を行ない、加盟国は可能なかぎり、最上級の代表が「世界食糧安全保障委員会」の会合に参加するよう求められている。ただし、参加の輪はきわめて広く、国連機関・組織、市民社会、NGO（非政府組織）とそのネットワーク、国際農業研究団体、国際および地域金融機関、民間セクターの業界団体、民間慈善財団などの代表が参加している。

「世界食糧安全保障委員会」に対しては、改革の必須部分として2009年に設置された「食糧安全保障に関するハイレベル専門家パネル」（HLPE）が、独立した立場から支援を行なっている。

「世界食糧安全保障委員会」は「食糧安全保障に関するハイレベル専門家パネル」とともに、「進化する世界農業食糧安全保障プログラム（GAFSP）の中心的存在」と評され、「世界食糧安全保障委員会」はパートナーシップの政治的・科学的側面を担い、その一方で「進化する世界農業食糧安全保障プログラム」自体は資金部分を担っている。改革を経た「世界食糧安全保障委員会」は、食糧価格の安定化や土地の権利に関する自主的指針など、重要課題に対する取り組みを開始した。

「行動のための包括的枠組み」の改訂

「世界食糧安全保障危機に関するハイレベルタスクフォース」（HLTF）は、2009年末、食糧・栄養安全保障に関わる問題に取り組む組織が乱立状態にあるとの認識から、各国の政府当局と幅広いステークホルダー（利害関係者）に対する国連機関の助言を反映し、また両者が相互に影響し合うかたちに「行動のための包括的枠組み」（CFA）を刷新するよう求めた。

刷新後の「行動のための包括的枠組み改訂版」（UCFA）は、従来の二段構えの対応を継続する一方で、食糧・栄養安全保障の全側面をより深くカバーし、環境の持続可能性、ジェンダー平等、栄養改善の必要条件、食糧への権利を享受できてない人々のニーズを優先課題に位置づけた。「行動のための包括的枠組み改訂版」はまた、民間セクターと市民社会組織、NGO（非政府組織）が「食糧・栄養安全保障」の確立に不可欠な役割を果たしているという認識も新たにした。

5 世界的・戦略的議題へ

食糧危機への対応の失敗

　「食糧・栄養安全保障」は国連システム発足時から世界的議題の一部であったが、「ミレニアム開発目標」（MDGs）が策定されるまでは、専任の機関——国連食糧農業機関（FAO）、国際農業開発基金（IFAD）、国連世界食糧計画（WFP）に任せられていた。

　しかし、1970年代半ば以降、アフリカで地方・地域規模の食糧危機が続発したことを受けて、食糧安全保障は人道援助と安全保障と開発に密接に関係する、より広い問題であることが明白になった。

　ところが、より豊かな国々はこれを"あわれみ"を要する問題として考え、自国の政策や安全保障に影響が及ぶ問題とは捉えていなかった。また、貧困問題は各国の福祉・社会保障政策の観点から扱われ、一方、農業政策は大量の余剰農産物を作り出し、それらを開発途上国に回すことを目指し、それは往々にして現地の生産システムを不安定化させる結果となった。

　こうして、1970年代の「食糧危機」に対応するために構築された国連の組織と仕組みは、その効果を発揮できないままに終わった。その背景には、さまざまな経済的利害の絡み合いや、世界的行動を妨げる東西陣営の対立があった。

　その後、ソビエト連邦の崩壊、中国の開放、新興経済大国としてのブラジル・中国・インドの台頭によって世界の状況は一変し、G7（先進7カ国）

からG8（主要8カ国）、そして新興経済大国を含むG20（主要20カ国）へと拡大した。

"あわれみ"からの脱却

「ミレニアム開発目標」（MDGs）の「目標1」に、「貧困」と「飢餓」の根絶が掲げられ、この問題は専任の国連機関だけでなく、国連システム全体が幅広く責任を担うことになった。だが、それでもなお、世界的な戦略的重要性をもつ問題としてよりも、"あわれみ"の問題として扱われていた。

2008年の食糧価格高騰により、世界は「食糧安全保障」の重要性を認識せざるを得なくなった。気候変動が食糧生産のシステムと生産パターンに影響を及ぼすことが理解されることと相まって、「食糧・栄養安全保障」は世界と各国の安全保障に影響する問題として位置づけられ、多くのフォーラムにおいて、世界の関心と管理の中心課題となった。

食糧・栄養安全保障協議の流れ

現在、経済協力開発機構（OECD）、世界経済フォーラム、EU（欧州連合）、G8／G20、国連など、すべての主要な政府間協議のプロセスと仕組みにおいて、「食糧・栄養安全保障」は継続的に協議されている。それらを以下に挙げてみよう。

● G20の取り組み──「食糧価格乱高下および農業に関する行動計画」

2008年の食糧価格高騰危機以降、G8／G20において「食糧安全保障」は継続的に協議されており、声明や政治公約に表され、国連を含む食糧安全保障の統治体制の見直しも行なわれている。

G20の「食糧価格乱高下および農業に関する行動計画」（2011年）は、世界と各国のより効率的な農業政策、国際協調の強化、食糧安全保障と持続可能な農業生産の促進を目標として打ち出した。

価格変動を抑える解決策としては、生産性の改善、市場情報システムの改

善、貿易の自由化、持続可能な農業の推進、農村部開発、投資政策を通じての食糧生産の拡大が掲げられている。

重要な点として、G20 はその実施を各国の政府機関に加えて、「国際農業研究協議グループ」（CGIAR）、世界銀行、国連食糧農業機関（FAO）、国連世界食糧計画（WFP）、国連、世界貿易機関（WTO）、経済協力開発機構（OECD）などのさまざまな国際機関に依存している。

● G8/G20 の取り組み──「農業市場情報システム」

G8（主要 8 カ国）／G20（主要 20 カ国）は食糧相場の変動を抑えるうえで、世界銀行、国連食糧農業機関、経済協力開発機構に「農業市場情報システム」（AMIS）の立ち上げを委嘱した。「農業市場情報システム」は現在、国連食糧農業機関と国際穀物理事会（IGC）[*42] によって運営されている。G20 の「食糧価格乱高下および農業に関する行動計画」は、世界の食糧安全保障の統治制度に関して、国連、とくに国連食糧農業機関の役割を重視している。

また、「バイオ燃料」をさらなる分析に値する課題として捉え、食糧価格の高騰が一般家庭に及ぼす影響を軽減する「安全網」の確立を各国に促している。さらに G20 は、人道援助用の食糧備蓄制度について、「国連世界食糧計画」に実行可能性調査を委嘱している。

● 世界銀行の取り組み

世界銀行[*43] は、食糧危機に開発専門パートナーとの協調行動で対応し、農業と食糧安全保障に関する複数のワーキング・グループへの参加や、G20

[*42] www.igc.int/en/aboutus/default.aspx:「国際穀物理事会」（IGC）は 1949 年 3 月 23 日、非常時における世界各国への小麦の公平な供給を目的とする「国際小麦理事会」（IWC）として設立され、1995 年に「国際穀物理事会」に改称された。国際穀物理事会は穀物貿易規約（GTC）の全加盟国によって構成され、同規約の実施を監督するとともに、世界の穀物市場の現状と予想を討議し、各国の穀物政策の変更と市場に対するその影響を監視している。穀物貿易規約は小麦、雑穀（トウモロコシ、大麦、モロコシなど）、コメの貿易を対象としている。
[*43] www.worldbank.org/foodcrisis/bankinitiatives.htm

に対する政策提言などを行なっている。また、「世界食糧安全保障危機に関するハイレベル・タスクフォース」(HLTF) に対しても積極的に関与している。世界銀行は「世界食糧危機対応プログラム」(GFRP) 事務局を通じて、国連の「行動のための包括的枠組み」(CFA) の刷新にも積極参加しているほか、「国際開発金融機関」(MDB) の「食糧と水の安全保障に関するワーキング・グループ」にも加わっている。

● 「経済協力開発機構」の取り組み
　「経済協力開発機構」(OECD) は農業と食糧安全保障にとくに重点を置いており、G8 (主要8カ国)、G20 (主要20カ国)、「ラクイラ食糧安全保障構想」(AFSI) による食糧安全保障・食糧価格高騰・農業生産性に関する会合の開催を支援した。また、国連の「世界食糧安全保障危機に関するハイレベル・タスクフォース」、「農村開発のためのグローバル・ドナー・フォーラム」にも参加している。経済協力開発機構が主催している「世界農業フォーラム」[*44] の、2011年と2012年の年次会合では、開発途上国における貧困削減と食糧安全保障政策の一貫性がテーマとなった。

● EUの取り組み
　EU (欧州連合) は「食糧安全保障」を優先分野の一つとし、その焦点を次の"三つ"の側面に合わせている。
　① 地域レベルと各国レベルでの食糧入手。
　② 家庭レベルでの食糧入手。
　③ 個人レベルでの食糧消費と栄養確保。
　EU は「食糧安全保障」に関する政策 (2010年) において、「持続可能な農業」に対する投資を強化し、適切かつ十分な栄養のある食糧の入手を確立するための包括的な枠組みを打ち出した。これは、状況に応じた人道食糧援助方式リスト (食糧配給、現金給付、食糧切符など) と対応している。
　さらに、農業と食糧安全保障が EU 各国における包括的"グリーン成長"

の促進における重要分野としても位置づけられた。EUは、三つの国連機関——国連食糧農業機関（FAO）、国連世界食糧計画（WFP）、国際農業開発基金（IFAD）と各分野で協力しているほか、食糧安全保障関連の問題に対応する国連システムの多国間活動の支援にもあたっている[45]。

● ブリックスの取り組み——「ブリックス諸国農業協力行動計画」

G8／G20の取り組みに匹敵するのが、BRIC（ブラジル・ロシア・インド・中国）[46]の合意である。BRICは世界人口の43％、世界貿易の18％を占め、世界に大きな影響力をふるっている。

BRICとしての初会合となった「BRIC 農相・農業開発相会合」（2010年：モスクワ）において、「ブリックス（BRICS）諸国農業協力行動計画」（2012〜2016年）の基礎が固められた。その柱は、農業情報基盤システムの創設、最も脆弱な人々の食糧入手を確保するための総合的戦略の策定、食糧安全保障に対する気候変動の影響緩和と気候変動に対する農業の適応、農業技術協力と技術革新の促進である。

その後、この「行動計画」が了承され（2011年：中国・成都）、「世界食糧安全保障のための共同努力」が中心テーマとして採択された。その柱は、G20、国連食糧農業機関、国連世界食糧計画、国際疫獣事務局（OIE）、国際農業研究協議グループ（CGIAR）などの国際・地域機関との協力・連絡の拡充である。

BRICは「農業」を社会的安定に深く関わる戦略部門と見なし、とくに「アフリカ」の食糧安全保障を重要視している。BRICは食糧危機のさらな

[44] www.oecd.org/agriculture/agriculturalpoliciesandsupport/monitoringfarmsupportandevaluatingpolicy/oecdglobalforumonagriculture2011.htm
[45] ec.europa.eu/europeaid/what/food-security/index_en.htm
[46] BRIC（ブラジル、ロシア、インド、中国）という捉え方は2001年に投資銀行ゴールドマン・サックスにより、21世紀前半の世界経済の動向を予測するための経済モデルの一部分として提示された。BRICという略称が初めて使われたのはゴールドマン・サックスの2001年の Global Economics Paper No. 66, "The World Needs Better Economic BRICs" においてである。2010年には南アフリカを加えて「BRICS」に拡大された。BRIC(S)サミットは、これまでにロシア（2009年）、ブラジル（2010年）、中国（2011年）、インド（2012年）で開かれている。

る悪化を防ぐうえで、主に国連食糧農業機関の「世界食糧安全保障委員会」（CFS）を通じて「国連が果たす調整機能への支援」を宣言した。

● 民間セクターの取り組み──「国連グローバル・コンパクト」

　民間セクターは数々の仕組みを通じて、食糧安全保障の統治や、多国間組織との対話に関与している。国連システムに最も密接した民間セクター組織は、「国連グローバル・コンパクト」である。

　国連グローバル・コンパクトは、企業としての事業活動と戦略を「人権」「労働」「環境」「腐敗防止」の4分野において、普遍的に認められている10原則に従って「調整する場を提供する」という戦略的政策構想である。ただし、「環境」の持続可能性については、リオ＋20（国連持続可能な開発会議）などを通じて明確な課題に位置づけられているとはいえ、食糧安全保障の分野で活発な取り組みがなされているとは言い難い。

　食糧・農業分野に密接したもう一つの仕組みとして、1996年に発足した「国際農業食糧ネットワーク」（IAFN）がある。これは世界的レベルで農業食糧部門に関わる国際貿易団体の非公式な連携で、「世界食糧安全保障委員会」などの国際組織に農業食糧産業の代表として参加している。「国際農業食糧ネットワーク」には135カ国から国際企業や各国の中小企業団体、農業協同組合、農業事業者などが参加している。

●「世界経済フォーラム」の取り組み──「農業のための新しいビジョン」

　「世界経済フォーラム」（WEF）[47]も農業と食糧安全保障を重要テーマの一つに掲げている。世界経済フォーラムは「農業のための新しいビジョン」構想のもとで、「行動のための共通議題」のまとめ上げと、市場本位の解決策による"持続可能な農業"の成長を実現するための「幅広いステークホルダー（利害関係者）」の協働促進に取り組んでいる。

　この構想で、農業は生産性と所得と雇用の向上を通じて、「持続可能な開発、経済開発、食糧安全保障の要となる」と強調している。また、従来の慈

善活動的な対応から、農業開発を市場投資として扱う方向に転換し、ステークホルダーが「革新への動機、リスクに耐える強靭性、成長に対する投資の資本」をもつ仕組みを生み出す必要があると捉えている。

　この取り組みは、世界レベルではG8（主要8カ国）およびG20（主要20カ国）と協働し、国レベルでは農業分野でアフリカ、アジア、中南米の11カ国とパートナーシップを組んでいる。このなかには、アフリカ連合（AU）、「アフリカ開発のための新パートナーシップ」（NEPAD）、世界経済フォーラムの三者合同による「アフリカ成長パートナーシップ」に参加している7カ国も含まれる[*48]。

　市民社会組織（CSO）とNGO（非政府組織）は、確立されつつある食糧安全保障のグローバルガバナンス（統治）の重要な参画者となっている。市民社会組織と非政府組織はいくつかの上部組織を通じて、世界食糧サミットや世界食糧安全保障委員会（CFS）などの政府間協議に正式メンバーとして加わっている。

6 開発途上国における食糧・栄養安全保障の現状と課題

「統治の空白」と「規制の空白」

　食糧問題に対する注目が高まる一方で、「食糧のグローバルな統治体制は機能していない」とする見方も出ている。ドイツの「ベル財団」[*49、5]がま

[*47] 出典：www.weforum.org/reports/putting-new-vision-agriculture-action-transformation-happening. 「世界経済フォーラム」（WEF）は独立した国際組織で、世界・地域・産業の議題設定に経済界・政界・学界などの代表者を関与させることによって世界情勢を改善することを目的としている。この取り組みは、世界経済フォーラムの世界的パートナー企業28社が主導し、戦略的なリーダーシップと取り組みの支援を提供している。主要なパートナー企業は以下のとおり。アグコ、アーチャー・ダニエルズ・ミッドランド、BASF、バイエル、ブンゲ、カーギル、コカ・コーラ、ディアジオ、デュポン、ゼネラル・ミルズ、ハイネケン、クラフトフーズ、ルイ・ドレフュス、マースク、メトロ、モンサント、ネスレ、ペプシコ、ラボバンク、ロイヤルDSM、SABミラー、スイス再保険会社、シンジェンタ、モザイク、テック・リソーシズ、ユニリーバ、ボーダフォン、ウォルマート・ストアーズ、ヤラ・インターナショナル。

[*48] www3.weforum.org/docs/WEF_CO_NVA_Overview.pdf\

[*49] Nora McKeon: Global Governance for World Food Security: A Scorecard Four Years After the Eruption of the "Food Crisis", Berlin, 2011, www.boell.de/intlpolitics/development/development-policy-10655.html

とめた論文は、「2008年の食糧価格高騰危機によって『統治の空白』が露呈した」と結論づけている。とくに、「ブレトンウッズ機関」[6]などによる「構造調整政策」は、脆弱な人々に対する食糧・栄養安全保障の確立に失敗したと見なされている。つまり、開発途上国の農業関係機関を弱体化させ、投資資金を農業から流出させる結果を招いた、と捉えている。

結局、開発途上国の政府は、説明責任を備えた国家統治を確立する能力、あるいは意思がなく、「規制の空白」が放置されている。この規制の空白が、食糧生産において大企業が政府の監督を受けることなく、自ら事業をかじ取りする状態につながり、小規模な食糧生産者と世界的な農業関連産業との間の収益格差が生じている[*50]。

収益格差の要因

この状況には、次の三つの動向が絡んでいるとされる。
① 各国政府から民間企業への規範的統制の移行。
② 基準設定における多国籍食糧関連企業の力の増大。
③ 食糧システムの代替構想提示という新たな食糧動向の出現。
——加えて、国際機関の"断片化"も指摘されている。

強力な市場指向対応の「ブレトンウッズ機関」と「世界貿易機関」（WTO）は「豊かな国々」の支配下にある一方で、国連システム諸機関[*51]は、食糧安全保障、農村部の貧困、権利本位の対応にバランスの取れた包括的取り組みをしてはいるものの、力が足りていない。

また、食糧安全保障に関連する役割や任務をもつ国際機関[*52]が増えている半面、「食糧安全保障」の協議に対して統合されておらず、全体として1970年代を端緒とする断片化状態がなお続いていると見なされている。

＊50 McKeon and www.agassessment.org. を参照。
＊51 たとえば国連食糧農業機関（FAO）、国際農業開発基金（IFAD）、国連人権理事会・食糧への権利に関する特別報告官。
＊52 たとえば世界保健機関（WHO）、ユニセフ（国連児童基金）、国際労働機関（ILO）。

Part 3
グローバルガバナンスの課題と挑戦

◼ 食品市場のグローバル化
価格変動のリスク

「気候変動」は現在、高度に統合された金融・経済市場、金融危機と非効率な市場、世界的に展開する農業関連産業企業による農業生産活動と食糧市場活動を特徴とする世界で進行している。食糧供給網の垂直的および水平的統合と食品商品市場のグローバル化により、すべての都市部で季節に縛られない食糧供給が可能となっている半面で、このような一体化は、主要な農産地あるいは農産品市場における供給不足や価格の変動が、まったく別の地域の生産者や消費者に影響を及ぼしうることも意味している。

このような背景から、個人あるいは国全体――とくに開発途上国の都市貧困層――の食糧安全保障に重大な影響が生じる状況に至っている。その影響は、各国の政策が協調を欠くなかで大きく悪化するおそれがあり(2008年の食糧価格高騰のように)、とくに開発途上国において、依然として食費が所得の大きな部分を占めている都市部の家庭が危機的状況に陥ることになる。したがって、食糧価格の高騰と都市部の貧困が政治的騒乱の「引き金」となる危険が増している。

◼ 食糧システムの脆弱性
トリガーとしての食糧不足

2008年以降、食糧価格の不安定化によって、世界の食糧システムの脆弱性が顕在化し、価格や生産量の大きな変動を放置することの政治的リスクに認識と理解が高まっている。

食糧価格の上昇は貧しい人々の生活を脅かす。とくに「食費」が所得の大きな部分を占めている都市部において、その傾向は著しい。2008年の食糧価格高騰を受けて、いくつかの開発途上国で発生した食糧暴動は、国内社会の不安定化を引き起こしただけでなく、世界の政治指導者の間に「食糧不足は政治体制を不安定化させる脅威にもなる」という意識を生み出す結果となった。

食糧安全保障の戦略的重要性
　G8（主要8カ国）とG20（主要20カ国）の各国首脳、国連事務総長および国連専門機関のトップを含めて、グローバルレベルで「食糧安全保障」に関する会議や協議が重ねられていることは、食糧市場・価格の安定化と食糧・栄養安全保障の戦略的重要性が認識されたことを明白に物語っている。
　対応策の一つとして、国連事務総長の主導のもと、一貫性のある行動プログラムに向けた国連諸機関の能力の結集も行なわれている。それとともに、世界的な財源（世界銀行やEU〈欧州連合〉など）から大規模な資金が食糧・栄養安全保障の取り組みに振り向けられ、再編と強化を経た「世界食糧安全保障委員会」（CFS）に強力な非政府主体——民間セクター、NGO（非政府組織）、市民社会組織（CSO）が参画し、協働が図られるようにもなった。
　それによって、とくに個人レベルの「栄養確保」（食糧への権利）が世界的な議題として前面に浮上し、行動プログラムに組み入れられるまでに至っている。

国連システムの二つの役割
　2008年の食糧危機によって、食糧安全保障のグローバルガバナンスの必要性に関心が高まり、国連事務総長と国連システムが果たすべき役割が認識されたが、それでもまだ明確なリーダーシップは特定されなかった。そのモデルにおいて、国連システムは二つの主要な役割を託されている。

1. まず、食糧安全保障に関わる政治的議題と部門横断的議題に総合的に対処するうえで、国連事務総長を通じて幅広いステークホルダー（利害関係者）を全面的に結集する中立不偏の招集者として働くこと。
 2. 次に、食糧・栄養安全保障に関わる個々の分野の議題に対処するうえで、国連専門機関を通じて招集者としておよび中立的な情報集約者の役割を担うこと。具体的には次のようになる。
  ① 監視機能（食糧生産およびエネルギーや飼料を含む関連生産財の需給状況、供給網を通じて食糧価格に影響する食品の需給状況、開発途上国の脆弱な人々の栄養状態、このそれぞれにおける急激な変化を早期に発見する）。
  ② 開発機能（市場と生産の効率化を可能にする環境を整えること）。
  ③ 社会的保護機能（緊急プログラムを通じて脆弱な人々を支援することなど）。

　ただし、このグローバルガバナンスの仕組みの実質上のリーダーシップは国連組織ではなく、グローバルな市場システムの変化に対応できる財源と適応能力があるG20（主要20カ国）のレベルに位置している。討議を活性化させ、方向づける場としては、組織拡充後の「世界食糧安全保障委員会」（CFS）が中心的役割を担うことになり、したがって国連システムにも影響力を及ぼすことになるが、意思決定あるいは資金配分の役割まで担う公算は小さい。

3 「グローバル公共財」と「グローバル公共悪」
グローバル公共財の定義
　「グローバル公共財」（GPGs）に関する概念の大部分は、グローバル化をめぐる論議が高まった2000年代初頭に確立された[*53]。その論議は、「グローバル公共財」「グローバル公共悪」（GPBs：Global Public Bads）には何が含まれるか、あるいは何を指すかという点において重要だった[*54]。背

景には、「多くのグローバル公共財は、その逆形態であるグローバル公共悪を考えると認識されやすい」*55 という事実がある。グローバル公共悪は、グローバル公共財と同じく、便益の排除不可能性と消費の非競争性[7]を特徴とするが、グローバル公共財とは逆に、削減または除去することが目標となる——たとえば、感染症の拡大、麻薬の国際密輸、国際紛争、人権侵害など。

グローバルガバナンスによる管理

　2008年までの主要な論議において、食糧安全保障が「グローバル公共財」（GPGs）として、あるいは食糧不足と飢餓が「グローバル公共悪」（GPBs）として捉えられることはなかった。フランスのNGO（非政府組織）が、「グローバル公共財の概念は市場規制と国際協力の面で農業部門にもあてはまる」*56 と論じたのは、2012年になってからのことである。

　このNGOは、グローバル公共財の「経済的」な定義は狭すぎるため、「第二次世界大戦後に生まれた国際機関の細分化と複合化に妨げられることのないグローバルガバナンスの形態」につながる「戦略的／制度的定義」が求められているとした。そして、各国または準地域的な統治よりも、世界的または国際的な統治によってより良く管理される財を「グローバル公共財」として、補完性原則[8]を適用するという提言がなされた。

　2011～2012年に食糧価格の高騰が続いたことを受けて、国連食糧農業機関（FAO）が「グローバル公共財」という言葉を使い始め、それが新たな戦略枠組み（2013年）へとつながった。

グローバル公共財の構成要因

　現時点で、グローバル公共財を構成するものは何かという一般的な理解において、「食糧・栄養安全保障」はまだ含まれていないが、その理解向上につながる要素として次のようなものがある。

① 栄養教育、十分な栄養を生み出す農業生産システム、有害化学物質の使用を最小限に抑えて環境を守る生産技術、国境を超えた動物伝染病や

植物病害虫の拡大防止——これは農業生産性の向上を通じて人々の健康全般に直接的に寄与することになる。
② 市場の失敗を予防するために、世界、地域、国、地方の各レベルで食品商品市場の透明性を確保する。それによって「市場の効率性」と「国際取引システム」が向上する。
③ 生態系にやさしい農業と、新たな気候環境に適応可能な生産システムにつながる農業研究・教育への投資。これは「気候変動」対策の一環となる。
④ 都市部の消費者に対する適正な価格水準での食糧供給。また、小規模農家の生計確保に対する支援、食糧供給の安定化に対する支援、政治的騒乱や不安定化につながる食糧価格の急騰や食糧供給の不足を抑えるための支援。これらは「平和と安全保障」に寄与する。

世界的視点に立って

　世界および個人の「食糧安全保障」に関わる問題は、もはや明らかに国や地域レベルでの活動だけでは解決できず、世界的視点に立った世界レベルで連携したステークホルダー（利害関係者）の協働が必要である。さらに、各国の食糧関連の生産システムと市場は水平的および垂直的統合が進み、また世界の金融市場とエネルギー市場への依存度も深まっていることから、各国間の相互依存関係がさらに増している。したがって、「非効率性」や「不安

＊53　Inge Kaul, Global Public Goods, UNDP, 2003 and Report of the International Task Force on Global Public Goods: Meeting Global Challenges: International Cooperation in the National Interest, 2006.
＊54　Stiglitzは保健、金融安定、市場効率、環境、人間の安全保障、平和・情報・知識を挙げている。また、「グローバル公共財に関する国際タスクフォース」は、以下の六つのグローバル公共財を必須としている。1. 感染症の出現・拡大の予防、2. 気候変動対策、3. 国際金融の安定性強化、4. 国際貿易システムの強化、5. 平和と安全の達成（他のすべての前提として必須）、6. 知識の創出。また、Kaulはとくに平等と正義、市場の効率性、環境と文化的遺産、保健、知識と情報、平和と安全について検証している。
＊55　出典：Joseph Stiglitz, Sustaining Our Public Goods, Economic Briefing No. 3, Towards Earth Summit, 2002, www.earthsummit2002.org/es/issues/GPG/gpg.rtf
＊56　www.momagri.org/UK/editorials/-Managing-Agriculture-as-a-Global-Public-Good-_208.html

定性」などのリスク軽減において、各国単位の政策だけで十分に対処することはできない。

　しかしながら、食糧生産システムと市場の大部分は民間の活動主体が中心を占めている。その多くは、民間事業の原理によって世界的に展開している大企業である。したがって、収益性の低い研究分野は無視されやすく、小規模農家や生物多様性に寄与する研究、あるいは脆弱な人々のニーズや購買力が減少した市場のための研究は行われにくい。

　企業の「社会的責任」（CSR）が社会的論議において重視されるようになり、また収益の長期的な持続可能性についても理解が高まるなか、環境への配慮を企業戦略に採り入れる動きも出てきてはいる。しかし、そのような事例を除けば、「環境保全」に対する投資は公共セクターによって行なわれている。

無策がグローバル公共悪を生む
　気候変動のもとで食糧生産システムは適応を迫られるが、多くの開発途上国政府は気候変動対策の研究と実施の資金を欠いている。また、小規模農家にとって経済的に可能な対応策を見つけ出すことも困難となる。国の食糧供給の不安定に対処するにも、国レベルの対策だけでは不十分であり、このような世界的傾向に対処できなければ、悪影響が国境を超えて広がることになる。つまり、無策が「グローバル公共悪」（GPBs）に行き着くことになる。

民間セクターとのパートナーシップ
　食糧供給の安定化には、世界の食糧安全保障システムにおいて「民間企業」が重要な役割を果たすことを理解するとともに、とくに開発途上国では民間企業が国家法制に抗ったりまぬかれたりする力を持っていることも認識する必要がある。食糧供給網と食糧市場を民間セクターが管理している現状が変わる公算は小さいことを考えると、唯一の解決策は、民間および非国家活動主体を、広い意味で食糧安全保障の「グローバルガバナンス」に関与さ

せることである。

　この新たな役割は、世界食糧安全保障委員会（CFS）に民間セクターが参加するようになったことや、国連食糧農業機関（FAO）が「民間セクターとのパートナーシップのための戦略」*57 の確立に取り組んでいることに現れている。

　「食糧への権利」が「人権」の一つとされていることから、開発途上国において「脆弱な人々」に保護的支援を提供するよう迫る政治的圧力が働き続けることになる。

◾4 「食糧・栄養安全保障」と国連の役割
私たちは貧困を終わらせる

　2008年の食糧価格急騰は、「食糧安全保障」が世界の利益に関わるものであることを浮き彫りにし、食糧安全保障を世界の議題の中心に位置づける結果につながった。この2008年の危機を契機に生まれた機運は、国連事務総長、G8（主要8カ国）、G20（主要20カ国）、国連システムの組織によって捉えられた。その結果、食糧安全保障は「リオ＋20」（国連持続可能な開発会議）で議題に取り上げられ、進行中の「私たちは貧困を終わらせる。2015年ミレニアム開発目標」構想でも議題となっている。

すべてのステークホルダーを関与

　過去数年間にわたる多国間機構（国連を含む）と二国間機構（NGO〈非政府組織〉を含む）を通じた国際社会の協調対応は、「食糧・栄養安全保障」は「グローバル公共財」（GPGs）であるという暗黙の了解を示している。しかしながら、幅広いステークホルダー（利害関係者）が関わる現在の世界において、食糧安全保障を世界レベルで効果的に統治するには、生産者や中間製品・最終製品の消費者も含めて、食糧供給網に関係するすべてのステー

＊57　CL 146/LIM/4: FAO Strategy for Partnerships with the Private Sector, March 2013, and CL 146/8: FAO Strategy for Partnerships with Civil Society Organizations, April 2013.

クホルダーを関与させることが必須となる。

　各国政府が国内で果たすべき役割も、多国間機構の加盟国政府として果たすべき役割も、明確に定まっている。しかし民間企業、とくに世界的な食糧供給網の管理に関わっている民間企業が、世界の食糧安全保障の統治に果たすべき役割も、明確に定める必要がある。民間企業はキーとなる活動主体であり、また世界規模の商業活動を行なううえで「グローバル公共財」の受益者であることからも、関与させる必要がある。

株主価値と企業の社会的責任
　企業の商業活動の原動力の一つとなっている「株主価値」[*58]という概念は、現在の国際社会の定義による食糧安全保障の概念とぶつかり合う場合がある。この概念は「企業収益」を最優先するものであり、したがって、社会のニーズと重なり合わないことがある。「企業の社会的責任」（CSR）[*59]をめぐる論議は「株主価値」という考え方に対する反発から生まれ、企業行動を倫理的価値の方向に動かす力を生み出している[*60]。

　しかし、市場は現在も多くの場合、「企業の社会的責任」よりも製品・サービスの「価格と質」を評価しているため、市場が株主価値以外の側面を評価するようにならないかぎり、大手食品企業も含めて、株主価値が企業行動の原動力であり続けることになる。

　「ビル＆メリンダ・ゲイツ財団」は、慈善事業レベルにおける民間セクター関与の好例であるが、民間セクター全体に影響力を及ぼすまでには至っていない。ほかのモデルとして、官民ジョイントベンチャー（合同事業）、NGO（非政府組織）／CSO（市民社会組織）と民間セクターのジョイントベンチャー、または貧しい人々と脆弱な人々——気候変動に対する適応過程において取り残されやすい集団——のニーズに対応する研究開発への支援がある。

企業に課される義務

　しかしながら、食糧安全保障に幅広く持続可能な影響を及ぼすためには、「持続可能な食糧安全保障」の確立という目標に向かわせる適正な動機づけの仕組みを通して、民間企業を直接その方向へ動かす力が必要となる。そこで課題となるのは、食糧供給網を管理する企業が株主によって設定される企業目標を追いつつも、持続可能性と社会的責任を兼ね備えた食糧生産・開発に比較優位性と便益を見いだせるように、「世論の環境」をつくり上げることである。

　そのモデルはすでに、ロンドン証券取引所の主要取引市場に上場しているイギリスの企業に課される義務＊61として、2013年から「温室効果ガス排出量」（カーボン・フットプリント）の測定と報告というかたちで採用されている。アメリカでも2012年から「温室効果ガス排出量」の報告制度が導入されている＊62。

　また、国際労働機関（ILO）の「ディーセント・ワーク」（働きがいのある人間らしい仕事）プログラムも、労働環境と最終消費財のつながりに対する社会意識の向上を目的としている。しかし、現時点で「食糧安全保障」に対する同様の取り組みは存在していない。

＊58　Wikipedia.「株主価値はビジネス用語で、株主価値最大化や株主価値モデルなどの用語としても使われ、企業の成功の究極的尺度は株主をどれだけ富ませたかであるということを意味する」

＊59. Wikipedia.「企業の社会的責任（CSR）という経営理念は、法の精神、倫理基準、国際規範にもとづく企業の積極的な法令順守を監視・確保する構造的な自己規制の仕組みとして機能する。CSRは、自社の行動責任を受け入れ、環境、消費者、従業員、地域社会、株主、その他のステークホルダーと見なされる公共領域の主体に対する活動を通じて好影響を生み出すことを目的とする過程である」

＊60. これは18世紀の宗教界における倫理の議論をルーツとする概念で、とくにヨーロッパでのエコロジー論の広がりとともに再び注目されるようになった。en.wikipedia.org/wiki/Socially_responsible_investing, en.wikipedia.org/wiki/Corporate_social_entrepreneurship, www.ssireview.org/blog/entry/the_responsible_entrepreneur and www.entrepreneur.com/encyclopedia/social-responsibility. も参照されたい。

＊61　www.businessgreen.com/bg/news/2185657/coalition-confirms-introduction-mandatory-carbon-reporting.

＊62　www.epa.gov/ghgreporting.

必要な企業行動の監視

　食糧安全保障は民間食糧産業の取り組み方と活動に大きく依拠することから、あらゆる場所であらゆる人に食糧安全保障を確立するためには、民間企業が事業目的を追求する一方で果たすべき役割と責任に関して「社会意識」を高める必要がある。市場経済システムにおいてこのことは、各国政府の役割の規範的規準が設定され、市場によってその基準が価値本位の「倫理的な企業行動」を報いる力となれば可能となる。

　上述した「カーボン・フットプリント」や「ディーセント・ワーク」に相当する「食糧安全保障」上の概念は、一般市民が食糧安全保障の観点から食糧供給網に関係する企業の行動を"監視"できる枠組みを通じて発展させる必要がある。

　現在のところ一般市民の意識は、自然災害や突発的事態による極端な食糧供給の「不安定化」にのみ向けられている。政策、企業行動、気候変動が食糧供給と食糧安全保障に及ぼす影響については、新聞記事やドキュメンタリー番組で取り上げられることが増え始めてはいるものの[*63]、一般市民の意識はまだ芽生え始めたばかりの段階にある。しかし今後、「気候変動」と「人口増加」が食糧安全保障に及ぼす影響が明白化するにつれて、この問題をめぐる「社会論議」が高まっていくことが見込まれる。

食糧安全保障を業績指標に

　食糧安全保障の概念を、いわゆる「社会的責任を担う企業活動」に組み入れることが第一歩となりうる。国連システムは、政府間統治機構として「世論形成」を導くとともに、社会的責任を担う企業活動、そこには企業が株主価値の向上を図るための「業績指標」に食糧安全保障、エコロジー、持続可能性を含む企業活動の「規範的枠組み」の確立を主導することができる。

　ここで見込まれるのは、「食糧安全保障を意識した」社会にあって、食糧供給網に関係する企業活動の透明性が大半の国における社会的関心の高まりと相まって、企業の市場行動に影響を及ぼし、企業行動の中心的原動力であ

る株主価値の概念と矛盾しないかたちで「食糧安全保障と両立」する行動につながっていくことである。

企業の倫理的価値観と市民の意識の合致

　食糧供給網に関係する企業が食糧安全保障に及ぼしている影響を追跡できるように、「カーボン・フットプリント」と同じような「基準」を確立する必要がある。その基準には、確立が進んでいる「エコロジー基準」を含めることもできるが、やはり新しい指標が必要である。その必要性がとくに高いのが、脆弱な人々や不利な立場に置かれている人々が、労働者としてあるいは生産者や消費者として、食糧関連企業の活動——あるいは活動しないこと——による影響をもろに受けている「開発途上国」である。

　新しい指標としては、たとえば、研究開発を通じた気候変動対策への貢献、持続可能で健全な食糧生産の実践、「食品のカーボン・フットプリント」などが考えられる。すでに傾向として広がり始めているように、環境と食糧安全保障に対する意識の高い消費者は、世界的に合意された「倫理的価値観」（たとえば児童労働を関わらせないなど）に沿って活動している企業の製品を選ぶであろう。

　先進国の市民は、複雑な食糧供給網の「リスク」と「問題」にますます敏感になっている。食糧相場に対する投機の「倫理性」をめぐる社会論議の広がりも、食糧供給網関係企業が食糧安全保障に果たす役割の大きさに市民の認識が高まっていることを示している[*64]。このような社会的意識の高まりは、気候変動と人口増加に伴う食糧安全保障上のリスクにも向けられる必要がある。

　＊63　www.guardian.co.uk/global-development/2013/apr/13/climate-change-millions-starvation-scientists and www.spiegel.de/wissenschaft/natur/welternaehrung-klimawandel-bedroht-die-globale-nahrungsproduktion-a-894254.html
　＊64　www.spiegel.de/wirtschaft/soziales/ilse-aigner-ruegt-deutsche-bank-wegen-spekulation-mit-nahrungsmitteln-a-879087.html

価値設定の主導

「価値指向」の消費者意識の高まりとともに、企業側は人類の遺産と資本を害したり破壊したりするのではなく、それを維持・保護していると見られることに利益を見いだすようになっている。こうした状況において、多くの企業が国連システムの協力を「価値設定の主導力」として重んじ、自社の目標達成に資するものと捉えることになるはずである。すでに国連システムは、そのような官民パートナーシップの「基準設定」を始めている*65。

「行動しない」という選択はない

「社会的責任を担う企業活動」という概念は、持続可能な開発と食糧生産にもつながるものであり、これについてはグローバル化した世界——人口も移住も増加し、彼らを養うための食糧生産の資源には限りがある——における企業倫理、および「グローバル公共財」（GPGs）と「グローバル公共悪」（GPBs）の創出に関わる企業の役割をめぐる広範な社会論議に含まれるべきである。

行動しないことは「グローバル公共財」の減少と「グローバル公共悪」の増加につながる。その「グローバル公共悪」には食糧と栄養の不足が含まれ、それによって政情の「不安定化」、さらには資源の入手をめぐる「紛争」が起こるおそれがある。

したがって、国連諸機関は、開発途上国が「食糧安全保障」と「持続可能な開発」という、世界的目標と合致する枠組みを策定・実施できるように、政策分析の面で各国政府に支援と助言をする必要もある。それによって、現地法人の有無を問わず、世界的に事業展開する多国籍企業の行動に条件が課されることになるはずである。

5 解決可能な道筋

経済と供給の相互依存

統治、政策支援、環境整備、国連システム内の連携が重視されるように

なってきたことは、この分野における国連システムの比較優位性を物語っている。21世紀の課題に対処するうえで協力が必要とされる「経済」と「農産食糧供給網」の相互依存関係を主な要因として、「食糧安全保障」はグローバルガバナンス（統治）をめぐる議論の大きな焦点となっていくことになる。

「食糧安全保障システム」は幅広いステークホルダー（利害関係者）が関わる複雑なシステムである。そのため、食糧安全保障の確立において、食糧供給システムに関わる全ステークホルダーの目標・役割・責任の規定に必要なリーダーシップの源泉になりうるのは、国連事務総長と国連組織の「権限」と「招集能力」だけである。

社会的責任を担う企業活動がカギ

今日の大学教育の中から、2020年以降の企業経営者や指導者が輩出することになり、彼らは、気候変動と人口増加の進行に伴う影響に対処しなければならなくなる。1980年代には、自己中心の「株主」精神が主流となって規制緩和が促され、国々を不安定化させる金融投機の環境を生み出した。

将来を担う企業経営者や指導者には、適切な「倫理プログラム」を通じて責任意識を植え付けることができるはずである。これはたやすいことではないが、「新しい企業倫理」なくして「社会的責任を担う企業活動」という考え方、すなわち投下資本が株主に利益をもたらすと同時に社会的に合意された価値をも高めていくという「行動規範」による企業活動が、十分な勢いを得ることはできない。

食糧生産における企業セクターの支配的役割からして、そのような「社会的責任担う企業活動」がなければ、2050年の課題に対処することは不可能となる。その意味で、「社会的責任を担う企業活動」の規範的枠組みを定めようとするEU（欧州連合）の取り組みは、方向性として正しい*66。

　＊65　www.fao.org/docrep/meeting/028/mg311e.pdf and www.fao.org/partnerships/fao-partnerships/private-sector/en/

このような提言はまったく新しいものではなく、すでにある程度実現もされているが、その焦点は気候変動に向けられ、食糧安全保障は脇に置かれている。先進国においても、個々人は飢餓に対して脆弱になっているにもかかわらず、先進国と世界の飢餓とのつながりは、必ずしも明確にされていない。

　世界各国の政治指導者とオピニオンリーダーたちには、「内向き」の（ナショナリズムの）政策への誘惑にあらがい、集団的な「幸福」が個人・組織・社会における「価値」の重要な一部分を占める必要があるという理解に向けて、国内論議を導いていくことが課題となる。

避けたいゼロサムゲーム
　国連事務総長は、国連システムの政府間機構の支援を受けて、そうした「企業倫理」についての議論を立ち上げて、継続させる権限と能力をもつ世界で"唯一"の個人であろう。その権限と能力は各国政府から付与されており、そのような議論は各国のメディアや大学、学校へと広がっていくことになる。

　議論には、すでに存在しているさまざまな組織や会議（たとえば世界経済フォーラムのような）を通じて、大企業の経営者も含めて、世界各国の政治と道徳・倫理分野の指導者たちが参加する必要がある。これ以外の方法では、食糧と農業に対する投資の拡大によって生み出される成果が、「最も深刻な状況にある人々に最も及ばない」という「ゼロサムゲーム」（差し引きゼロ）が続くことになる。

＊66　ec.europa.eu/enterprise/policies/sustainable-business/index_en.htm.

■ 編集部注

1　世界食糧サミット　　1996年、ローマの「国連食糧農業機関」(FAO)本部で開催され、80名以上の首脳レベルを含む代表が出席、また、ブトロス・ガリ国連事務総長を含め80以上の国際機関の代表も出席。全世界で"8億人"にのぼる栄養不足人口を2015年までに半減させるとの目標が書き込まれた「世界食糧安全保障に関するローマ宣言」と「世界食糧サミット行動計画」が採択された。

2　世界食糧サミット5年後会合　　2002年、ローマの「国連食糧農業機関」(FAO)本部で開催され、世界181カ国以上の首脳・閣僚、コフィ・アナン国連事務総長、欧州委員会ロマノ・プロディ委員長、米、加等から農業大臣が出席。「世界食糧サミット」で採択された「世界食糧安全保障に関するローマ宣言」に関して、世界の首脳が再度会合し、実施状況を振り返り、今後の確実な取り組みに向けた政治的意思を再確認した会合。

3　世界食糧安全保障サミット　　2009年、ローマの「国連食糧農業機関」(FAO)本部で開催され、FAO加盟国の代表のほか、パン・ギムン国連事務総長、FAO事務局長、国連世界食糧計画(WFP)事務局長、国際農業開発基金(IFAD)総裁を初めとする国際機関や関係非政府組織(NGO)の代表他が出席。2008年の食糧価格高騰とその後の経済危機の影響により栄養不足人口が今年末までに人類史上初めて"10億人"を突破すると見込まれる状況を受けて、「食糧安全保障」を重要な政治的課題に掲げ続けるとのコンセンサスを各国間で得ることを目的とした。

4　オーナーシップ（Ownership）　　オーナーシップとは、「途上国（の人々）が主体的に事業を行うこと」あるいはそのような「意識」を指す。

5　ベル財団　　ノーベル文学賞を受賞したドイツの作家ハインリヒ・テオドール・ベル(Heinrich Theodor Böll, 1917〜1985)が設立した財団。民主主義、市民社会、平等、国際的に健全な環境、を促進することを目標としている。ベルリン、ドイツに本社を置き、世界30のオフィスを持ち、60カ国以上で200以上のパートナーと協力している。

6　ブレトンウッズ機関　　「国際通貨基金」(IMF)と「国際復興開発銀行」(IBRD)を指す。1944年にアメリカ・ニューハンプシャー州ブレトンウッズで開かれた、第二次世界大戦で疲弊・混乱した世界経済を安定化させるための連合国通貨金融会議で締結された「ブレトンウッズ協定」により設立された。

7　グローバル公共財の排除不可能性と非競争性　　「排除不可能性」とは、財の所有者または供給者が、他の経済主体がその財の便益を享受することを排除できないことをいう（たとえばアナログ放送は受信機があればコストを支払わなくてもだれでも視聴できる）。非競合性とは、その財をある経済主体が消費することが、他の経済主体がその財を消費する機会を損なわないことをいう（たとえば美しい景色を見て感動したとするも、他の人がその景色を見られなくなるわけではない）。

8　補完性原則　　決定や自治などをできる限り小さい単位で行ない、できない事のみをより大きな単位の団体で補完していくという概念。

持続可能な開発

アレックス・エバンス

アレックス・エバンス
Alex Evans

ニューヨーク大学国際協力センター（CIC）・シニアフェローとして、気候変動、資源枯渇、国際協力、グローバル公共財などの問題を研究。2011年には「地球の持続可能性に関するハイレベル・パネル」の執筆者として国連事務総長室に出向。国際協力センターに加わるまでイギリス国際開発省で大臣特別顧問を務めていた。

Introduction

ポスト「ミレニアム開発目標」

　国連にとって、「持続可能な開発」(sustainable development) はこれまで以上に大きなテーマとなっている。国連の潘基文（パン・ギムン）事務総長は、2012年初頭に「地球の持続可能性に関するハイレベル・パネル」(GSP) を招集し、「すべての人のための持続可能なエネルギー」(SE4ALL) という、大がかりな構想を立ち上げ、「持続可能な開発」を「ミレニアム開発目標」(MDGs) 以後の「ポストMDGs」の開発の枠組みとして、急速に進化する課題に対する「中心的枠組み」(パラダイム) として位置づけた。

　しかし、「持続可能性」の議題についてはなおも熱い議論が続いている。国連が果たすべき役割に関してもそうである。

国連はどう考え適応してきたかを検証

　本論の目的は、とくに1987年の「ブルントラント委員会」(The Brundtland Commission) 以後、「持続可能な開発」に関する考え方が「どのように変化し」、それに対して、国連は「どう適応してきたのか」を精査したうえで、この複雑に入り組んだ課題における国連の今後の見通しを検証する。

　Part 1 では、「持続可能な開発」について論考する。ここでは、過去50年間に「環境」と「持続可能性」に関する考え方が「どのように進化してきたか」に重点を置く。その論点は、「いったい何をどこまで視野に入れるのか」ということに関して、概念的な"明確さ"が欠けていることが、「持続

可能な開発」に対する国連の取り組みの混乱と重複に大きく関係している、とする。

　Part 2 では、「持続可能な開発」における国連の「主要な役割」について評価する。具体的には、知識とデータの収集、政府間の意思決定に対する支援、資金調達、開発途上国におけるプログラムの実施である。

　Part 3 では、国連の「非公式な役割」に焦点を合わせる。具体的には、リーダーシップ、議題設定、触媒としての役割である。「持続可能な開発」に対する国連活動では、この非公式な役割が最も重要な分野であることを論証するが、国連がこの役割を十分に果たすためには「大幅な改革」が必要であることも指摘する。

Part 1
「持続可能な開発」とは何か

1 概念の核心にある"曖昧さ"

対立する二つの考え方

　大半の政策立案者は、「持続可能な開発」の意味を十分にわきまえていると思っている。よく知られているように、1987年の『ブルントラント委員会報告書』では、「将来世代のニーズを損なうことなく現世代のニーズを満たす」開発と定義されている。

　また、持続可能な開発に携わる専門家の間では、一般的に「複数の点と点を結びつける」ことを重視する「政策立案方式」として解釈されている。つまり、組織や部門の縦割り構造を超えて、経済・社会・環境に関わる問題を統合的に解決しようとする考え方である。

　このように幅広く"ゆるい"捉え方は、一見すると"自明の理"のように思えるが、実際には「いったい何をどこまで視野に入れるのか」ということに関して、かなりの曖昧さを残したままで、「持続可能な開発」の意味について二つの考え方が対立するところとなっている。

環境問題か政策の一貫性か

　「持続可能な開発」は本質的に「環境」と同義なのか？　つまり、気候変動や生物多様性などの問題はカバーするが、妊産婦死亡率や平和維持活動などはカバーしないのか？

　それとも、政策立案の全分野にわたり「点を結びつける」ことなのか？実際的には、他の表現をつかうと、外交政策専門家のいう「大戦略」なのか、あるいは国際開発専門家のいう「開発のための政策の一貫性」なのか？

この二つの考え方は「持続可能な開発」の範囲の捉え方の違いからくるもので、そこから絶え間なき問題が生じている。たとえば、国連の「地球の持続可能性に関するハイレベル・パネル」（GSP）の会合では、「世界的な金融・経済危機も対象になるのか」という議論が繰り返された。

契機となった『沈黙の春』

　この曖昧さは、「持続可能な開発」に関する議論の進歩から生じている部分もある。環境保護運動の始まりとされるレイチェル・カーソン[1]の著書『沈黙の春』が発表された1962年当時、環境問題は一般的に国内問題として捉えられ、「環境汚染」がその大きな中心だった。

　1970年代に入っても「環境汚染」を主とする状況は変わらなかったが、その一方で「環境問題」が次第に世界的問題として捉えられるようになった。宇宙から撮った地球の写真が初めて公開されて大反響を呼び、1970年の「アースデイ」[2]（地球の日）創設にもつながった。

　その2年後、環境問題に関する初の大規模な政府間会合である「国連人間環境会議」がストックホルムで開かれた。この年には「ローマ・クラブ」の先見的な報告書、『成長の限界』[3]も発表された。また、同じ1972年には「異常気象」も続発した。アメリカとソ連での干ばつ、インドでのモンスーンの減少、サハラ砂漠南縁部での数年にわたる干ばつなど……。「資源の不足」も世界中で問題視されるようになり、1973年の「OPEC」（石油輸出国機構）による大幅な原油価格引き上げから発生した「オイルショック」[4]で、問題意識がさらに高まった。

楽観的認識が支配

　1980年代になると、環境問題は次第に「気候変動の枠組み」のなかで捉えられるようになった。──当時は「温室効果」[5]と「オゾン層の破壊」[6]として知られていたが、1981年当時のアメリカで、「温室効果」という言葉を聞いたことのある国民は、全体の3分の1に過ぎなかった。

この1980年代に、環境問題に関する多国間主義は楽観論の頂点に達したと捉えることができる。その象徴が、1987年の「オゾン層を破壊する物質に関するモントリオール議定書」、1988年の「気候変動に関する政府間パネル」（IPCC）創設、1992年にリオデジャネイロで開かれた「地球サミット」（環境と開発に関する国連会議）における「国連気候変動枠組み条約」の採択である。

　その一方で、1980年代には、環境とその他の課題との関連性の認識も高まっていった。1987年の『ブルントラント委員会報告書』は、環境を「持続可能な開発」として捉え直す決定的な転換点となった。その5年後の1992年に、リオデジャネイロで開かれた「地球サミット」（環境と開発に関する国連会議）でも、環境保全と国際開発の「点と点を結びつける」試みがなされた。

社会的認識を変えた一連の出来事

　1992年の「地球サミット」（環境と開発に関する国連会議）以降、地球環境と持続可能性の問題に対する社会認識は新たな頂点に達した。

　とくにその傾向が強まったのが、巨大ハリケーン「カトリーナ」の発生、アル・ゴア主演のドキュメンタリー映画『不都合な真実』[7]の上映、『スターン報告書』（「気候変動の経済学」）[8]の発表、「気候変動に関する政府間パネル」（IPCC）、およびアル・ゴア[9]の「ノーベル平和賞」受賞という出来事が続いた、2005年から2007年にかけてである。

　しかし、その一方で、国際的な対応行動は勢いを失っていった観がある。気候変動枠組み条約に関する「京都議定書」は激論の末に発効に至ったものの、その取り組みは立ち消え寸前の状態にある。2002年にヨハネスブルグで開かれた「持続可能な開発に関する世界首脳会議」、2009年にコペンハーゲンで開かれた「国連気候変動サミット」、2012年にリオデジャネイロで開かれた「リオ＋20」（国連持続可能な開発会議）――。

　これら一連の世界サミットは、対応行動の勢いが失われたことを改めて示

すだけの結果に終わっている。

メインストリーミング方式とスタンドアローン方式の対立
　「環境を経済や社会から切り離すことはできない」とする「ブルントラント委員会」の本質的な洞察は明らかに正しいが、その洞察を発端に生じた対立は、いまも解消されていない。すなわち、「メインストリーミング：主流化」方式（持続可能性はすべての政策分野を通じ追求される目標）〈対〉「スタンドアローン：単独」方式（持続可能性は独立した単体としての取り組み）との対立である。前者は、その必要性に疑問の余地はないが、政治的な困難度が高い。逆に後者は、達成しやすいが、成果が限られる。
　この兼ね合いから、「持続可能な開発とは何であるか」という概念に明確さが不足し、その影響が国連諸組織の仕事の枠組みにも及んでいる。たとえば、「持続可能な開発目標」（SDGs）が「ミレニアム開発目標」（MDGs）の後継に位置づけられているとするなら、それは開発をより「包括的」な観点で捉える前向きな認識であるのか、それとも近年強調されている「貧困削減目標」を薄れさせてしまう危険な変化であるのか？
　――このような疑問は意味論だけにとどまらない。その明確な答えがなければ、国連システムとその構成組織を含めて、「持続可能な開発」に取り組む組織が、目的にも手段にも「戦略的明確さ」を欠いたままで進んでしまうことになりかねない。

2 変化する中心概念

低炭素社会・グリーン経済・資源不足……
　また、「持続可能な開発」という言葉に「共鳴しない」人々が増えていることも指摘できる。近年、それに代わる言葉と概念が広まり、この分野の中心概念として見なされるようになっている。たとえば、
● 「気候変動」と「低炭素社会」という考え方が、多くの企業や政策立案者に中心概念として用いられるようになっている。――ただし、2009年の「国

連気候変動サミット」が期待外れの結果に終わってからは、この傾向もわずかながら弱まっているかもしれない。
● さらに最近では、とくに企業を中心に「グリーン経済」と「グリーン成長」という言葉が広まっている。ただし、曖昧な意味で使われている場合も少なくない。
●「資源不足」という言葉も広く使われるようになっている。とくに2008年の食糧価格と燃料価格の高騰後、土地と食糧と水の「連関（ネクサス）」（エネルギーまで含まれる場合もある）が広く認識されるようになった。「自然資源」であることを強調するこの言葉は、経済政策の立案者や民間セクターに受け入れられやすいが、「生物多様性」などの「生態系サービス」の重要性を十分に反映していないと捉えることができる。

「とどまり続けることが成功」

「持続可能な開発」という乾いた響きのある言葉よりも、これらの言葉のほうが政治的説得力は強いのかもしれないが、どれも「持続可能な開発」という言葉が意味しうる"明確さ"に達していない。歴史上の文明崩壊を専門とするジョセフ・テインター（Joseph Tainter：アメリカの歴史学者）は、次のように述べている。

> 「持続可能性をスポーツの試合に例えて考えるとわかりやすい。西ローマ帝国は『負けた』、つまり持続不可能になったからである。しかし、その逆は成り立たない。なぜなら、私たちは絶えず難局に直面しているため、社会として『勝った』——永久に持続可能である、あるいは少なくともかなり長い間、持続可能である——ということはないからである。試合にとどまり続けることが成功なのである」[*1]

この意味において、持続可能性は「環境」だけにとどまらず、より根本的

---

*1 http://campfire.theoildrum.com/node/6942

に長期的な適応力と耐久力をもつ「制度」「経済」「社会」に関わるものである。この「未来指向」の長期的な側面が「持続可能な開発」の最も重要な側面であると言える。「グリーン成長」などの別の言葉で捉えられるのは、そのわずかな一部分にすぎない。

成長の限界

　さらに突き詰めれば、持続可能な開発は「限界」の問題と強く関係する。現在の開発のあり方が自然資源の限界を超える道筋にあるのだとすれば、当然、「持続不可能性」という問題が浮上する。

　自然資源に限界があることを認めても、経済成長そのものに限界があることには必ずしもならない。もちろん、成長の限界が明らかになるということはありうる。この点に関して、「グリーン成長」は経済成長を環境への影響から「分離」すること——つまり、生産単位当たりの資源集約度を低減することを焦点とするが、現在までのところ、経済の拡大ペースのほうがはるかに速いために、環境への影響はなお増大している。この現象を変えるには、革命的な「技術革新」（あるいは逆に急激な経済の縮小）がなければ、環境への影響を減少に転じさせることはできない。

　成長に限界があるとしても、それが明白になるのはまだ先のことである。現段階でそれよりもずっと確実に言えるのは、「再生可能」なものにしても「再生不可能」なものにしても、主要な自然システムや資源の持続可能な利用には明らかに限界があることである。したがって、持続可能な開発の最も根本的な課題は、この認識を「経済と財政」の仕組み、そして「平等性と公平性」に関する議論に反映させることである。

惑星的境界線という新たな概念

　この分野における近年の最も重要な分析の一つとして、ストックホルム・レジリエンス・センターの「惑星的境界線」という概念がある。この概念は「人類の安全な活動空間」を考える方法として、2009年に提唱された。惑星

的境界線は、それを踏み越えると「回復不可能な環境変化が突然生じる」危険のある限界線を意味する。

「ストックホルム・レジリエンス・センター」の研究チームは、次の9つの「惑星的境界線」を特定している。

   1 気候変動
   2 生物多様性の喪失
   3 生物地球化学的循環（窒素、リン）
   4 オゾン層破壊
   5 海洋酸性化
   6 淡水利用
   7 土地利用変化
   8 微小粒子状物質による大気汚染
   9 化学汚染

ストックホルム・レジリエンス・センターの分析結果によると、人間の活動はすでに気候変動、生物多様性の喪失、窒素循環の各面で安全な水準を踏み越え、またリン循環、淡水利用、海洋酸性化、土地利用変化についても「境界線」に近づいているおそれがあるという。

「境界線」を厳密に定義し、それにもとづく「監視」の仕組みを築き上げるために、まだかなりの作業が必要とされるが、ストックホルム・レジリエンス・センターが提起した9つの「惑星的境界線」という概念は、持続可能な開発の概念に関して、1987年の『ブルントラント委員会報告書』以降で最も重要な進歩の一つであると言える。つまり、地球環境の主要な限界点と、人間の活動がその限界点にどれだけ近づいているかに関して、知識が体系化されるようになったのである。

国連は何をなすべきか

上述のような議論から、とくに現時点での「持続可能な開発の定義」か

ら、持続可能な開発における国連活動について何が言えるのだろうか。そして、国連は何をすべきであるのだろうか——

　Part 2 と **Part 3** では、国連が役割を担う領域の範囲を見極める。それぞれで国連の活動の現況と将来的な役割について検証する。

Part 2
「持続可能な開発」における国連の役割

◼ 知識とデータの収集

規範的任務に合致

　知識とデータの収集に関しては、国連が中心的役割を担うことに広い意見の合意があり、世界的な課題に関する国連の、いわゆる「規範的」（ノーマティブ）任務に合致している。また、実際に世界的レベルで数々の成功事例もある。その最たる例が、国連環境計画（UNEP）と世界気象機関（WMO）の共同所管による「気候変動に関する政府間パネル」（IPCC）である。また、「ミレニアム生態系評価」や国連環境計画の「地球環境概況」（GEO）を始めとする世界的な"概況報告書"もある。

国レベルでの達成指標の確立

　これに対し、国レベルでは、「持続可能な開発」課題は比較的狭い範囲にとどまっている。しかし、「地球の持続可能性に関するハイレベル・パネル」（GSP）が提言しているように、もし国連が国ベースの「持続可能な開発」の達成指標を確立し、それを各国間の"相互評価"のシステムに結びつける基盤となるならば、こうした状況は変わるだろう。

　「地球の持続可能性に関するハイレベル・パネル」の二つの提言は、優良事例を各国に広めることにつながりうる点で、すぐれて実用的な内容であるといえる。ことに現在、持続可能な開発における顕著な革新が多くの新興国と一部の低所得国（エチオピアなど）で始まっている。しかしながら、この提言内容は「リオ＋20」（国連持続可能な開発会議）の成果文書に織り込まれておらず、したがって実施される公算は小さい。

惑星的境界線の総合監視体制の構築

　「持続可能な開発」に関する国連のデータ収集において、もう一つの大きな革新となりうるのが、ストックホルム・レジリエンス・センターが提起した「惑星的境界線」に対する「総合監視体制」を構築することである。ストックホルム・レジリエンス・センターも、「『境界線』を厳密に特定して、人間の活動がどれだけ境界線に近づいているのか見極めるために、さらに研究を重ねていく必要がある」と明言している。しかし、その一方で、ストックホルム・レジリエンス・センターはシンクタンクであり（すぐれた学術的業績も達成しているが）、正式な国際機関や政府間組織と同列に位置する存在ではない。

　だが、「惑星的境界線」に対する監視体制を構築するうえで、国連に採用できるモデルの選択肢は幅広い。たとえば、「気候変動に関する政府間パネル」（IPCC）のような組織、あるいは「国連環境計画」（UNEP）などの国連機関が担っている役割、さらには、人間の脆弱性に関するデータ収集・分析に取り組んでいる「国連グローバル・パルス」[10]のような「仮想空間」上の取り組みも考えられる。

根拠のある科学と証拠にもとづく政策の立案

　国連のデータ収集は、政策立案者に他では入手できない有用なデータを提供することに加えて、次の「二つ」の意味で重要性を帯びている。

　その一つは、国連が重要な課題に対して採る「確実な根拠のある科学」という原則、および「証拠にもとづく政策立案」の守り手に位置づけられていることで、ことに「気候変動に関する政府間パネル」と気候変動対策において顕著である。

　もう一つは、データの集約のみならず戦略的対話につながる「思考の基盤」を生み出すことで、この点では「気候変動に関する政府間パネル」が好例で、世界の問題認識およびその深刻さの理解のアンカー（とりまとめ役）となっている。IPCCの活動史を研究しているシャルダル・アグラワラ

(Shardul Agrawala：OECD環境・経済統合課長）は次のように指摘している。

「IPCCに信頼できる専門家が増えるにつれて、他の専門家たちもIPCCに加わることに魅力を感じるようになり、それとともにIPCCの科学的純粋性を政治的圧力から守る力が増していった」[*2]

データ収集活動を共通意識構築の基盤に

「ニューヨーク大学国際協力センター」（CIC）はこの点を踏まえ、2011年の報告書『世界資源概況』において、「データ収集活動」を幅広い国際機関の共通意識構築の基盤とすることを提言した。データの収集によって、主要な資源に関する科学的知見の見直しとともに、経済規模と社会の脆弱性との関連も分析し、さまざまな国際機関が「資源の不足」に対して各方面から取り組めるようにする。つまり、各々の国際機関が相異なる観点とデータにもとづく協働によって、成果を上げるということである。

この種の方式の価値は、すでに2011年の「G20（主要20カ国）サミット」において示されている。G20サミットでは、国際通貨基金（IMF）、世界銀行、国連食糧ハイレベル・タスクフォース、世界貿易機関（WTO）、国連貿易開発会議（UNCTAD）、経済協力開発機構（OECD）、国連世界食糧計画（WFP）、国際農業開発基金（IFAD）、国際食糧政策研究所（IFPRI）などの、幅広い国際機関が共同でまとめた「食糧安全保障」に関する分析が発表された。

しかも、その内容は決して最大公約数的なものではなく、むしろ「バイオ燃料」に対する補助や「輸出制限」などの争点に、真正面から切り込むものとなった。

ある参加機関のトップによると、その過程はすべての参加機関に痛みを伴うことになったが、「G20」から報告書のとりまとめを委託されたという事

[*2] Shardul Agrawala, "Context and Early Origins of the Intergovernmental Panel on Climate Change," Climate Change, 39, 1998.

実からして、見解に食い違いがあることは認識されており、したがって一般論で覆い隠すことなく、真正面から向き合わざるを得なかったという。

「地球の持続可能性に関するハイレベル・パネル」(GSP) は、このような作業が定常的に行なわれるよう提言した。——ただし「世界資源概況」ではなく、「世界持続可能な開発概況」にもとづいて。

そして、この提言内容は「リオ＋20」（国連持続可能な開発会議）の開催前に準備された成果文書の草稿には盛り込まれたが、最終的に「リオ＋20」成果文書に採り入れられるには至らなかった。

2 政府間の意思決定に対する支援

議題設定機能と集団的行動の促進

国連の議題設定機能と密接につながっているのが、サミットをはじめとする意思決定フォーラム（公開討論の場）の設定から、条約の枠組み支援に至るまでの、国連加盟国の集団的行動の促進である。

しかしながら、この機能は「持続可能な開発」の対象領域の"不明確さ"によって損なわれている。多くのサミットや意思決定機関が、対象を「持続可能性」の単一側面に限定してしまっており、そのせいで、領域の「縦割り化」がいっそう強まっている。「脅威・挑戦・変化に関するハイレベル・パネル」は、国連事務総長に対する2004年の報告書で、次のように指摘している。

> 「国際機関の分野別断片化は各国政府の断片化方式を反映している。たとえば、財務大臣は国際金融機関とだけ協働し、開発大臣は開発プログラム、農業大臣は食糧プログラム、環境大臣は環境機関とだけ協働する傾向が強い」[*3]

単一議題方式の限界

環境分野では「断片化」の問題がことに大きいと言える。1972年にストックホルムで開催された「国連人間環境会議」を契機として、とくに

1992年の「地球サミット」(環境と開発に関する国連会議)以降、幾十もの断片化された「多国間環境協定」(MEAs)が交わされている。1985年の「オゾン層保護のためのウィーン条約」(および1987年の「モントリオール議定書」)や1992年の「国連気候変動枠組み条約」、同年の「生物多様性条約」のような大規模な条約だけでなく、情報の入手、国境を越える有害廃棄物の移動、絶滅危惧種の商業取引、砂漠化、熱帯雨林、生物学的安全性など、さまざまなテーマに関する「条約」が結ばれている。

　このような条約の多くは、合意時には大きくとりざたされながら、その後すぐに後方に退いてしまい、参加国が誓約――たとえば、国内の施策、資金拠出、技術移転、後発開発途上国(LDC)に対する能力構築支援などを果たさないという、実施上の問題に突き当たっている。

　「単一議題方式」の限界が認識されるようになるにつれ――とくに環境分野では、各国の担当閣僚が本格的取り組みに必要な予算を獲得できるだけの権限をもっていない――、近年では各国"首脳級"の協議に格上げされる議題が増え続けている。「G8」(主要8カ国)と「G20」(主要20カ国)はとくに重要だが、その他の各国首脳もテーマ別サミットに参加するようになってきた――たとえば2009年の「コペンハーゲン国連気候変動会議」。

長期的脅威より当面の危機に焦点

　理論上、首脳級協議に格上げされることの最大の利点は、各国首脳が大きな構図のもとで問題の関連性や妥協点を認識し、政府として「総合的」な取り組みを推進する仕組みにつながりやすいことである。しかし、現実には持てる資源に限りがあり、各国首脳はとくに時間が貴重な立場にあり、またスタッフは長期的な脅威よりも「当面の危機」に的を合わせる結果になっている。2008年の世界経済危機以降、とくにこの傾向が強まっている。

　「G8」と「G20」の首脳会議も、直接的な緊急事態に直面した場合――た

＊3　High-level Panel on Threats, Challenges and Change, United Nations, 2004.

とえば2009年の世界金融危機の対応が論議された「ロンドン・サミット」を除いて、国内での真剣な公約の実施を要する件に関しては、一貫して消極的な姿勢を示している。その結果、「持続可能性」に関する成果は、現在までのところ限定的にとどまっている。

進まぬ政治的意思決定

1992年の「地球サミット」（環境と開発に関する国連会議）後に創設された「持続可能な開発委員会」（CSD）は、持続可能な開発の「点と点を結ぶ」役割を担い、単一議題フォーラムと首脳会議の中間レベルでの「意思決定」に狙いがあった。しかし、実際には強い政治力を発揮することができず、主として各国の環境担当閣僚によって、持続可能性に関する政策の統合ではなく、環境問題が論議される場にとどまっている。

同様に、「持続可能な開発委員会」の母体である「国連経済社会理事会」（ECOSOC）も、持続可能な開発に関する議題を前進させることができずにいる。「持続可能な開発委員会」も「国連経済社会理事会」も、イスラエル・パレスチナ問題のような持続可能性とは、明らかに直接関係のない問題に引き込まれやすい状態にある。

「持続可能な開発評議会」構想

上述のような問題意識の広がりを受けて、「リオ＋20」（国連持続可能な開発会議）に至るまでの作業部会では、持続可能な開発の「制度的枠組みの改善」を訴える声が上がっていた。そして、新しい組織として「持続可能な開発評議会」と「世界環境機構」（WEO）の創設が提案された。

「持続可能な開発評議会」の構想については、「地球の持続可能性に関するハイレベル・パネル」（GSP）の報告書において、「持続可能な開発委員会」に代わる組織として細部まで詰められていた。報告書では次の利点が指摘された。

① この新たな評議会によって持続可能な開発の三つの側面の統合化が促

進されること。
② 各国首脳級の参加によって注目度が増すこと。
③ 各国の相互評価を含めて、国際レベルと各国レベルの両方で持続可能な開発の成果が評価されるようになること。

新たな評議会創設への疑問

しかし、持続可能な開発に関する「意思決定」の改善に関して、新たな評議会がなぜ「持続可能な開発委員会」（CSD）にまさることになるのか、その理由がはっきりしていない。「地球の持続可能性に関するハイレベル・パネル」（GSP）の報告書は、新たな評議会の活動内容について、おおむね曖昧な文言でしか説明していない。たとえば「関与する」「促進する」「統合する」「評価する」などの抽象的な言葉が多用されている。また、「委員会」を「評議会」と改称すれば各国首脳の参加が広がることになる理由についても、明確に説明されていない。さらに、前述したように各国の相互評価の仕組みは国連システムにとって歓迎される新機軸であるのだが、この機能の中枢として「評議会」が創設される必要があるのかという点も不明確である。

新たな「評議会」の創設は「リオ＋20」（国連持続可能な開発会議）の成果文書に盛り込まれず、最終的に「持続可能な開発委員会」に代わる「政府間ハイレベル政治フォーラム」を創設することとし、詳細の大部分に関しては国連総会に委ねられることとされた。

「世界環境機構」構想

「世界環境機構」（WEO）についても、同様に「リオ＋20」の成果文書には盛り込まれなかった。この構想も、新たな「評議会」と同様の問題を抱えている。「世界環境機構」——つまり「国連環境計画」（UNEP）を拡充した組織——の創設理由にも新たな「評議会」の場合と同じく曖昧な言葉が多用され、また国連環境計画を一連の「多国間環境協定」（MEA）の事務局と統合することによって、「世界貿易機関」（WTO）のような地位と権威を持

つ国際機関が生まれるとする論理にも、疑問の余地がある。

政治的余地のなさに起因

つまるところ、この両案の根本的問題点は、各国政府が「持続可能な開発」に関する取り組みで、主要指標において前進が見られないのは「多国間組織体制に不備があるため」としているが、現実には、問題の大部分は加盟各国が「持続可能性」に対する十分な政治的余地がないことに起因している。この問題について、そしてその解決に国連が果たしうる役割については、**Part 3** で詳述する。

3 資金調達

持続可能性に対する資金供与

現時点で、持続可能性に関する最も重要な資金供与機関は「地球環境ファシリティ」（GEF）である。「地球環境ファシリティ」は1991年の設立以来、105億ドルの「無償資金提供」と510億ドルの「協調融資」を行なっている。32名の代表（先進国と開発途上国の代表がほぼ半々）による評議会の監督下で、世界銀行、国連開発計画（UNDP）、国連環境計画（UNEP）、各国政府、市民社会組織が資金拠出を受けており、さまざまな「多国間環境協定」（MEA）を支援している。

主な資金供与機関

資金調達をとり巻く状況は近年、気候変動問題に関わる資金供与機関の拡散によって大きく複雑化した。最も重要な「資金供与機関」には次のようなものがある[*4]。

●「気候投資基金」（CIFs）
これは世界銀行の基金で、低炭素開発に関する「クリーン技術基金」（CTF）と「戦略的気候基金」（SCF）で構成されている。「クリーン技術基

金」は、ほぼ50億ドルの誓約のうち19億ドルが承認済みとなっており、現時点で最大の気候関連基金である。「戦略的気候基金」は誓約ベースで13億ドルで、その下に「気候適応パイロット・プログラム」（PPCR、誓約ベースで12億ドル）、「森林投資プログラム」（FIP、誓約ベースで6億5000万ドル）、「再生可能エネルギー拡大プログラム」（SREP、誓約ベースで4億ドル）がある。これらの資金の大部分は無償供与でなく、融資の形で提供されている。

●「地球環境ファシリティ」（GEF）の「気候変動」対策に対する資金拠出
地球環境ファシリティの第4次増資のもとで、地球環境ファシリティの信託基金から気候変動対策に11億ドル強を拠出することが承認されており、さらに第5次増資のもとで11億ドルの追加が誓約されている。「地球環境ファシリティ」は、「後発開発途上国基金」（LDCF、誓約ベースで4億ドル）と、長期的な適応策を対象とする「特別気候変動基金」（SCCF、誓約ベースで2億ドル）も管理・運営している。

●「適応基金」（AF）
これは「国連気候変動枠組み条約」による資金調達の仕組みで、京都議定書の「クリーン開発メカニズム」（CDM）事業による収益の2%を資金源としている。この適応基金は理事会によって運営され、世界銀行を受託機関として「地球環境ファシリティ」（GEF）が管理している。過去2年間に適応基金は、気候変動に対する適応策に1億1500万ドルを拠出している。

●「グリーン気候基金」（GCF）
これは2009年の「コペンハーゲン国連気候変動会議」において、「気候変動枠組み条約」の資金供与制度の実施機関として設立が合意された。公的・民

＊4　データはすべて Overseas Development Institute のまとめによる。http://www.climatefundsupdate.org/listing

間財源を通じて、2020年までに1000億ドルの調達を目標としている——ただし、現時点で官民の資金比率については不明確である。

各国の資金供与

加えて、各国政府も気候変動対策に関する数々の二国間資金供与を行なっている。日本は公的財源から110億ドル、民間から40億ドルを調達することを公約している。イギリスは46億ドル、ドイツは8億5000万ドル、ノルウェーは5億ドルの調達を公約している。これは、将来的には、「森林減少・劣化からの温室効果ガス排出削減」（REDD+）と「生態系サービスに対する支払い」（PES）による資金調達も大規模に発展する可能性がある。

資金調達——5つの要点

このように入りくんだ資金調達の構図から、5つの要点を見て取ることができる。

❶ 最も明白なこととして、「持続可能な開発」のための資金調達は信じがたいほど複雑な状態に陥り、上述のようなさまざまな基金に対象範囲の大きな重複が生じている。——上記以外の数々の小規模な基金についても同じである。その要因としては、同じように複雑な国連の気候関連協議と交渉過程や、ドナー（資金提供）国と受益国の政治的力学の対立などがあるが、いずれにせよ、かなり高い調達費用を伴う結果となっている。また、これらの新たな資金調達制度が、国際開発部門全体において最良の手法として定着するという保証もない。

❷ 資金拠出の「誓約」は次々に表明されているが、これまでのところ、実行が伴っていない。一部の基金のめざましい誓約額とは裏腹に、「地球環境ファシリティ」（GEF）の第4次増資期間（2006年7月〜2010年6月）を除けば、一基金当たりの誓約実行額は2億ドルにも満たない。とくに「グリーン気候基金」（GCF）では、誓約と実行の「落差」がすべてのケースにおいて現れている。一例として、欧州議会の動向から、民間資金に対す

る公的資金の比率が早々に下がっていく気配がうかがえる。

❸ 国連システムは気候変動対策の資金調達をめぐる議論には積極的に関与しているが、その姿勢は、最も効果的な仕組みを目指す"公平な助言者"というよりも、資金と「縄張り」を得ようとする"競争者"である場合が多い。とくに「国連開発計画」（UNDP）は、気候変動対策の予算配分権や、資金そのものの獲得を「貪欲に狙っている」という声が、交渉関係者の間で内々に上がっている。

❹「コペンハーゲン国連気候変動会議」で新たな気候変動対策に関する合意がまとまらず、京都議定書と炭素排出権取引の先行きに大きな疑問が残されてしまったことによって、気候変動対策の資金調達に対するそれまでの楽観的意識が先行き不透明感に一転した。さらに加えて、ヨーロッパ経済の大幅な景気後退を受けて欧州連合（EU）「域内排出量取引制度」（EU ETS）の「炭素価格」が急落し、したがって「クリーン開発メカニズム」（CDM）による炭素排出権の需要が大幅に減少した。——これにより開発途上国の気候変動対策資金も減少した。

欧州連合が、2020年までに炭素排出量を30％削減するという、かなり困難な目標に取り組まないかぎり、「クリーン開発メカニズム」の先行きは険しいと考えられる。

❺ それでも認識しておくべき点として、「持続可能な開発」のための資金調達は「変革の原動力」として大きな可能性を秘め、今後の「持続可能な開発」を変容させうる力を持っている。

炭素市場の潜在力

そして、その潜在力はすでに、世界の「ODA」（政府開発援助）と気候変動対策資金の対比にはっきり表れている。「経済協力開発機構」（OECD）の統計によると、2010年の世界のODA総額は1287億ドルで、過去最高を記録した。一方、その1カ月後に世界銀行が発表した統計では、世界の「炭素市場」の取引総額は1420億ドルで、ODA総額を約130億ドル上

回った。

　もちろん、世界の炭素市場取引の大部分は先進国によるものであり、炭素市場の規模がそのまま開発に対する効果を表すわけではない。というのは、開発途上国は削減目標に拘束されておらず、したがって交換できる「割当量単位」（AAUs、京都議定書で規定された）を持っていないからである。「クリーン開発メカニズム」は、貧しい国々に排出権取引の恩恵を与える方策として編み出されたが、その恩恵は、ほぼ全面的に「新興国」に集中している——中国が認証排出削減量（CERs）の41%、ブラジルとインドがそれぞれ14%、韓国が11%、メキシコが5%を得ているのに対し、アフリカは全体で2%しか得ていない。

援助というパラダイムからの転換

　しかし、それでこそ意味をなすという面もある。なぜなら、貧しい国ほど1人当たり「炭素排出量」は少ないので、もし世界的に平等な形で排出権が割り当てられれば（たとえば1人当たり排出権を同等にするといった形で）、貧しい国ほど排出権の「売却収入」が膨らむことになるからである。となると、平等方式の排出権取引——あるいは「森林減少・劣化からの温室効果ガス排出削減」（REDD+）や「生態系サービスに対する支払い」（PES）——は、従来の「援助」というパラダイムからの大きな転換を意味することになる。つまり、排出権取引が開発資金の大きな「調達源」となるので、すべての国が炭素排出量を最小限に抑えようとすることになる。

国連システムの失敗

　この意味において、国連システムの最大の失敗は、「国連貿易開発会議」（UNCTAD）のようなごく一部の例外を除いて、援助提供国からの「任意拠出金」に頼り続け、公平な資金調達の取り決めを作ろうとしていないことである。国連が新たな基金の受益者としてではなく、設計者・推進者として行動していたなら、真に「持続可能な開発」の実現にはるかに大きな貢献を

果たせていたはずである——国レベルのみならず、「グローバル公共財」の提供における資金調達への移行においても。

4 国レベルでの実施

二つの実施方式

　最後の点として、国連システムには、国レベルにおける「持続可能な開発」の実現を助けるという役割がある。持続可能性が根本的に「スタンドアローン：単独」の活動分野ではなく、ましてや「環境」と同義なのでもなく、「メインストリーミング：主流化」の問題として理解される必要があることが最も明確に表れるのは「現場」レベルにおいてである。

　広い意味で、持続可能性の議題は国レベルで「二つ」の主要側面をもつ。

　一つは、「長期的に持続可能な経済と政策」への移行の必要性。もう一つは、地方レベル、国レベル、国際レベルであれ、現状の持続不可能性がもたらす結果に対する「適応能力」の構築である。

適応能力の定義

　その二つの議題のうち、現時点で取り組みが活発になされているのは「適応能力」のほうであると言える。「イギリス国際開発省」（DFID）は、適応能力を「ショック（大規模な混乱）やストレスに直面した際に、生活水準を維持または変容させることによって変化を乗り切る国・地域社会・家庭の能力」と定義している。さらに、技術的な定義として、この分野の代表的な4人の理論家によれば、「混乱を吸収すると同時に、本質的に同等の機能、構造、自己同一性、フィードバックを維持して変化を乗り切るシステムの能力」であるとしている[*5]。

　＊5　http://www.ecologyandsociety.org/vol9/iss2/art5/

政策と戦略能力

　現実問題として、適応能力の重視には二つの大きな取り組み分野が伴う。まず、明らかに言えることとして、適応能力には一連の「政策」分野がとくに強く関係する。政策面でとりわけ重要なのは、社会的保護、災害リスクの緩和、気候変動への適応、農業（世界の貧困層の75%が農村部で生活している）、雇用・生計である。

　もう一つの大きな取り組み分野は、特定の政策分野よりも、リスク管理と脆弱性の削減における、政府の総合的「戦略能力」である。これは少なからず統治の「技術的側面」に関わる問題である。たとえば、政府が早期警報システムを確立できるか、圧力のもとで改革を果たせるか、リスクの削減に他国政府と系統立てて協働ができるか、などである。

　しかし、これは同時に、その国の全体的な政治的安定という「政治的側面」に関わる問題でもある。たとえば、政治体制に説明責任と対応性が備わっていると見なされているか、紛争を暴力によってではなく平和的に解決する過程が存在しているか、リスクが社会に薄く広く分散化されているか、不平等性はどの程度なのか、などである。

異なる議題

　重要な点として、上述の分野に重点を置く「適応能力」の議題は、既存の「ミレニアム開発目標」（MDGs）の議題とはかなり異なることになる。というのも、ミレニアム開発目標の議題は、保健や健康などの「社会部門」におけるサービス提供に重点を置き、適応能力に関わる上述の分野にはあまり目を向けていない。また、適応能力の議題は、民間セクター、インフラ、貿易体制に重点を置く「経済成長」の議題ともはっきりと異なる。——どのくらい経済成長が包括的か、そうでないかが、適応能力を評価するうえで適切であるが。

適応能力に対する国連のシステム

　国連システムの各部分は、この議題の個別の側面から取り組んでいる。災害リスク緩和や平和構築などの予防的取り組みは、人道的観点からとくに重視されるようになっている。また、気候変動に対する適応には多数の専門機関が取り組んでいる。そして、さらに多くの専門機関が、社会的保護のための「社会的フロア」（最低限度）の導入の必要性を訴えている。国連開発計画（UNDP）や国連本部人道問題調整事務所（OCHA）のように、「適応能力」を組織原理の中心に据えている機関もある。

　しかしながら、適応能力に対する国連の対応は、国連システム内の「一貫性」の欠如によって妨げられている。たとえば、一方には「危機対応」と「人道支援」、もう一方には長期的な「開発」があり、その間に大きなギャップが残り続けている。国連は、国連機関が必ずしも明確な比較優位性を持っているとは限らない分野でのプロジェクト実施に従来どおり携わるよりも、適応能力そのものの「戦略的構築」に対する支援に、「いかにして取り組むか」を思索する必要がある。

経済・政策の長期的持続可能性の実施

　持続可能性の国レベルにおける第二の側面は、経済と政策の長期的な持続可能性である。そこには最も重要な点として、低炭素開発、より広く捉えれば「グリーンな成長」が含まれる。

　ここでの持続可能性は単に環境負荷の低減にとどまらない——環境負荷に関しては、低所得国は先進国よりも行動責任が小さいと言える。低炭素・グリーン成長による開発軌道に焦点を合わせることで、資源の減少や炭素価格の上昇とともに費用が漸増して、開発軌道をロックイン（固定化）されるのを防ぐことを意味する。

セクター単位のプロジェクトと戦略的な能力の構築

　適応能力の場合と同じく、長期的な持続可能性の分野でも特定の実施方式

を「二つ」に大別することができる。その一つは、セクター単位の「プロジェクト」——たとえば発電、建築環境、交通、農業など。もう一つは、戦略的な「能力構築」である。その一つの好例が「エチオピア」で、政府が少数の主要部門に的を絞った「気候変動適応グリーン経済」政策を打ち出すと同時に、グリーンな経済成長を図る施策の全体的な一貫性と能力を高めるための措置も講じている。

　適応能力の場合と同様に、国連機関はセクター単位の「プロジェクト」を実施している。多くの場合、その資金は「地球環境ファシリティ」（GEF）から拠出されている。——国連開発計画（UNDP）も国連環境計画（UNEP）も「地球環境ファシリティ」から多額の資金拠出を受けている。しかし、「持続可能な経済」へ向かうための戦略面での「能力構築」に関して、国連諸機関が総合的な「変革理論」を持っているのかどうかはっきりしない。その一因は、おそらく、この種の能力構築が定着した国の事例がまだごく少ないことによるものであろう。

不可欠な国連システムの一貫性
　国レベルにおける国連の「持続可能な開発」の実施に関して、もう一つの問題は国連システム内の「一貫性」を高める必要性である。
　たとえば、国連事務総長の開発・人道支援・環境分野の「国連システムの一貫性に関するハイレベル・パネル」によって指摘されたように、開発と持続可能性に対する国連諸機関の取り組みはひどく断片化しており、協働があまりにも少なく、役割に大きな重複が生じている。
　「国連システムの一貫性に関するハイレベル・パネル」によって、国レベルにおける国連開発援助の一貫性を高めるための提言が詳しくまとめられているが、「持続可能性」と「環境」は最小限にしか考慮されていない。それを受けて打ち出された、「ひとつの国連としての援助提供」議題は数カ国で先行実施されたが、その実施はハイレベル・パネルの提言よりもペースが大幅に遅く、また計画立案——たとえば「国連開発援助枠組み」（UNDAFs）

──や実施に対する持続可能性のあり方に、大きな変革は見られなかった。

それから6年、この見落としはほとんど是正されないままになっている。「地球の持続可能性に関するハイレベル・パネル」（GSP）も、国連の国レベルでの活動を向上させるための提言を打ち出さず、その「グリーン経済」に関する提言を各国政府の取り組み課題として位置づけ、国連機関の各国援助の課題としていない。さらに、その組織に関する提言も国レベルでなく、グローバルレベルにほぼ終始した。

重複する二つの組織

このような経緯のなかで、さらに別のハイレベル・パネルを設置する必要はないはずである。にもかかわらず、「地球の持続可能性に関するハイレベル・パネル」（GSP）の報告書がまとめられたのも、つい最近のことである。しかしながら、一貫性の問題で明らかに是正できるのが「国連環境計画」（UNEP）と「国連開発計画」（UNDP）の役割の重複である。「国連環境計画」は現在、国レベルでの活動を劇的に拡大しようとしている。そして、気候変動と環境を大きな資金源になりうる分野と見なし、「エネルギー」と「環境」を中核的な活動分野の一つとしている。

実際のところ、この二つの国連機関のどちらが環境分野におけるプロジェクト実施に本当に比較優位性を持っているのか、大きな疑問がある。「国連環境計画」（UNEP）は、世界レベルでのデータ収集と議題設定などにはるかに大きな能力を持っていると言える。それに対し、「国連開発計画」（UNDP）は、より戦略的なレベルで各国政府が持続可能性を高めるための、能力構築の支援に大きな力を持っていると言える。

国連常駐調整官の存在

つまるところ、この難題を解決する「責任」の大部分は、国連常駐調整官（Resident Coordinator）と、調整面ではなく、プログラム実施面での「国連開発計画」に帰することになる。各国の「持続可能性」に対する国連プロ

グラムの重要性が増すなか——ことに「国連の新たなパートナーシップファシリティ」の設立が間近に見込まれるなかで、各々の「国連常駐調整官」が状況の変化に対応できる知識と技能を備えているのかどうか、綿密な評価が必要となる。

Part 3
「持続可能な開発」におけるこれからの国連の役割

❶「持続可能な開発」の政治的状況と国連のリーダーシップ

国連の役割領域

国連が「持続可能な開発」において担う最も重要な役割は、データ収集、政府間の意思決定に対する支援、資金調達、国レベルでのプログラムの実施という公式な役割ではなく、おそらくリーダーシップや議題設定、加盟国への働きかけといった「ソフト」な領域であろう。

Gゼロ――政治力の真空状態

この数年間、「持続可能な開発」の政治的状況は何度となく極度に冷え込み、数々の失望を生み出している。その最たる例が「コペンハーゲン国連気候変動会議」だが、ごくわずかな成果しか生み出せなかった「リオ＋20」（国連持続可能な開発会議）や、協議決裂に終わった2011年の「国連持続可能な開発委員会」も同様である。

このような期待外れの展開は、全般的な政府間交渉の傾向と歩調を合わせている。国際情勢が大きく揺れ動くなかにあって、「世界貿易機関」（WTO）や「G20」（主要20カ国）、「G8」（主要8カ国）などの首脳会議も大きな行動計画をまとめられない状態にある。世界の多極化が進むなかで、このいわゆる「Gゼロ」[11]状態は今後も続く可能性が高い。ただし、経済や環境、社会に関わる重大なショックが頻発する事態になれば、各国政府が世界の相互依存関係をあらためて認識し、より野心的な協調行動に向かう可能性もある。

意思決定に対する前述のセクション（政府間の意思決定に対する支援）で述べたように、現在の政治情勢と長期的思考の決定的な変化とは掛け離れている。このことは、持続可能な開発にとっていかに組織が構成されているかということよりも、はるかに大きな問題となっている。2010年に発表された分析を次に引用する。
　「数々の世界的リスクは複雑な協働課題となっているが、各国政府は協力でなく競争を迫る圧力、とくにリスク管理とは逆方向に働く政治的誘因に強くさまたげられている」

政治家のジレンマ
　明白な危機（たとえば金融危機やギリシャの財政危機など）に対処する際、あるいは戦争の決断が下された際（たとえばイラクやアフガニスタンでの戦争）には、多大な力と資源が結集されるが、適応能力を発揮して対処に成功した場合であっても（たとえば豚インフルエンザへの対処）、各国政府には最低限の評価しか向けられない。それゆえ、各国政府は、危機対応に失敗すれば責任を問われることになる（これはごく正当な帰結である）一方で、危機の発生を未然に防ぐための大胆な先見的行動に「社会的支持」を得ることが困難な状態にある*6。

　このような問題は国際レベルで最も深刻に表れている。それというのも各国の政策立案者が、国内問題よりもグローバルな議題に目を向け過ぎていると強い非難を浴びるようになっている——国内問題と世界的議題が深く結びついている場合でさえも。マーク・マロック・ブラウン（Mark Malloch Brown：元国連副事務総長）の言葉を借りれば、次のようになる。
　「現代の政治家のジレンマは、答えが国外にあるのに票は国内にあることである」*7。

　とくに「持続可能性」においては、「惑星的境界線」のような環境的限界

に関する議論に必ず関係する平等・公正という、根本的問題に真剣に向き合おうとする政治的エネルギーが、多くの政治家（と一般市民）に欠けている。

議題に乗らない炭素スペース

現在、高所得国の「エコロジカル・フットプリント[12]」（生態的足跡）が中所得国の3倍、低所得国の5倍に達している[*8]。したがって、資源の総消費量が持続可能な範囲内に抑え込まれた状態で低所得国が経済を成長させ、物質的な生活水準を向上させるとすれば、「世界的中間層」（主として先進国だが、新興国でも中間層が増加している）がエコロジカル・フットプリントを劇的に減らす必要がある。これはつまり、世界の貧困層に、限りある環境と資源の「公平な取り分」を与えるということである[*9]。

しかしながら、大半の政府間協議において、このような点はおおむね触れることのできない問題として放置されている。たとえば、気候関連の国連会議で「共通だが差異ある責任」がどれほど強調されようと、あるいは世界に許容される「排出枠」の配分についてどれだけ議論が交わされようと、「炭素スペース」が問題として取り上げられていない、という事実はまったく変わらない。

解決策の先送り

その理由として大きいのは、新興国側が「化石燃料集約型」の開発を進める"権利の制限"を警戒しているからである。しかし同時に、先進国側にも政治的に好都合という側面があり、それが最も顕著なのがアメリカである。その結果、「コペンハーゲン国連気候変動会議」がそうであったように、ア

[*6] Alex Evans and David Steven, "Organizing for Influence: UK Foreign Policy in an Age of Uncertainty," A Chatham House Report, June 2010.
[*7] Mark Malloch Brown, *The Unfinished Global Revolution*, (New York: Penguin, 2011).
[*8] Alex Evans, "Resource Scarcity, Fair Shares and Development," World Wildlife Fund and Oxfam discussion paper, 15 July 2011.
[*9] 同上

3 持続可能な開発　163

メリカと新興国の間で、野心度の低い合意がおおむね「暗黙の了解」の内に打ち出されるケースが多くなっている。

　新興国側は、「先進国がまず排出削減に動くべきだ」と主張し、「持続可能な生産と消費」——「地球の持続可能性に関するハイレベル・パネル」(GSP)もこの言葉を多用している——などのテーマについて大げさな言辞を弄したりする。しかし、根本的な現実として、持続可能性に対する世界的な取り組みに不可欠な一連の国々が困難な問題を避け、地球の持続不可能性を緩和する「技術的な解決策がいずれ現れる」という、都合のいい考え方を決め込んでいる。

国連のなすべきこと

　となると、問うべきは、このような問題に対する現状の政治的打算を変えるうえで、国連にできることがあるとすれば、「それは何なのか」という点である。国内政策の変更を求める国連の圧力に対して、加盟国側が許容できる範囲は明らかに限られている。

　まず、国連事務総長の役割から考えていこう。前事務総長のもとでは、「持続可能な開発」が国連本部ビル38階（事務総長室）で最優先課題となることはまれにしかなく、おおむね「基金」や「計画」、専門機関のトップに委ねられていた。これには前事務総長の性格も関係していたが、同時に、国連事務局内の能力を反映していた面があり、国連事務局の人員構成には「環境」など、長期的な持続可能性に関わる技能を持つスタッフが相対的に少なかった。

　しかし、現在の潘基文（パン・ギムン）国連事務総長のもとで「持続可能な開発」の優先度は劇的に上がった。潘事務総長は、就任（2007年1月1日）後8カ月足らずのうちに各国首脳級による「国連気候変動サミット」をニューヨークで開き、その後もバリとコペンハーゲンでの国連気候変動枠組み条約締約国会議で主導的役割を果たした。さらに最近、「持続可能な開

発」を在任2期目の最優先事項とすることを明言した。

　この姿勢は、「持続可能な開発目標」（SDGs）を「ミレニアム開発目標」（MDGs）の後継枠組みとし、「地球の持続可能性に関するハイレベル・パネル」（GSP）と「すべての人のための持続可能なエネルギー」（SE4ALL）構想の支持を打ち出したものとも見なされている。

触媒としての役割
　それに比べてはっきりしないのは、明確な影響力理論による国連のリーダーシップの発揮、あるいは、事務総長が議論に最も「付加価値」をもたらせるのはどの部分で、それはどのような形でなのか、という点である。
　国連事務総長室だけでなく、ほかの国連高官も「持続可能な開発」の議題設定と推進に積極的な姿勢を示している。しかし、国連のリーダーたちが持続可能な開発の議題設定に取り組むことによって、部分の総和を超える結果が生まれているのかどうか、疑問の余地がある。
　必要とされるのは、国連と国連諸機関が「付加価値」をもたらせうる部分を深く分析することである。激しい論争の続く分野で、国連がどのように「触媒としての役割」を果たせるのか、その戦略的な「ビジョン」（未来像）が今後の国連の妥当性の最大の試金石となる。

2 「ミレニアム開発目標」から「持続可能な開発目標」

「リオ＋20」の成果
　つまるところ、「持続可能な開発」における国連の成否は「リオ＋20」（国連持続可能な開発会議）からの成果で判断されることになる公算が大きい。国連事務総長は「リオ＋20」を成功と位置づけ、「厳然たる変革へ向かう世界の動きがさらに進化した」と総括したが、会議による具体的成果はごくわずかでしかなく、世界の持続可能性の達成指標に大きな効果をもたらすことになるとは考えにくい。
　「リオ＋20」の最大の成果は、2015年以降に「ミレニアム開発目標」

（MDGs）に代わるものとして、「持続可能な開発目標」（SDGs）を打ち出したことである。正式な提案が国連総会に提出されるまで一年ほどとなった時点で、「持続可能な開発目標」の議題は国連の議題と各国首脳の議題のどちらにも重点が置かれており、今後の進展に重大な結果がかかっている。

岐路に立つ「持続可能な開発目標」
　統合された包括的な開発方式には大きな論争があり、「グリーンな開発」の道筋と「適応能力」のみならず、先進国と新興国の「世界的中間層」が持続可能性の高い消費パターンに移行する必要にも焦点が当てられている。
　しかし、「持続可能な開発目標」の政策的合理性は見て取りやすいとしても、野心的な枠組みに対する政治的余地がはっきりしていない。「ミレニアム開発目標」（MDGs）は幅広い国際的コンセンサス（意見合意）を反映していたが、「持続可能な開発」はそれよりもはるかに異論の多いテーマであり、同種の合意は（現在のところ）存在していない。とくに懸念されるのが、「リオ＋20」（国連持続可能な開発会議）の成果文書において、国連総会が主導する作業部会が「持続可能な開発目標」に関する提言[13]を行なうとされたことで、これは国連事務総長が新たに設置する2015年以降のハイレベル・パネルと並行し、競合すると考えられることである。
　その結果、「持続可能な開発目標」の強力な推進は目標設定に至らず終わるか、あるいは多くのうわべの言辞だけで本格的な実施計画が伴わない目標設定に行き着くおそれがある。どちらの結果になっても、国連は「持続可能な開発」において大きく後退すると同時に、貧困削減に焦点を合わせた「ミレニアム開発目標」の明確さも失われることになるおそれが強い。

❸ より明確な変革理論に向けて
国連がなすべき3つのこと
　結局、国連システムは「持続可能な開発」に対する十分に明確な変革理論を欠いているようにみえる。とくに国連は、画期的な成果を見込んでサミッ

トの開催に多大な労力をかけながら期待外れに終わることが多く、持続可能な開発の促進に「打てる手はない」という行き詰まり感を引き起こす結果となっている。国連はどのようにすれば、持続可能な開発に対する強力で効果的な変革理論をまとめ上げ、国連のリーダーシップと議題設定能力を効果的に活かせるのだろうか？

　第一に、国連は"自らの能力"を磨き上げるべきである。たとえば国連事務局、とくに事務総長室で「持続可能性」について専門知識のある人材の拡充を行なうべきである。そして国連開発システムの全体がチームとして活動し、断片化と資金獲得争いを阻止する必要がある。

　第二に、国連は議題設定に十分な能力を持っていない分野を認識すべきである。一例として、広報や啓蒙活動分野で国連は専門知識も権限も不足している（というのは、いかなる政府も、もしも国連キャンペーンがその政府の政策に反発する市民の圧力を生み出すような場合、政府が寛容であることは考えにくい）。

　第三に、国連のリーダーたちが加盟国の内政状況を変える力には限界があるとしても、少なくとも効果的な取り組みの見通しに関して、公式的にも非公式的にも明確に「表明」することができるはずである。

必要な目標と期限設定

　国連のリーダーたちは、この数年間の「持続可能な開発」に関するサミットが成果を上げていない理由を率直に認める必要がある。その理由は、加盟国側がその種のサミットを持続可能性の問題に関する意思決定の場として認知していないからではなく、単純に主要国が持続可能な開発の問題に真剣に向き合うことをしていないからである。

　加えて国連のリーダーたちは、世界の「持続可能性」に関する問題への対処に求められるのはどのような行動なのかについても、はっきりと見解を示すことができるはずである——たとえば、排出削減におけるボトムアップ型の「誓約と検証」方式には限界があり、最終的には拘束力をもつ「目標と期

限」が必要となることを強調すべきである。この点に関しては、歴代の国連気候変動枠組み条約事務局長、そして国連事務総長自身も訴えている。

誓約の実行の順守

　国連はまた、加盟国が合意した「誓約の実行」を改善する仕組みを強化する必要性についても、強く訴えることは可能である（資金拠出の誓約であれ、排出削減のような国内施策の約束であれ）。「多国間環境協定」（MEAs）の順守と執行の体制は総じてことのほか弱い。たとえば、「京都議定書」のもとで目標達成ができなかった参加国に対する罰則は、超過排出量の1.3倍を次の約束期間（2013年以降）の削減義務に上乗せするというだけであり（その国が次の約束期間にも参加することを前提として）、あとは「順守計画」の策定を求められるのみである。

　多くの（ことによると大半の）「多国間環境協定」において、参加国は依然として持続可能性に関しては「口約束」をしているだけであり、そのことが大きな障害として残ると同時に、将来の協定に対する信頼も損なう結果につながっている。大半の「多国間環境協定」において、協定の実施の仕組みに関する真剣な議論は行なわれていない。多くの政策立案者が内輪話として、実施に関する罰則を強化すれば目標が引き下げられる結果になるだけだと言っている。

4 「共通意識」の構築を通じた議題設定

共通意識を育む

　おそらく最も重要な点として、すべての国連システムは国レベルと国際レベルの政策立案者との間に「共通意識」を育む役割に的を合わせる必要がある。リーダーシップと議題設定の領域において、これが国連の最も重要な「役割」であるとさえ言える。

　ここでの「共通意識」とは、連携の核となって勢いを生み出すことにつながる共通理解のことである。その基盤となるのはデータと情報の蓄積だけで

なく、さらに根本的な要素として分析、統合、説得力のあるメッセージ、そして問題に関する「共通の言葉」も必要とされる。

変革理論の有効例
　「気候変動に関する政府間パネル」（IPCC）の初期の成功が、この種の変革理論の有効性を示している。すなわち、「気候変動に関する政府間パネル」の科学的な見解によって、気候変動が広く一般的な問題として受け止められることになった。もう一つの好例が『スターン報告書』（「気候変動の経済学」）である。スターン報告書の経済的分析によって、「気候変動の進行を放置して適応しようとするよりも、気候変動を食い止めるほうが最終的に費用が抑えられる」という政治的メッセージが浸透した。

サミットの不調──リンドの指摘
　しかしながら、「気候変動に関する政府間パネル」や『スターン報告書』のような、データ本位の論証によって「共通意識」が高められた多くの事例がある一方で、国連がサミットにおいて、意図的に共通意識を高めたという事例はまれである。
　その一因は「サミット」の開催の仕方にある。アメリカの歴史学者ウィリアム・リンド（William Lind）が 19 世紀前半と 20 世紀前半のハイレベルな政府間の意思決定を皮肉まじりに比較しているが、「持続可能な開発委員会」（CSD）の会合にフル参加した外交官、あるいは「国連気候変動枠組み条約締約国会議」の徹夜会合に参加した外交官であれば誰でも、リンドの次のような指摘にうなずくだろう。

> 1814 年の「ウィーン会議」は、フランス革命の激動とほぼ四半世紀にわたる戦禍の後でヨーロッパを元に戻すという難題に直面していたが、いつもどおりの貴族たちの集まりだった。会議は踊り、饗宴が開かれ、夜更けまでトランプの賭けゲームが続けられ、会合も持たれたが、それらの大半は国家間の会合ではなかった。このような貴族的な享楽のなか

で話が交わされた。そして、その結果、ヨーロッパに限定的ではあったがほぼ1世紀にわたるほとんど戦火なき安定をもたらすことになる「平和体制」がまとめ上げられた。

対照的に、1919年の「ベルサイユ会議」は実務一辺倒だった。その陰鬱で果てしない会合は……ブルジョアと議会派の徹底的な生真面目さを反映していた。その会議の産物である「ベルサイユ条約」はあまりにも欠陥が多く、わずか20年後に再びヨーロッパに戦争（第二次世界大戦）をもたらす結果となった。ドイツ帝国皇帝ウィルヘルム2世が亡命先のオランダで言ったように、「戦争を終わらせるための争い（ベルサイユ会議のこと）は平和を終わらせる（第二次世界大戦のこと）ための平和を生み出した*10。

格式張らないサミットへ

　近年のサミットでは、リンドが指摘した問題点の是正を図る一連の刷新が試みられている。1970年代半ばに始まった「G6」（先進6カ国）サミットを前身とする「G8」（主要8カ国）サミットは、堅苦しく、格式張った首脳会議から脱却し、率直で形式張らない会談へ移行することが明確に意図された。

　さらに最近では、「介入と国家主権に関する国際委員会」（ICISS）が「保護の責任」という概念に対する共通意識をごく短期間のうちに劇的に高め、そこから生まれた支持の広がりが2005年の国連世界サミットにおける「保護の責任」[14]の採択につながった。持続可能性に関しては、「主要経済国フォーラム」（MEF）が「国連気候変動枠組み条約」による取り組みよりも協働を高めようとしている。

パートナーシップの仲介能力

　しかしながら国連に関しては、往々にして従来型のサミットにはまり込んだまま、穏やかな形式張らない協働と連携にもとづく変革への取り組みに苦

慮している観がある。その一因として、「G77」[15]の多くの国が、正当性と普遍性に敏感なことがある。それらの国々は、国連の（今なお往々にしてかなり形式張った）ハイレベル・パネルの過程に警戒感を持つことが多い。国連にとっては、行き詰まりやゼロサムに終わりがちなサミットから脱却することが重要な要件であり、この領域で能力を高めるために、今よりもはるかに大きな努力を傾ける必要がある。

　国連が現在、「持続可能な開発」に関して能力を高めようとしている主要領域の一つが、複数のセクター（分野）のパートナーシップ（提携・協力）の仲介である。

5 新しいパートナーシップの形
セクターの協力に焦点

　サミットレベルの協議が不調と見なされるなか、国連システムのさまざまな部分で複数のセクターの協力に焦点を合わせる動きが強まっている。

　前述したように、国連事務総長室は「すべての人のための持続可能なエネルギー」（SE4ALL）構想に対する積極姿勢を強めている。「SE4ALL」は、国連工業開発機関（UNIDO）事務局長とバンク・オブ・アメリカ会長が共同議長を務めるハイレベル・グループを核とするパートナーシップである。

　このハイレベル・グループには、アメリカやBRIC（ブラジル、ロシア、インド、中国）などの各国政府、エスコム、ヴェスタス、ルノー＝日産、アクセンチュア、シーメンス、スタットオイル、サンテックなどの民間企業、国連グローバル・コンパクト、石油輸出国機構（OPEC）の国際開発基金、国際再生可能エネルギー機関（IRENA）、持続可能な開発のための世界経済人会議、世界銀行、国連開発計画（UNDP）、国連環境計画（UNEP）、国際自然保護連合（IUCN）などの国際機関・組織が参加している[*11]。

＊10　http://www.lewrockwell.com/lind/lind123.html

パートナーシップの触媒

　この種のパートナーシップは、「世界経済フォーラム」や「クリントン・グローバル・イニシアチブ」のようなネットワークにとって新しいものではないとしても、国連システムの多くの部分、とくに事務総長室にとっては大きな転換点を意味している。そして同時に、国連事務総長に会議招集の権限があることは、この種のパートナーシップの「触媒」として、今後さらなる働きを担える立場にあることを意味し、現に事務総長みずからも、その意思を示している。たとえば、ロバート・オア（Robert Orr）政策調整・戦略的計画担当事務次長補が、国連のパートナーシップ能力構築を統括する新たな事務次長補職に就くことになっている。

　「新しいパートナーシップ」という議題は、国連最上層部が「持続可能な開発」に対する関心を強めたことに伴う必要性から生じた側面もある。今後数年の間に、「ミレニアム開発目標」（MDGs）に設定された比較的狭い議題から、「持続可能な開発目標」（SDGs）によってカバーされる可能性のある包括的議題への進展が見られるとすれば、これまでよりもずっと幅広い活動主体が単なる目標ではなく、現実に取り組むことが必要となる。

不可欠な企業とのパートナーシップ

　「ミレニアム開発目標」にとって民間企業と市民社会組織は意味あるものであったが、「ミレニアム開発目標」自体は根本的に政府間の取り決めだった。その政治的取引の柱は、ドナー（資金提供）国の援助支出の拡大（2001年の「国連開発資金会議：モンテレイ・サミット」で取り決められた）と、構造調整から国主導方式への移行――「貧困削減戦略文書」（PRSP）に明示された――だった。そしてパートナー国は、とくに保健や教育などの社会部門をはじめとする「貧困層に資する」部門への支出拡大に的を合わせることになった。

　しかし、より幅広い「持続可能な開発」に関して、各国政府が単独でなしうることには限界がある。とくに、投資と技術・インフラ提供の面で「企

業」が必要不可欠なパートナーとなるので、多国間の討論過程に深く関与させるべきである。これまで、国連システムは往々にしてこの部分で行き詰まり（たとえばコペンハーゲン国連気候変動会議）、多くの企業のCEO（最高経営責任者）はサミットに積極的に参加したものの、それは政策討論ではなく番外行事に限られることが多かった。

「企業の社会的責任」からの脱却

　「持続可能な開発」に関して最も進歩的な企業は、たとえばユニリーバやペプシコ、アングロアメリカンなどのように、10～15年前の時点で「企業の社会的責任」（CSR）の証しとされていた表面的な自主的協力から大きく脱却している。当時、CSRは寄付活動と同一視されることが多かった。しかし現在、最も進歩的な企業は総合的な観点からCSRを捉え、「持続可能な開発」に関する自社の成果だけでなく、サプライチェーン（部品調達網）全体のパートナー各社にも目を向け（ウォルマート・ストアーズの取り組みがとくに関心を集めている）、さらに自社の製品が消費者にどのように使われているかにも目を行き届かせている（ユニリーバの「持続可能な生活計画（Sustainable Living Plan）」が野心度の点で画期的方式と見なされている）。

パートナーシップの限界

　それと同時に重要なのが、パートナーシップの限界をはっきりと見定めることである。企業責任の「監視・監査」は弱点になりやすい。たとえば、企業が資金提供や実施に関わる場合、その過程の結果よりもPR（広報または宣伝活動）上の「メリット」を最重視することが多い——2012年の「G8（主要8カ国）サミット」における農業・食糧安全保障議題に関してアメリカ企業がそうだったように。

　また、企業がほんとうに取り組みを深めているのか、つまり従来の取り組

＊11　http://www.sustainableenergyforall.org/about-us/high-level-group

みのままで評判だけ高めているのではないかという点にも疑問の余地がある。パートナーシップのなかには、かなり一般性の高い原則の順守が求められるだけで、企業が具体的行動を取る必要のないものもある（たとえば「国連グローバル・コンパクト」の10原則のように）[16]。

　認識すべき点として、進歩的な企業は「持続可能な開発」に対して積極関与の姿勢を強めているとしても、依然として多くの企業はそれほど真剣ではなく、さらに多くの企業がまったく関与していない。

体系的な政策枠組み

　パートナーシップが自主的行動を促す手段として認知され、「持続可能な開発」に対する取り組みの優良事例が強調されて、ほんとうに真剣に取り組んでいる企業の評判が高まっているのであれば、このような限界もさほど問題にはならないかもしれない。しかし、パートナーシップが「体系的な政策枠組み」の補完でなく「代替」と見なされている場合には、その限界は大きな問題となる。「体系的な政策枠組み」とは、誰が何をいつ行ない、その行動がどのように所期の全体的結果につながるのかを明確に示し、また合意された行動が確実に実行されるようにする動機付けと罰則も規定された非常に具体性のある枠組みである。

政治的連携の触媒

　パートナーシップは、多国間行動が政治的に困難な場合に落胆しないで行動するには有効であるが、それを完全な解決策と誤解しないことが肝要である。明確な「包括的枠組み」がないままで、自主的協力が「持続可能な経済」の実現に必要な変容につながる可能性はきわめて低い。

　この意味で、「持続可能な開発」におけるパートナーシップの最も根本的な問題は、この種の構想がどのようにして「自主的行動の触媒」として働きうるのかではなく、企業、NGO（非政府組織）、政府、国際機関など、国際的な規制の枠組み——たとえば世界的な炭素価格の設定のように、持続可

能な開発を実現にするために必要な枠組み——を求める多様な「政治的連携の触媒」として働きうるのかである。

すでに、この点を踏まえたパートナーシップもある。たとえば、アルストム、BNPパリバ、クレディ・アグリコル、GEエナジー、グーグル、ナイキ、ソニー、スイス・リーをはじめとする企業30社は、2010年にEU（欧州連合）に対し、2020年までに温室効果ガス排出量を1990年比で30％削減する目標を設定するよう求める「共同声明」を発表した。今後の規制内容と経済の針路が明確化することによって、「低炭素技術」への投資拡大に必要な根拠が得られるという論理である[*12]。

政治的指向性と自主的協力の峻別

この種のパートナーシップを媒介し支援するうえで、国連システムは決定的に重要な役割を果たせる「潜在的能力」をもっている。しかし、そのためには、包括的な枠組みの創出への「政治的指向性」をもつパートナーシップと、不参加企業への影響力が限られている「自主的協力」のみのパートナーシップとを峻別する必要がある。

[*12] http://www.theclimategroup.org/our-news/news/2010/10/13/businesses-call-for-eu-policy-move-to-30-per-cent-emissions-cuts-by-2020/

Conclusions──結 論

「持続可能な開発」──10の領域
「持続可能な開発」における国連の活動成果に対する評価の締めくくりとして、結論の要点とともに取り組みの強化が必要とされている領域をまとめておく。国連が活動成果を高められるのは次の10の領域である。

1.「持続可能な開発」に該当するものと該当しないものを明確に区別すること
持続可能な開発は環境問題だけにとどまらない。といっても、すべてが含まれるというのでもない。持続可能性は、第一義的に「将来を保証する開発」として理解する必要がある。つまり、永続できる開発を確立すること、開発が開発の首を絞めることのないようにすることである。

2.「持続可能性」をグローバル化に伴う"長期的危機"の解析レンズにすること
グローバル化に伴う現在の危機は多くの面において、政治・経済・社会に関する短期的思考が蔓延した結果である。この点を十分に認識することが、持続可能性の議題を環境問題という狭い枠組みから解き放つことにつながる。

3. 組織構造いじりをやめ、"機能"についてもっと真剣に考えること
「リオ＋20」（国連持続可能な開発会議）の結果が改めて示しているように、国連と加盟国は組織の新設を重ね、国連専門機関の再編と相互関係について果てしない議論を続けている。そうではなく、国連が持続可能な開発に対して提供しうる「機能」に焦点を合わせ、実施能力の不足を見極めるべきである。

4.「惑星的境界線」を監視する組織的インフラの構築を始めること

機能不足の大きな一例が、ストックホルム・レジリエンス・センターによって明らかにされた、9つの「惑星的境界線」に対する監視機能である。その境界線に人間の活動がどこまで近づいているのか、国連は他のどの組織よりも監視の世界的仕組みを確立しやすい立場にある。そうすれば、求められる変革のための政治的議題の設定において、「気候変動に関する政府間パネル」（IPCC）のような役割を担うことができる。

5. プロジェクトの策定よりも、思考のリーダーシップと戦略的レベルの能力構築に移行すること

プロジェクト実施における国連の「付加価値」は、とくに環境分野において20年前よりも不明確になっている。多くの国連諸機関は、気候変動対策の資金やプロジェクト実施上の役割を求めて争うよりも、もっと高いレベルに的を合わせるべき立場にある。とくに焦点となるのは、「グリーン経済」と「適応能力」の分野で、各国政府に協力し、各国が戦略的対応をとれるよう助けるべきである。

6. 国連の最も需要な役割は「共通意識」のまとめ上げであると認識すること

国連にとってデータ収集、条約のまとめ上げ、資金調達、プログラム実施などはいずれも重要な任務であるが、最も重要な役割は世界の「議題設定」を助けることである。世界レベルで「Gゼロ」の力学が広がっている現在、その役割がなおさら重要になっている。この役割を完全に果たすには、国連のリーダーたちが変革理論について熟考し、自分たちはどこで、どのような形で影響力を発揮できるのかを認識する必要がある。

7. 公平な配分について考え、開発途上国の取り分が確保されるように協力すること

一部の国は「公平な配分」を議題にすることにきわめて消極的だが、「惑星的境界線」や環境上の限界がある以上、「持続可能な開発」の前進には、公

平と公正の問題について、もっと率直に議論することが求められる。国連はこの新たな議題について、議論の余地を広げることに全力を尽くす必要があり、開発途上国がこの議題を政府間レベルで推進できるように協力すべきである。

8. ショック（大規模な混乱）に備えること
国連は「持続可能な開発」の変革理論を考えるうえで、次の大きなサミットに労力を傾けるよりも、ショックと危機における創造的可能性の利点を活かすことに的を合わせる必要がある。とくに現在の持続不可能性からして、ショックと危機は今後頻発すると考えられる。

9. スタッフの質がすべてである
「持続可能な開発」という議題設定の効果を最大限に高めるために、国連は従来の枠には収まりにくい一連の技能を持つ、希少な人材の獲得に多大な投資をする必要がある。その一連の技能とは、影響力の行使、政策提言、戦略の統合、連携の構築と仲介などに関わる能力である。この分野での国連の能力は自己評価よりも低く、人材の採用と育成に対する投資について、今よりもはるかに真剣になる必要がある。

10. パートナーシップを何よりも「政治的連携」として理解すること
国連の「パートナーシップ」に対する新たな熱意は歓迎される。しかしそれは、複数のセクターにまたがる協力関係が「付加価値」をもたらすことができるか、あるいはできないか、国連自身がよく理解している場合に限られる。国連は「新しいパートナーシップ」を公式的な政府間の意思決定に代わるものとしてではなく、それを補完するもの、とりわけ政治的余地を切り開く"手段"として理解する必要がある。

■ 編集部注

1　**レイチェル・カーソン**　アメリカの生物学者・作家。ジョンズ・ホプキンス大学の修士課程で遺伝学を学び、アメリカ内務省魚類野生生物局の水産生物学者として自然科学を研究した。1962年発行の著『沈黙の春』で当時まだ顕在化していなかった、州当局によるDDTなどの合成化学物質の散布の蓄積が環境悪化を招くことを知らしめ、人々の目を初めて環境問題に向けさせた。後のアースデイや1972年の国連人間環境会議のきっかけとなり、環境保護運動の始まりとなった（1907～1964）
2　**アースデイ**　地球環境について考える日として提案された記念日。最初にアースデイの概念が提起されたのは1969年、国際連合教育科学文化機関（ユネスコ）における環境関連の会議であった。4月22日のアースデイが知られ世界各地で様々な催しが開かれている。2009年の国連総会で、4月22日を「国際母なる地球デー」とすることが採択され、翌2010年から実施されている。
3　**『成長の限界』**　ローマクラブ──資源・人口・軍備拡張・経済・環境破壊などの全地球的な問題に対処するために設立されたシンクタンクで、世界各国の科学者・経済人・教育者・各種分野の学識経験者など100人からなる──が1972年国連人間環境会議が開催されるのに合わせて出版した報告書。現在のままで人口増加や環境破壊が続けば、資源の枯渇や環境の悪化によって100年以内に人類の成長は限界に達すると警鐘を鳴らし、破局を回避するためには地球が無限であるということを前提とした従来の経済のあり方を見直し、世界的な均衡を目指す必要があると論じている。
4　**オイルショック**　1973年の第四次中東戦争を機にアラブ産油国が原油の減産と大幅な値上げを行ない、石油輸入国に失業・インフレ・貿易収支の悪化という深刻な打撃を与えた事件（第一次）。また、1979年のイラン革命に伴って産油量が減り、原油価格が急騰した事件（第二次）で、それらにより世界の経済が大混乱に陥った。
5　**温室効果**　地球の大気には二酸化炭素などの温室効果ガスと呼ばれる気体がわずかに含まれている。これらの気体は赤外線を吸収し、再び放出する性質がある。そのため、太陽からの光で暖められた地球の表面から地球の外に向かう赤外線の多くが、熱として大気に蓄積され、再び地球の表面に戻ってくる。この戻ってきた赤外線が、地球の表面付近の大気を暖める、これを温室効果という。温室効果が無い場合の地球の表面の温度は氷点下19℃と見積もられているが、温室効果のために現在の世界の平均気温はおよそ14℃となっている。大気中の温室効果ガスが増えると温室効果が強まり、地球の表面の気温が高くなる。
6　**オゾン層の破壊**　オゾン層とは、大気中のオゾン総量の9割が存在する成層圏の高濃度オゾン帯を指し、高度10～50 km付近とされる。オゾン層は、太陽からの有害な波長である紫外線の多くを吸収し、地上の生態系を保護する役割を果たしている。しかし最近、人間が作り出したフロンなどの物質が大気中に放出された結果、オゾン層にまで到達してオゾンと化学反応を起こしてオゾンを少なくしてしまう現象（オゾン層の破壊）が起きており、これらのオゾン層破壊物質の製造禁止の措置がとられるようになっている。
7　**『不都合な真実』**　アル・ゴア元アメリカ合衆国副大統領が地球温暖化を喧伝するスライド講演に、彼の生い立ちを辿るフィルムを交える構成のドキュメンタリー映画で2006年制作。
8　**『スターン報告書』**　イギリスの経済学者、元世界銀行上級副総裁ニコラス・スターンによる地球温暖化に関するイギリス政府のレポート。結論のまとめとして、直ちに確固たる対応策をとれば、気候変動の悪影響を回避する時間は残されている。気候変動は、経済成長と開発に悪影響をもたらし得る。気候安定化のための費用は決して低くはないが拠出可能な額である。しかし、対応の遅延は危険なだけではなく非常に高くつく、としている。
9　**アル・ゴア**　アメリカ合衆国の政治家で下院議員、上院議員、副大統領を歴任。ビル・クリントンの政権下（1993～2001年）で二期8年間副大統領職を務めた。環境問題とくに地球温暖化の論客として知られる。2007年、環境問題の講演や「不都合な真実」での環境啓蒙活動が評価され、「気候変動に関する政府間パネル」（IPCC）と共にノーベル平和賞を受賞。
10　**国連グローバル・パルス**　国連グローバル・パルスはビッグデータに関する国連事務総

長の重要なイノベーション構想である。そのビジョンは、将来的にビッグデータを「公共財」として安全かつ責任を持って生かすことにある。この構想はデジタルデータが人の福祉（Well-being）の変化についてより良い理解を得るため、そして福祉政策がどのように対応しているかをリアルタイムのフィードバックを得るための機会を提供するという認識にもとづいて設立された。

11　Gゼロ　世界政治における力の真空状態をさす。「G7」も、新興国を加えた「G20」も機能しない、世界的な指導力を発揮できる国が存在しない、つまり「Gゼロ」の時代である、というのが『「Gゼロ」後の世界―主導国なき時代の勝者はだれか』の著者イアン・ブレマーの主張。著者はGゼロ後の世界として①アメリカ・中国協調のG2　②アメリカ・中国対立の冷戦　③機能するG20　④地域分裂の4つのシナリオを想定している。

12　エコロジカル・フットプリント（生態的足跡）　自然生態（エコロジカル）を踏みつけた足跡（フットプリント）を意味し、人間の生活がどれほど自然環境に依存しているかを分かりやすく示すために開発された指標。世界自然保護基金の「生きている地球レポート2006」によれば、2003年時点の世界のエコロジカルフットプリント（需要）は、地球の生物生産力（供給）を約25%超過しているとされる。需要が供給を超える状態が続けば、いずれ、地球の生物学的資源は欠乏してしまうことになる。

13　2014年7月に国連総会の作業部会が提案した目標
(UN General Assembly's "Open Working Group Proposal for Sustainable Development Goals")
目標1：あらゆる場所で、あらゆる形態の貧困に終止符を打つこと
目標2：飢餓に終止符を打ち、食糧の安定確保と栄養状態の改善を達成するとともに、持続可能な農業を推進すること
目標3：すべての年齢の人々の健康な生活を確保し、福祉を推進すること
目標4：すべての人々の包摂的で公平な質の高い教育を確保し生涯学習の機会を推進すること
目標5：ジェンダーの平等を達成し、すべての女性と女児のエンパワーメントを図ること
目標6：すべての人々に水と衛生施設へのアクセスと持続可能な管理を確保すること
目標7：すべての人々に安価で信頼でき、持続可能で近代的なエネルギーへのアクセスを確保すること
目標8：すべての人々のための持続的、包摂的かつ持続可能な経済成長、生産的な完全雇用およびディーセント・ワークを推進すること
目標9：強靭なインフラを整備し、包摂的で持続可能な工業化を推進するとともに、イノベーションを促進すること
目標10：国内と国家間の不平等を削減すること
目標11：都市と人間の居住地を包摂的、安全、強靭かつ持続可能にすること
目標12：持続可能な消費と生産のパターンを確保すること
目標13：気候変動とその影響に取り組むため、緊急の措置を講じること
目標14：海洋と海洋資源を持続可能な開発に向けて保全し、持続可能な形で利用すること
目標15：陸上生態系を保護、回復し、その持続可能な利用を推進すること、また、森林を持続可能な形で管理し、砂漠化に取り組み、土地の劣化を食い止め、逆転させるとともに、生物多様性の損失に歯止めをかけること
目標16：持続可能な開発に向けて安全で包摂的な社会を推進し、すべての人々に司法へのアクセスを提供するとともに、あらゆるレベルにおいて効果的で責任ある包摂的な制度を構築すること
目標17：持続可能な開発のための実施手段を強化し、グローバル・パートナーシップを活性化させること

14　保護の責任　集団的な国際責任をもつ全政府はジェノサイド、戦争犯罪、民族浄化、人道に対する罪から国民を守る義務をはっきりと無条件で受け入れる。平和的手段では不十分なことが判明し、かつ、国内当局がこれを明らかに怠っている場合、安全保障理事会を通じ、この責任を全うするために、時宜に応じて断固とした集団行動を取る用意があることを表明する。

15　77カ国グループ　1964年の第1回国際連合貿易開発会議（UNCTAD）総会時に、アジア、アフリカ、ラテンアメリカの開発途上国77か国によって形成されたグループ。国連や関連

機関において、経済的に立場が似通った開発途上国の発言力強化のために形成された。発足当時の参加国数が 77 か国であったため、「G77」と名付けられたが、現在では参加国は 130 か国に増加している。

16　国連グローバル・コンパクトの 10 原則
【人 権】
　原則 1：人権擁護の支持と尊重
　原則 2：人権侵害への非加担
【労 働】
　原則 3：組合結成と団体交渉権の実効化
　原則 4：強制労働の排除
　原則 5：児童労働の実効的な排除
　原則 6：雇用と職業の差別撤廃
【環 境】
　原則 7：環境問題の予防的アプローチ
　原則 8：環境に対する責任のイニシアティブ
　原則 9：環境にやさしい技術の開発と普及
【腐敗防止】
　原則 10：強要・賄賂等の腐敗防止の取組み

4 グローバルヘルス

ローリー・ギャレット

ローリー・ギャレット
Laurie Garrett

外交問題評議会シニアフェローで、専門はグローバルヘルス。ジャーナリズム界で「三大P賞」と称される「ピーボディ賞」「ポーク賞」「ピュリツァー賞」のすべてを獲得した唯一のライター。ベストセラーとなった『The Coming Plague: Newly Emerging Diseases in a World Out of Balance（「迫りくる疫病：バランスなき世界に出現した新たな病気」）』『Betrayal of Trust: The Collapse of Global Public Health（「信頼の裏切り：世界の公衆衛生の崩壊」）』の著者としても知られる。近著の『I Heard the Sirens Scream: How Americans Responded to the 9/11 and Anthrax Attacks（「けたたましいサイレンを私は聞いた：アメリカ人は9.11と炭疽菌テロにどう反応したか」）』は、2011年Eリテラチャー・アウォードのサイエンスライティング賞に輝いた。

Introduction

直面する5つの議題

　「グローバルヘルス」（世界保健）に対する関心の高まり、とくに2000年の「ミレニアム開発目標」（MDGs）発表以後の関心の高まりにより、「保健」の多分野で劇的な向上が見られると同時に、多くの国際機関といろいろな発案との複雑な（そして往々にしてやっかいな）渦を生むこととなった。そして現在、世界的な状況変化は、保健分野の活動組織にとって「五つ」の課題を浮かび上がらせている。

　すなわち、
　1 持続可能な支援の模索、
　2 不平等な基金へのアクセスが個人の保健に及ぼす影響、
　3 世界保健の構成と浮かび上がってきた優先順位との明らかな齟齬、
　4 世界の食糧供給の変化、
　5 気候変動、
　である。

　「世界保健」のカギを握る指導者たちと諸機関は、このような脅威をかろうじて認識しているに過ぎず、解決あるいは対応のための政策立案にはほど遠い状態にある。

Part 1
世界保健の沿革

◼ 初期の世界保健
「世界的な団結」のビジョン

「世界保健」という言葉が一般的になったのは、1980年代初頭のことである。その背景には、「東西冷戦」「帝国主義」「植民地主義」「南北分断」という、20世紀の障壁を越える「世界的な団結」というビジョン（未来像）があった。1990年代に入って経済のグローバル化（いわゆるダボス・ワールド[1]）が一気に進むと、「世界保健」という言葉は、HIV（エイズウイルス）／エイズ、マラリア、結核をはじめとする疾病対策における、豊かな国々から貧しい国々への大規模な技術と資源の移転を意味するようになった。

そして2000年、明確な三つの保健目標と、人の健康に関係する二つの目標を含む国連「ミレニアム開発目標」（MDGs）が採択されたことにより、この野心的な世界保健は揺るぎないものとなった。

激変した活動主体

1990年から現在までの間に、世界保健に携わる活動主体の構成は劇的に変化した。すなわち、国連の「世界保健機関」（WHO）が主導していた状態から、世界的な活動主体が錯綜しながら連携する状態、そしてアメリカ政府と「ビル＆メリンダ・ゲイツ財団」に依拠する状態への変化である。そして、ミレニアム開発目標の後継目標について協議が行なわれている現在、世界保健の活動主体は上述した"5つの課題"に直面している。

1990年当時、世界保健は資金提供と戦略的な計画・指導の両面において、「世界保健機関」が主導していた。1990年に世界保健に充てられた資金は、

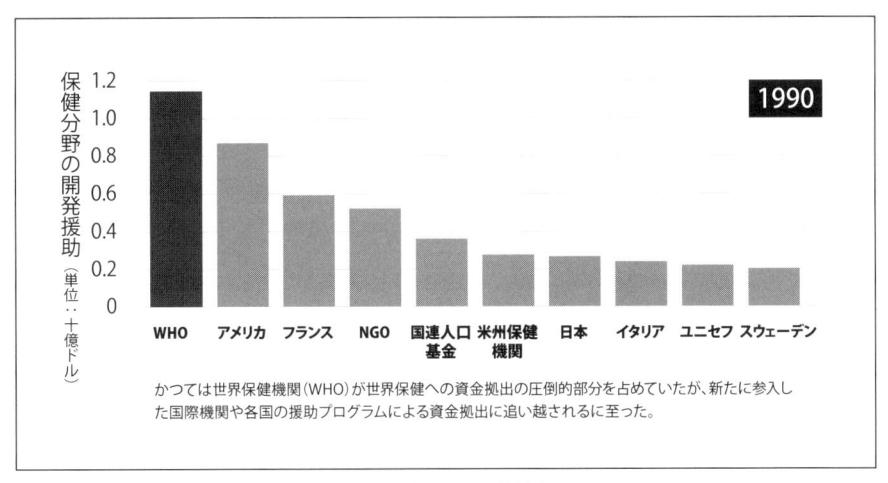

```
保健分野の開発援助（単位：十億ドル）
1.2
1.0
0.8
0.6
0.4
0.2
0
WHO  アメリカ  フランス  NGO  国連人口基金  米州保健機関  日本  イタリア  ユニセフ  スウェーデン
1990
```

かつては世界保健機関（WHO）が世界保健への資金拠出の圧倒的部分を占めていたが、新たに参入した国際機関や各国の援助プログラムによる資金拠出に追い越されるに至った。

図1　保健分野の開発援助

貧しい国々が自国の保健・疾病対策に拠出した資金も含めて、総額56億ドルだった。その大部分は、安全な飲み水の提供、寄生虫対策、病原体媒介動物の撲滅、子どもの予防ワクチン接種、栄養などの「公衆衛生」を目標としていた。1990年に世界保健に充てられた56億ドルのうち、20％強にあたるほぼ12億ドルをWHOが調達した（図1）。

シンプルだった資金の流れ

　これほどの資金調達能力をもち、世界保健を戦略的・科学的に主導できる組織は「世界保健機関」（WHO）しかなかった。これに対して、アメリカ政府の国際援助機関と「疾病対策センター」（CDC）の保健プログラムの予算規模は、二国間援助を中心として約8億5000万ドル、資金規模と影響力においてそれに次ぐ世界3位はフランスで、政府予算は6億ドル弱、非政府主体と民間ドナー（援助提供者）による世界保健への資金拠出は合計約5億ドルだった。そのほかに、貧しい国々の保健対策への国際援助は、WHO以外の国連専門機関と日本、イタリア、スウェーデンによって提供されていた。

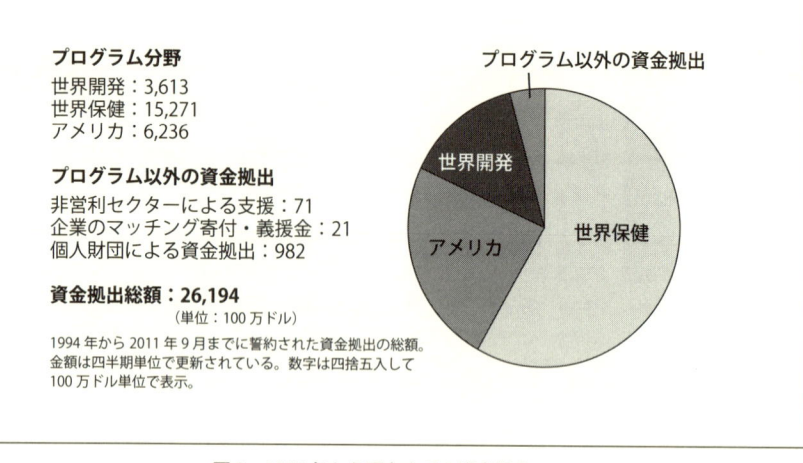

プログラム分野
世界開発：3,613
世界保健：15,271
アメリカ：6,236

プログラム以外の資金拠出
非営利セクターによる支援：71
企業のマッチング寄付・義援金：21
個人財団による資金拠出：982

資金拠出総額：26,194
（単位：100万ドル）
1994年から2011年9月までに誓約された資金拠出の総額。金額は四半期単位で更新されている。数字は四捨五入して100万ドル単位で表示。

図2　1994年から現在までの資金拠出

　1990年の世界保健の構成はきわめてシンプルで、ほぼすべての企画と資金が「上から下へ」、つまりジュネーブ（WHOの本部所在地）、アトランタ（アメリカの疾病対策センターの本部所在地）、ワシントンから貧しい国々へと流れていた[*1]。

見捨てられたエイズ

　しかしその後、10年以上にわたってHIV（エイズウイルス）が世界中で人命を奪い、エイズの流行に歯止めがかからなくなったにもかかわらず、世界全体のHIV対策予算は3億ドルにも満たなかった。「世界保健機関」（WHO）はHIVの感染拡大予防を最重要課題にせず、WHOのスタッフはエイズ対策プログラムへの資金拠出に関して、子どもの下痢性疾患対策などの重要課題の資金が奪われてしまうと公然と批判していた。

　WHOは1994年にエイズの世界的流行を見捨て、その世界エイズ対策プログラムを正式に打ち切った。その年、世界のHIV感染者数は推計1500万人、エイズによる死亡者数はほぼ100万人、新たな感染者数は320万人に達していた。HIVは世界全体に拡大し、治療薬はおろか科学的研究

や予防法などの見通しもほとんどないなかで「世界的流行」（パンデミック）が続いた。その状況の中でWHOはエイズ対策から手を引いたのだった。

エイズ対策の成果

翌1995年、「国連合同エイズ計画」（UNAIDS）が発足した。エイズ禍に対処する必要性から立ち上げられた「国連合同エイズ計画」は、世界保健機関（WHO）の権威と資金力に挑むことになる新たな多国間機関の初の事例となり、7つの国連機関の活動を調整して緊急対策をまとめ上げる役割を担った。

翌1996年、バンクーバーで開かれた「国際エイズ会議」において、製薬会社と研究機関の研究者たちが「エイズ治療法」を発表して大喝采を浴びた。それは抗HIV（エイズウイルス）薬をさまざまに組み合わせて毎日投与することによってHIVの増殖を抑える方法で、治癒には至らないまでも、エイズの発症を効果的に抑えるという希望をもたらすものであった。

その後の数週間に、欧米諸国で数万人のHIV感染者がこの新しい治療を受けて奇跡的な成果が生まれた。そして1997年には、先進国のHIV感染者は性別や年齢にかかわらずエイズを克服できること、さらには健康な人と同じ寿命も得られそうなことが明らかになった。しかし治療が複雑で、数万ドルもの薬代がかかるため、アフリカやアジア、中南米のHIV感染者には経済的に手の届くものではなかった。

2 「世界保健」をめぐる構成の変化

強大なビル・ゲイツの影響力

それ以降、世界保健に関わる活動主体が大きく変わった。アメリカの慈善事業家ビル・ゲイツがメリンダ夫人とともに1998年、「世界保健」を主要

＊1　図1は http://www.healthmetricsandevaluation.org/tools/data-visualization/development-assistance-health-channel-assistance-global-1990-2011#/overview/explore からダウンロードできる。

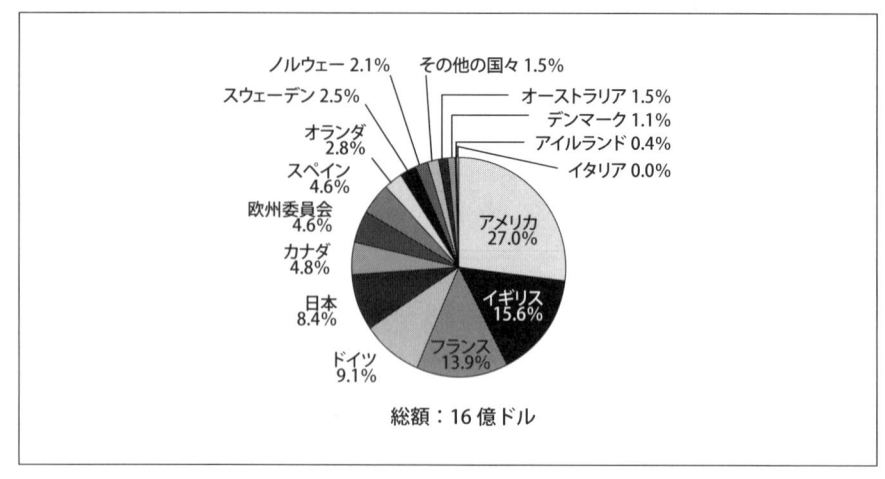

図3 エイズ対策の国際援助：2010年の世界全体の政府援助に占める各国の割合

（円グラフの内訳）
- アメリカ 27.0%
- イギリス 15.6%
- フランス 13.9%
- ドイツ 9.1%
- 日本 8.4%
- カナダ 4.8%
- 欧州委員会 4.6%
- スペイン 4.6%
- オランダ 2.8%
- スウェーデン 2.5%
- ノルウェー 2.1%
- その他の国々 1.5%
- オーストラリア 1.5%
- デンマーク 1.1%
- アイルランド 0.4%
- イタリア 0.0%

総額：16億ドル

活動目的とする財団を立ち上げ、翌年に12億ドルを世界保健のために拠出した。その「ビル&メリンダ・ゲイツ財団」は数々の保健目標を掲げているが、なかでも「子どもの予防ワクチン接種」を最大の目標としている。財団設立のきっかけとなったのはゲイツ夫妻がアフリカを訪れた際、はしか（麻疹）やポリオなど、もはや先進国ではワクチン接種で予防され、流行しない病気に子どもたちが苦しみ、死んでいくのを目の当たりにしたことだった。

ゲイツ財団の資金規模と目標の大きさに世界の慈善事業家はたちまち畏敬の念を起こされた。2003年にはビル・ゲイツがジュネーブでの年次「世界保健総会」（WHA）で基調講演に立ち、多くの出席者に、世界保健政策に対するこのコンピューターの億万長者ゲイツの影響力は、世界保健機関（WHO）以上ではないかとの印象を抱かせた。

支援団体と製薬業界の衝突

2000年に南アフリカのネルソン・マンデラ元大統領は、アフリカにおける抗HIV（エイズウイルス）薬の入手を根本的な道徳的責務と位置づけ、薬価の引き下げとエイズ予防・治療への資金援助を求めた。この時期には、

世界中の活動団体などが、抗HIV薬の安価な普遍的提供を求めて声を上げていた。

エイズ患者とHIV感染者のための支援運動は、抗HIV薬の特許を保有する欧米の製薬会社に主に矛先を向けていた。なぜなら、製薬会社側が抗HIV薬の価格を世界のHIV感染者の大半にとってあまりにも高く設定していたからだった。「国境なき医師団[2]」（MSF）、「アクト・アップ[3]」（ACT UP）、「オックスファム[4]」（OXFAM）などをはじめとする支援活動団体にとって、「世界保健」は「世界貿易機関」（WTO）の協定による特許権保護の打破を意味するようになった。この活動団体側と先端医薬業界の衝突は、世界保健のほぼすべての側面で分断を生み出すようになっていく。

グローバルファンドの確立

その2年後の2002年、アメリカのジョージ・W・ブッシュ大統領がアフリカとカリブ海諸国のエイズ対策に150億ドルを支出すると発表し、世界を驚かせた。南アフリカのマンデラ元大統領が2000年に訴えた内容と大きく重なるこの「アメリカ大統領緊急エイズ救援計画」（PEPFAR）は、早急に2004年初頭までに100万人以上、2011年までに500万人以上に抗HIV薬を提供するとした。

それと同時に、多国間の「世界エイズ・結核・マラリア対策基金」（グローバルファンド）も創設され、各国やNGO（非政府組織）のプログラムに数十億ドルの資金を拠出するという、前例のない仕組みが生まれた[*2]。

ミレニアム開発目標の策定に寄与

世界保健機関（WHO）は、独自の取り組みとして2000年に「マクロ経済学と保健委員会」を設置し、翌年世界の保健動向と一連の病気による社会的費用の分析をまとめた画期的な報告書を発表した。この報告書は、現状で

　＊2　http://www.actupny.org/reports/durban-mandela.html

世界の保健支出を60億ドルと推計したうえで、2007年までに実際に必要とされる支出は毎年270億ドルに拡大すると主張した——実際の2007年の世界の保健支出は204億ドルに達した。

この報告書は「ミレニアム開発目標」（MDGs）の策定において、HIV（エイズウイルス）撲滅への目標設定とマラリアによる世界の経済的負担の算定を通じて大きな役割を果たした[5]。

3 資金援助拡大の影響

資金援助の急増

世界保健の機運の高まりは、「世界経済フォーラム」のダボス会議、国連総会、G8（主要8カ国）サミットなど、世界で最も豊かな、そして力のある人々の会合にも広がった。2004年の時点で、財務相会合や首脳会議、世界銀行の年次総会など、あらゆる主要な国際会議で「世界保健」が議題に取り上げられるようになり、HIVとマラリアの対策プログラムが中心に位置づけられた。

さらに2008年半ばの時点で、「世界保健」に対する年間支出——民間団体、「アメリカ大統領緊急エイズ救援計画」（PEPFAR）、「世界エイズ・結核・マラリア対策基金」、開発途上国および援助国による支出総額——は260億ドルに達し、1998年比で約5倍増となった。

資金援助による二つの変化

めざましい資金援助の急増に伴って、世界保健の統治構造に二つの根本的変化が生じた。まず一つは、2002年以降、「世界保健機関」（WHO）は地位においても、ドナー支援に占める割合においても後退した。そしてもう一つは、数千に及ぶ新しいNGO（非政府組織）や国連関連の活動組織が保健分野に参入したことにより、混乱と複雑性が生じ、さらには世界保健のガバナンス（統治）に無秩序状態が生じるまでに至った。

勝利宣言

　世界保健のめざましい拡大の原動力となったのは、主としてエイズの「世界的流行」（パンデミック）に対する危機意識と対策活動だった。通常は資金調達規模が成功の尺度とされるため、アメリカ連邦議会が巨額の支出を承認した段階、あるいはビル・クリントン元大統領が企業から数億ドルの資金拠出の約束を取り付けた段階で、勝利が宣言された。

残る批判

　しかし、この成功の尺度は保健の「最大の焦点」を脇に置いてしまっていた。すなわち、どれだけ多くの"人命"を救っているかという点である。対象とする病気の予防と治療や、健康問題に関する明確な基準がなかったのみならず、成果に関するデータが不足していたり、さらにはデータがまとめられていなかったり、あるいは期待外れの成果しか上がっていなかったことで、急拡大した世界保健の取り組みも批判を免れなくなった。

　2008年の時点で世界保健は、個別的事例では大成功を収めながらも、拠出された資金によってどれだけの人命が救われ、どれだけの病気が予防され、あるいは病気の拡大が食い止められたのか、具体的な統計データとして示されない状態になっていた。

　加えて、世界保健全体を統轄する責任者は明らかに存在せず、多数のNGO（非政府組織）や国際組織が資金と社会的評価をめぐって公然と争っていた。世界保健は拡大の波に乗って政治的活動に変質し、G8（主要8カ国）や「経済協力開発機構」（OECD）に資金提供を求めるロビー活動に専念し、資金規模の拡大に傾注するようになってしまった。

Part 2
世界金融危機の波紋

資金拠出の減少

　2008年9月に発生した「世界金融危機」は世界保健のプログラム全般に混乱を引き起こす結果となったが、大部分のプログラムにおいて、実際に資金が減り始めたのは2年後のことだった。その2年間、世界保健に対する支出総額は260億ドル前後のままで推移した。

　ただし、ヨーロッパが経済共同体の崩壊危機に直面し、そのうちの数カ国が財政破綻の危機に陥ったことから、アメリカが資金拠出の大部分を担う構図がさらに強まった。2011年初頭までに、「二つのワシントン」、つまりアメリカのワシントン州シアトルと首都ワシントンが資金拠出の「二大拠点」となった。シアトルにある「ビル＆メリンダ・ゲイツ財団」は民間資金援助のまぎれもないリーダーであり、首都のアメリカ政府は公共セクターの資金拠出における圧倒的な存在だった。

効率化と統合化を模索

　資金拠出の減少とともに[*3]、世界保健の活動組織は効率化と統合化に的を合わせ、提供された資金1ドル（あるいは1ユーロ、1円）当たりの活動成果を高める方策を模索するようになった。そのさなか、「世界エイズ・結核・マラリア対策基金」の数カ国における援助資金に数百万ドルの不適切な支出があったことが発覚した。

　2010年の「世界エイズ・結核・マラリア対策基金」の援助支出は誓約額を50億ドル下回る結果となり、2011年に、同基金の理事会は、翌年の活動資金として45億ドルの追加拠出をドナー側に求め、さらに「ミレニアム

開発目標」(MDGs)の2015年の達成に向けて、200億ドルの拠出も要請した。ドナー側はこの要請に反発して、基金運営の改革を要求し、2012〜2015年の拠出誓約額は117億ドルにとどまった。

　ドナー側の資金拠出が大幅に減少するなか、「世界エイズ・結核・マラリア対策基金」の理事会は、新規の無償資金援助を見合わせ、幹部の人員整理を行なうとともに、大幅な再編に踏み切った。しかしながら、「世界エイズ・結核・マラリア対策基金」は世界のマラリア対策の60%強、結核対策の25%を担っていた。多くの国が基金に依存していたため、その基金が破綻する事態は許容できることではなく、破綻はとくにマラリアと結核により、何百万人もの命が失われることを意味していた。

WHOの財政危機とゲイツ財団の支配拡大

　それと同時期に、「世界保健機関」(WHO)も財政危機に陥った。WHOの2011/12年度収支予算(WHOは2年制予算)に10億ドル超の不足が生じ、マーガレット・チャン事務局長は20%の人員削減を余儀なくされ、WHOは全般的な支出削減、プログラムの規模縮小、任務の見直しを迫られた。

　スイスのジュネーブに本部を置くWHOと「世界エイズ・結核・マラリア対策基金」にとってさらに悪いことに、アメリカとヨーロッパの景気後退を受けて、通貨市場ではドルとユーロを売ってスイスフランを買う動きが急激に広がった。2011年夏にスイスフラン相場は32%高騰し、WHOと「世界エイズ・結核・マラリア対策基金」は本部職員の給与と、その子女の教育手当の支払いに困難が生じた。どちらの組織でも職員の士気が急低下

　　＊3　http://blogs.worldbank.org/health/putting-humpty-dumpty-back-together-again, and http://www.businessweek.com/news/2012-01-17/financial-crisis-may-kill-in-congo-as-global-health-aid-stalls.html
and http://www.irinnews.org/report.aspx?ReportId=94781
and http://www.un.org/apps/news/story.asp?NewsID=41059&Cr=UNICEF&Cr1
and http://content.healthaffairs.org/content/31/1/228.full.pdf+html
and The other crisis the economics and financing.pdf

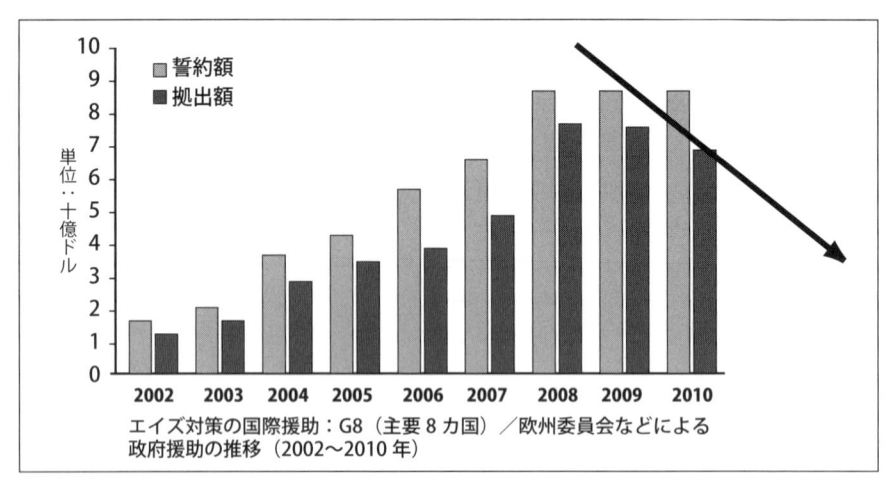

エイズ対策の国際援助：G8（主要8カ国）／欧州委員会などによる政府援助の推移（2002〜2010年）

図4　資金の急減

し、2000年から2007年までの大きな勢いがたちまち反転してしまった。

　世界保健に対する資金拠出がしぼんだことにより、小規模なNGO（非政府組織）から強力な国際機関まで、あらゆる活動主体が効率性と説明責任の向上を迫られた。しかし、大きな例外となったのが「GAVIアライアンス」（ワクチンと予防接種のための世界同盟）だった。

　「GAVIアライアンス」は2000年代前半に「ビル&メリンダ・ゲイツ財団」の強力な支援によって規模を拡大する一方で、やはり運営と組織に関する問題に直面した。しかし、それは世界金融危機の影響が世界保健に及ぶ前のことであったため、世界保健機関（WHO）と「世界エイズ・結核・マラリア対策基金」が組織内の問題と資金拠出の減少に苦しむなかで、「GAVIアライアンス」はすでに組織の再編、人望の厚い新CEO（最高経営責任者）の起用に加え、予防ワクチン接種を提供した子どもの数や命を救われた子どもの数など、活動成果に関する情報を開示するデータベースの整備も終えていた。

　その結果、「GAVIアライアンス」は2011年に要請額を大きく上回る資金を獲得した。その背景には、イギリスのデービッド・キャメロン（David

Cameron）首相が同国の国際保健援助の大部分を「GAVI アライアンス」に振り向ける方針を決めたことが大きかった。

改善の兆しとその背景

2008 年の世界金融危機は世界保健に対する資金拠出の減少につながった一方、かなりの状況改善を生み出す結果となり、「世界エイズ・結核・マラリア対策基金」などの主要 NGO（非政府組織）における組織運営の刷新にもつながった。世界金融危機以後の世界保健は依然厳しい状況に置かれているが*4、これまでのところ、国際組織に対する影響は「改善」につながってきている。その背景には、

① 主要なドナー（援助提供者）が受益国側のオーナシップと保健プログラムへの関与拡大を求めていること、
② NGO がこぞって無駄や過剰な経費に目を光らせていること、
③ そして政策の焦点が、「ユニバーサル・ヘルス・カバレッジ[6]」（UHC：すべての人が必要な保健医療サービスを受けられる手だて）と保健システムのインフラ整備に向けられるようになったこと、

がある。

それと並行するかたちで、2000 年代前半に世界保健のプログラムの中心的対象となっていた多くの貧しい国が 2008 年以降、天然資源産業の発展や「南南投資」の増加、安価な労働力に引きつけられた外国企業の進出、地域開発計画の成功などを受けて、保健を含む公共財への政府支出を拡大できるようになった。

＊4　SIXTY-FIFTH WORLD HEALTH ASSEMBLY A65/29 Add.1, Provisional agenda item 16.2 5 April 2012, ANNEX, Voluntary, contributions by fund and by donor for the financial period 2010–2011; SIXTY-FIFTH WORLD HEALTH ASSEMBLY A65/30
Provisional agenda item 16.3 5 April 2012, Status of collection of assessed contributions, including Member States in arrears in the payment of their contributions to an extent that would justify invoking Article 7 of the Constitution Report by the Secretariat

問われる世界保健のあり方

　しかしながら、貧しい国々の保健政策の「長期的課題」はすべての面において、2008年以降の世界保健の取り組みの調整ペースでは対応しきれない恐れがある。とくに資金調達面での依存度など、世界保健のあり方全体を抜本的に改めないかぎり、「ミレニアム開発目標」（MDGs）が達成期限を迎える2015年以降の見通しは厳しくなる。世界保健の有力指導者たちから大規模な再編案がいくつか提示されているが、いずれも現在の世界情勢に生じている圧倒的な変化[*5]に対処できる水準には達していない。

　　＊5　次の資料も参照されたい。http://www.aicpa.org/research/cpahorizons2025/globalforces/downloadabledocuments/globaltrends.pdf

Part 3
世界保健の現況

二つの教訓

　現在、ほとんどのNGO（非政府組織）や各国の保健省、国際機関・組織が費用を引き下げつつ"保健サービス"を拡充することと、「説明責任」と「成果の測定」を向上させることに苦慮している。しかし、過去10年の経験から「二つ」の大きな教訓が浮かび上がっている。

　その一つは「依存は危険である」ということで、とくに単一の財源、または国に圧倒的部分を頼っている場合はそうである。もう一つは、世界保健の構成と目標が合理的な議論を経ることなしに、たちまち大きく変わるおそれがあり、それに伴って不測の影響を生みだしかねないということである。

アメリカにのしかかる負担

　世界保健の予算獲得を目指す政治的闘争が、最も効果的に展開されたのはアメリカで、国際保健援助に対する支出が、第2期クリントン政権時代（1997～2001）の年間約5億ドルから、2012会計年度の予算81億6786万ドルへと激増した。しかも、この予算額は連邦議会の深い分断と景気後退のさなかに承認された（このうち、55億4000万ドルはHIV〈エイズウイルス〉／エイズ対策プログラムと「世界エイズ・結核・マラリア対策基金」に振り向けられた）。これほど着実に資金拠出を拡大させたドナー（資金提供者）はほかにない。

　「世界銀行」と「国際通貨基金」（IMF）は、持論としてきた財政緊縮策を自らも採るようドナー側から迫られるなかで、保健分野を支える方法を見つけあぐねている。景気後退のなかで、欧州からの世界保健援助の大部分は

南欧諸国では消滅*6、もしくは縮減した。これにより、アメリカにのしかかる負担が増したが、そのアメリカも現在は連邦政府の支出と国家債務、財政赤字、税制をめぐる深刻な政治対立のさなかにある。

予算削減の流れ

　2009年に発足したオバマ政権下の最初の2年間は、国際援助の今後のあり方をめぐる政権内の対立と議論によって空費された。2010年に妥協案として、複数の政府機関が運営にあたる援助プログラムを統合して、国務省管轄の「世界保健構想」が成立した。しかし、2011年後半にはヒラリー・クリントン国務長官が「エイズのない世代」を生み出そうと訴え、世界保健構想に対する不満感を示した。結局、世界保健構想は2012年夏に全面的に打ち切られた。

　同年12月、クリントン国務長官が世界保健に関する取り組みの統括権限を各国駐在大使に移管し、HIV、マラリア、結核、保健システムやその他の保健関連国際援助プログラム全般の監督にあたる「世界保健外交室」を新設した。

　世論調査によると、アメリカ国民はアフリカでのHIV治療やバングラデシュでの子どもの保健対策などに税金を投入することを強く支持している。しかし、連邦政府予算に占めるそうした対外援助の割合が、実際には全体の1%未満にもかかわらず、25%にものぼると勘違いしている。アメリカ政府が世界保健に対する政策の優先順位と取り組み体制を変更したうえに、国民がその費用を正確に把握していないことによって、アメリカの世界保健に対する使命は大きく傷つけられ、予算の削減に行き着くおそれがある。

　2013会計年度に関してどのような妥協が成立しようとも、アメリカ政府の財政見通しは、長期的に全面的な支出削減を要する状態にあり、国際援助プログラムもその例外ではない。世界では現在、世界保健のプログラムに対するBRICS（ブラジル、ロシア、インド、中国、南アフリカ）からの援助を拡大し、革新的な資金調達の仕組みを採り入れてドナー（資金提供者）の

基盤を広げることが論じられている。しかしそれでも、アメリカが資金拠出を"数十億"ドル減らした場合に、それを速やかに補う規模には達しない公算が大きい。

また、投機目的の国際通貨取引に課税する「ロビン・フッド税」のような革新的な資金調達方法を採り入れたとしても、それによって得られる資金が「世界保健」に投じられるとは限らず、気候変動対策から女子教育、農業開発、貧困削減にいたるまで、取り組みに値するプログラムは多数にのぼる。

ゲイツ財団の圧倒的影響力

「ビル＆メリンダ・ゲイツ財団」が圧倒的な影響力を持つようになったことから問題も出てきている。それは、ゲイツ財団の劇的な登場の後、それまで長年にわたって世界保健に関与してきた組織のいくつかが撤退または関与を縮小したことである。「ゲイツ財団が代わってくれる」と受け止めてのことだったが、このことから長く尾を引く問題が生じることになろう。

ゲイツ財団もほかのドナー（資金提供者）との協力を通じて、規模と影響力を拡大しようとしているが、それでもやはりほかの活動主体との圧倒的な規模の違いから、ゲイツ財団が世界保健の議題設定と取り組みの主導に絶大な影響力を持つようになったため、取り組み対象から外れてしまう課題が出てくる危険性がある。

「二つのワシントン」

このまま 21 世紀が終わるまで、持続可能性の課題を一国の議会や一家族の善意だけに頼ることは不可能である。「二つのワシントン」（アメリカ政府とゲイツ財団）に影響力が集中している現状は、あまりにも大きな政策権限が少数の手に握られている点と、世界保健の資金が一家族の個人的な意向

＊6 http://www.trust.org/alertnet/news/funding-cuts-imperil-european-fight-against-tb-hiv/
And http://www.ghd-net.org/sites/default/files/Health percent20Diplomacy percent20Monitor percent20Volume percent203 percent20Issue percent204.pdf

や、分断した議会に左右されかねないという点の両方において危険である。現に、アメリカ連邦議会の2011～2012年会期は民主・共和両党の深い分断からアメリカ史上最悪の議会運営となった。

世界保健の医療化

　世界保健の「構成」と「目標」に関する教訓について、世界保健唱道者はさほど議論していないが、長期的には「依存」の教訓と同様の危険性をはらんでいる。世界保健の予算拡大において、最大の原動力となったのはHIV（エイズウイルス）治療に対する"平等化"を訴える要求であり、資金の最大部分がその目的に振り向けられた。

　その過程において、本格的な計画や戦略的議論がなされないまま、世界保健は古典的な公衆衛生から慢性疾患に対する「生涯治療」の提供を目指す使命に変容した。端的に言えば、世界保健が"医療化"したのである。

　世界全体で医療従事者が約470万人不足しているさなかのこの変容は、医療システムにたちまち重大な負担をもたらした。サハラ以南アフリカだけでも医療従事者の不足は少なくとも100万人に及んでいる。そのため、HIV治療の提供が広がるなかで、医療上のニーズと公衆衛生上のニーズに大きな競争が生じる結果となった。すなわち、医師、看護師、病室、あらゆる専門医療サービスの奪い合いである。

　各国政府が医療サービス統合の仕方を学んでいくにつれ、競争はある程度まで軽減したが、それでもなお、世界保健の"医療化"を進めていく最善の方法に関する戦略的な議論は始まったばかりである。さらに2011年、国連総会の「非感染性疾患」に関する審議がその負担に追い打ちをかけ、糖尿病、心臓病、ガンの治療にあたる人的資源とインフラの需要を高め、世界保健の概念そのものをいっそう"医療化"させたのである。

WHOの影響力の衰退

　構成的に見ると、「世界保健」に対する資金拠出の拡大とその後の縮小に

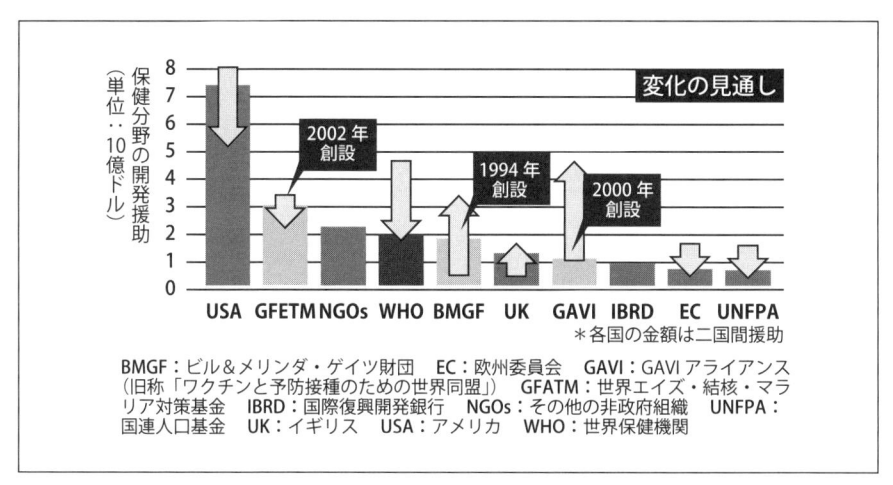

図5 世界保健の2012～2013年の動向

よって、力関係と影響力に根本的な変化が引き起こされた。新たな「多国間機関」の台頭によって、「世界保健機関」（WHO）の影響力が衰退の一途をたどっただけでなく、資金の流れに沿って「世界保健」の目標の優先順位までもが変化した。現在、社会的議論をまったく欠いた状態で根本的な再編が進んでいる。

今後の見通し

今後の見通しとして、アメリカ政府は資金拠出と二国間の保健プログラムを縮小させていくことになると見られるが、それでも予見しうる将来においてアメリカが最大のドナー（資金提供者）であり続けるであろう。一方、ゲイツ財団による着実な支援拡大は今後も続き、その資金の大部分は新技術とその革新的な活用に向けられるだろう。

「世界エイズ・結核・マラリア対策基金」は支援資金の急激な落ち込みがあったものの、その後の組織再編と新指導体制のもとで、規模こそ縮小しても安定的基盤のドナーであり続けると考えられる。これに対し、「世界保健機関」は、中核的プログラムに対する資金援助を大幅に拡大させることがで

きないかぎり、資金規模の縮小を避けることはできない。その資金援助の拡大には加盟各国の「課税強化」が必要となるが、世界保健総会（WHA）がそれを承認することは考えにくい。

　全体として、この「再編」は一握りの病気や構想に取り組もうとする国際社会の姿勢を映し出している。すなわち、エイズ・結核・マラリアの治療と予防、子どもの予防ワクチン接種、医療技術の研究開発、それらに大きく離れて続くのが妊産婦死亡率の引き下げ、子ども生存率の引き上げ、そしておそらくは医療システムの強化であろう。

　こういった構成に完全に欠けているのが、2015年以降の「保健ミレニアム目標」となる可能性の高い「ユニバーサル・ヘルス・カバレッジ」（UHC：すべての人が必要な医療サービスを受けられる手だて）に向けた明確なリーダーシップと専門的指導である。

Part 4
直面する5つの課題

課題【1】 持続可能な資金調達

自立への道

　自国の公共財、とくに「保健」を外部の支援に大きく頼ってきたいくつかの国は現在、自国の財源による自立的実施への移行を図っている。その先頭に立ったのは「南アフリカ」で、医療への普遍的権利を含む国内保健政策のすべてについて、2020年までに、早ければ2015年までに外部支援を完全に切り離す目標を打ち出した。

　2010年の南アフリカのODA（政府開発援助）受け入れ額は、ピーク時の2008年比で約9%減となっている。その背景には、南アフリカの全般的な海外資金依存度の低下がある。しかし、最貧国の場合、とくに採鉱資源産業を持たない最貧国が、今後10年以内に自立能力を得る見込みは乏しい。保健政策が最も必要とされている中東、南アジア、東アジア、サハラ以南アフリカの諸国において、ニーズを満たせる水準の税収を確保することが最も困難になっている。

新興経済大国への援助の複雑性

　そのうえ、新興経済大国でさえ援助を受け続けており、複雑な構図となっている。「中国」については、2005年に21億ドルだったODA受け入れ額が、2010年には6億4600万ドルまで減少すると同時に、1億900万ドルを多国間支援に拠出している。

　これと対照的に「インド」は、GDP（国内総生産）の大幅な伸びにもかかわらず、ODA受け入れ額が2007〜2010年の間に2倍以上に膨らみ、28

億ドルに達した。その約20%は「世界エイズ・結核・マラリア対策基金」を含む、多国間機関からの援助である。

「ブラジル」のODA受け入れ額は、2006〜2010年の間に5倍増となった。ただし、総額は5億5100万ドルにとどまっており、その8%は多国間機関からのものである。このような新興経済大国三国が「保健」と「開発」を外部支援に頼り続けているなかで、それよりもずっと貧しい国々が自立に苦慮していることは驚くにあたらない。

実際のところ、世界保健への資金提供の急激な増加が、被援助国が自国の「保健プログラム」に対する財源を「維持するのか、増やすのか」という責任に、好影響を及ぼすのか、それとも悪影響を及ぼすのかについては、かなりの論争がなされている。

ことに精査されているのが「インド」である。20年前の時点で最貧国の一つだったインド経済は過去10年間に急成長を遂げ、48人の億万長者を出すまでに至った（そのうち10人はアメリカ在住）。しかし、これほどの国富のめざましい増加にもかかわらず、インド国民の大半にとって医療の質と入手可能性はなおもひどい状態にあり、子どものほぼ半数が慢性的な栄養不良で発育を阻害されている。そうしたなかで、医療改革は中央政府と地方政府の責任をめぐる論争のなかで停滞している。

「課税案」の提言と問題

被援助国の自立能力を高めるうえで、多くのドナー（資金提供者）が革新的な資金調達方法による財源確保を働きかけている。また、「国連合同エイズ計画」（UNAIDS）は、サハラ以南アフリカ諸国に年間155億ドルの増収をもたらす可能性のある「課税案」を提言している。しかし、この構想にはいくつもの問題点がある。まず、課税対象となる製品やサービスの流れを把握して、確実に課税できる汚職なき体制を確立する必要がある。

また、この構想は、各国の財政大臣が歳入増加分のすべてを「保健」に充てることに同意することを前提としているが、現実には公共財や軍備、イン

フラなど、資金を必要とする分野が多々ある。さらに、携帯電話や国内線航空券などに対する課税は逆累進性を帯びやすく、貧困層に応分以上の経済的負担が及ぶことになる。

「ロビン・フッド税」構想
　「世界銀行」と「ビル＆メリンダ・ゲイツ財団」は、タバコとアルコール製品への課税強化や、いわゆる「ロビン・フッド税」の導入、さまざまな通貨計画など、革新的な資金調達方法の構想を打ち出している。しかし、このような革新的手法を採り入れて、歳入を世界保健に充てることへの政治的意思が得られうるとしても、現状の保健各分野と拡大した医療システムに対する資金需要、そして「ユニバーサル・ヘルス・カバレッジ」（UHC）の目標を満たすには、年間約2110億ドルが必要であるのに対し、見込める歳入は年間1650億ドルにしかならない。

二つの論点
　それとは別に、「国連合同エイズ計画」（UNAIDS）は、年間2580億ドルの増収をもたらしうる四つの「革新的なプログラム」を提言している。この構想が実現した場合、最大で4280億ドルの基金が確保され、世界の保健需要を満たしてなお余りあることになる。しかし、これらの構想はどれも、気候変動対策や国連システム、国連平和維持活動の通常予算化、および他の世界的なプログラムの財源としても取りざたされている。
　もし、このような「国際課税制度」を支持する政治的意思がまとめ上げられたとしても、世界保健は資金が振り向けられる数ある対象のなかの一つに過ぎない。「国連合同エイズ計画」は、「二つ」の論点からHIV（エイズウイルス）治療・予防に対する支援の拡大と資金面での優先的扱いを訴えている。
　第一に、治療と予防に何十億ドルの資金をつぎ込めば、人々の健康が維持され、国全体の生産性が向上し、入院治療などの医療費が抑えられることに

なり、したがって長期的に各国の社会費用が縮減する。

　第二に、HIV感染者に抗HIV薬を投与することにより、HIVの血中ウイルス量が高い感染者が劇的に減り、したがって感染が急減することになる。つまり、現時点で資金をつぎ込めば将来の費用が低減するという論点である。この「国連合同エイズ計画」（UNAIDS）の二つの論点は、HIV感染の減少を示す最近のデータによっても裏付けられている。

「いのち」の値段は？

　世界保健の国際機関と活動家は活動成果の指標の改善にも力を傾け、「費用」と救われる「人命」との相関関係を捉えるようになっている。たとえば「国連合同エイズ計画」は、今後17年間に1人当たり4090ドルの費用で、合計740万人の命を救えるとしている。しかし、このような計算が信頼できるものであるとしても、ドナー（資金提供者）側に「命の値段は？」と問わせることにならざるを得ない。

課題【2】　世界の「富」の偏在

富豪経済のあくなき拡大

　世界の秩序と経済の性格は根本的変化の中にある。その変化を引き起こしているのは、世界の資本と富を握る巨大な多国籍企業や、資産家たちである。2012年の世界で、上海在住の億万長者は同じ中国の人々よりも、ロンドンやアブダビ、リオデジャネイロ、ロサンゼルスの金融取引相手と共通の利害関係や政治観を持つまでに至っている。

　シティバンク／ナイト・フランクの2012年版『ウェルス・リポート』（富に関するリポート）は、

　　「最も裕福な1％の人々の富が一般市民の富よりもはるかに速く拡大する現象、すなわち『富豪』経済のあくなき拡大」

を指摘している。このリポートは、個人資産が億ドル単位に達している「センタミリオネア」の増加ぶりを捉え、2011年の数字で231兆ドルの世

界の「富」のうち、39兆9000億ドルをセンタミリオネアが握っているとしている。2016年までにセンタミリオネアは主に中国、インド、ロシア、シンガポール、香港、ブラジルで増加し、世界全体では37%増加する見通しにあるという。

世界は完全に反転する？

　さらに、このリポートでシティバンクは、2050年までに国家経済の観点から「世界は完全に反転する」と予測している。その予測では、インドが約86兆ドルの国内総生産（GDP）で世界のトップに立ち、次いで中国が80兆ドルで2位、それに大きく引き離されて、アメリカが39兆ドルで3位に続くことになるという。以下はインドネシア、ブラジル、ナイジェリア、ロシア、メキシコ、日本、エジプトで、ヨーロッパ諸国は一つも上位10カ国に入っていない。

　絶対額ベースの「国富」で見れば、このような世界の「序列」の根本的転換が起こることになる。しかし、「経済協力開発機構」（OECD）がまとめた、一人当たり国内総生産と購買力平価にもとづく2060年の世界ランクはこれとは大きく異なり、アメリカがトップで、以下はカナダ、ドイツ、イギリス、日本、フランスの順に続く。中国とインドは「トップ20」の最下位に名を連ねるにとどまる。

　このように、「世界保健」「気候変動」「資源入手」など、国境を超えた問題の将来は、どちらのマクロ経済指標が世界の力関係を正確に映し出しているのかによって左右される。すなわち、「絶対額」での国富の規模なのか、それとも「一人当たりの国内総生産」という、相対的な国富の配分状態なのか──。

縮まらない格差

　世界の大半の国で人々の富の格差が拡大しており、新興財閥の上位1%、あるいは国民の0.1%に富が集中している。西側諸国の中間層は規模におい

ても相対的な個人資産規模においても縮小している。これに対し、中国、インド、インドネシアなど、多くの東南アジア諸国では経済成長とともに中間層が拡大している。しかし、富裕層上位1%の資産合計との比較で見れば、これら諸国の中間層の資産の総体はわずかでしかない。中間層が追いつこうとしても、富裕層はそれより先に進み続けているという状態である。

富の拡大の源泉

　アメリカにおける富裕層上位1%の富の拡大の源泉について、ノーベル経済学賞受賞者のマイケル・スペンス（Michael Spence[7]）は「非貿易財部門」にあるとしている。――非貿易財とは、金融や保険など、貿易できないサービス。これに対し貿易財は、たとえば飛行機や鉄道車両、半導体、家具のような製品を指す。

　このような状態のなかで、経済繁栄から雇用と株式による配当が切り離される結果となっている。たとえばアメリカの場合、企業収益が2008年以降に大きく上昇していながら、失業率は高止まりし、株式による配当は低下している。これに対し、新興国の富裕層上位1%の富の拡大は「二つ」の基本的源泉から生じている。それは安価な労働力と、エネルギー・鉱物・森林・食糧資源である。

もはや依存と慈善は通用しない

　このようなマクロ経済の趨勢から、世界の保健と開発の取り組み――長期にわたって「貧しい国」「新興経済大国」「豊かな国」として色分けしてきた――は一つの「難題」に突き当たることになる。さらにいうと、国の中でも色づけが混在しているために、「貧しい国」と「豊かな国」の区別が正確に当てはまる国が減っていくという"難題"である。

　「国連合同エイズ計画」（UNAIDS）のチーフサイエンティストを務めるベルンハルト・シュワルトランダー博士（Dr.Bernhard Schwartlander。UNAIDSの実証・戦略・成果局の局長）は、2013年夏の第19回「国際エ

イズ会議」で、次のように述べた。
　「私たちが予防と治療への普遍的利用と、世界エイズ・結核・マラリア対策基金の創設を求めて闘い始めた2000年の時点で、HIV（エイズウイルス）感染者の70%が低所得国に暮らしていた。しかし、今から8年後、その数字はわずか13%になる」
　「この複雑な新しい世界にあっても貧困は依然として大きな問題なのだが、豊かな国と貧しい国という単純な区別ができる時代は終わった」
　「それとともに、私たちは依存と慈善という概念、そしてこれまでの思考と行動の考え方を捨てなければならない」

新富裕層の投資パターン

　世界の富のあり方が変わるとともに、「公共財」と「グローバルガバナンス」（統治）の概念も同様に失望させられるような方向に変化している。事実、新たな超富裕層は、美術品や不動産、宝飾品、ヨットなど、さしたる雇用拡大を生み出さない「有形資産」に投資している。
　「ウォーレン・バフェット／ビル・ゲイツ現象[8]」は起こらず、新たな超富裕層は、東南アジア諸国の下痢性疾患や西アフリカのマラリア、サハラ以南アフリカのHIV、ラテンアメリカの貧困層の糖尿病などといった問題に、慈善家として積極関与しようとしていない。彼らは、地元の美術館やガン患者支援団体などに多額の寄付をすることはあっても、かなり複雑な活動や遠く離れた国々の貧困層のための活動、あるいは政府の責任と見なされている問題に寄付しようとはしない。

流動性の罠

　最後の点として、世界は現在、「流動性の罠」に陥っており、超富裕層も新興国も、「現金資産」をグローバル経済から切り離している。コンサルティング会社マッキンゼーによる最近の推計では、現在32兆ドル相当の資産がタックスヘイブン（租税回避地）に秘匿されている。この額は一般市民

1000万人の資産に相当する。この推計が正しいとすれば、世界の富の13％が休眠状態にあり、雇用の創出や製品・有形資産の生産につながっていない。

　さらに加えて、2008年以降に急成長した新興国は、慎重を期して政府系ファンド（ソブリンファンド）の流動性を確保し、支出を中程度に抑えている。2010年の時点で、新興国の政府系ファンドの資産規模は合計3兆5000億ドルに達し、年間9％のペースで拡大している。

　とくにアジア諸国と中東諸国の政府系ファンドの規模が大きく、2010年時点で、世界各地の肥沃な耕作適地を含む不動産への投資に「仮置き」されていた。さらに、2012年までに、新興国の政府系ファンドの資産規模は合計4兆6000億ドルを突破した。世界が一部諸国の景気後退と世界的な経済不況に苦しむなかで、世界の資本の約15％が休眠状態にある。

　世界保健のための次なる闘いの段階では、「北」から「南」への"慈善"という旧来の捉え方を捨てなければならない。なぜならば、世界人口のほんのごく一部に資本と富が集中する傾向がさらに進むにつれ、公共財の劣化が、豊かな国でも貧しい国でも進むおそれがあるからである。一方、開発に成功した国々では、非感染性疾患への対策が増えるにつれて、保健ニーズが複雑化し、大きな費用を伴うようになっている。

貧富の格差と子どもの生存率
　ユニセフ（国連児童基金）が世界各地の現地職員を対象に行なった調査では、2010年代において子どもの健康に「最大の脅威」となるのは、社会における「経済的格差の拡大」であるという、重大な問題意識が浮かび上がっている。有力な国際NGO（非政府組織）である「セーブ・ザ・チルドレン」は、2012年末に発表したリポートにおいて、次のように指摘している。
　「調査対象とした32カ国において、所得上位10％の家庭の『子ども一人
　　当たりに使える所得』は所得下位10％の家庭のそれの35倍に及び……

上位10％の人びとの所得は下位10％の人びとの所得の17倍に達している」

　最近の別の分析結果でも、「貧富の格差」と「子どもの生存率」に明確な相関関係が確認されており、ますます人口の小さな部分に「富の集中」が進むことにより、事実上、「貧困家庭の子どもを殺すことになっている」としている。

保健・医療の平等性か技術水準か
　世界銀行が70カ国を対象に行なった2012年の調査結果は、保健における「平等の促進」に大きな壁があることを浮き彫りにしている。専門家の見解とは裏腹に、豊かな国でも貧しい国でも、保健サービスの「平等な利用」よりも、保健サービスの「質的向上」と「刷新」を望む意見のほうが多い。この調査報告書は次のように指摘している。
　「これら70カ国の人々は、保健における平等性と公平性を高所得国の
　　人々ほどには重視していないのではないか」

　つまり各国の人々は、医療サービスが平等に受けられることよりも、最も裕福な人たちが受けられる医療サービスの質を、社会の医療成功の重要な基準と考えているのではないか。

景気後退と疾病の増加
　このように、人々が医療の質を、平等性よりも「技術水準」の高さで判断しがちな傾向ゆえに、景気後退下にある国々では世界保健の推進に、大きな挑戦課題が生じることになる。
　アメリカでは約5000万人が医療保険に加入しておらず、医療費負担が個人破産の最大理由となっているにもかかわらず、世論調査では一貫して「アメリカの医療は世界最高水準である」という見方が主流を占めている。これ

と同じ状況が、2008年の世界金融危機後にヨーロッパ諸国でも発生した。

「ギリシャ」では、国際通貨基金（IMF）とEU（欧州連合）の要請によって、数度にわたる財政緊縮措置が取られ、2009年初頭から保健・医療サービスに対する支出が大幅に削減された。その後、2012年までに自殺率と精神疾患の罹患率が急激に上昇した。また、ギリシャ全域で医薬品に不足が生じ*7、病院内の衛生状態と基礎的医療の質も大幅に悪化したため、医師たちが患者に入院を見合わせるよう、勧告する事態となった。その結果、HIV（エイズウイルス）感染が増加し、第二次世界大戦時以来となるマラリアの流行も発生した*8。さらに「デング熱」も、ほぼ100年ぶりの感染が報告された。

「ポルトガル」では死亡率が上昇し、多数の失業者が経済的事情で腎臓病の透析治療を受けられなくなった。アメリカでは、2012年の世論調査で、医療費負担によって経済的に「とても苦しい状態にある」と答えた人が26％に及び、景気後退とともに自殺率が急上昇した。また、経済的理由で病気の治療を見合わせていると答えた人が58％にも及んだ。

「ビンから出たジニ」のシナリオ

今後の10年間も、このような経済的格差が続く（あるいはさらに悪化する）のだろうか。「アメリカ国家情報会議」（NIC）がまとめた報告書『世界潮流2030』は、相反するように見える二つの動向を予測している。すなわち、「ジニ係数」[9]の低下と所得格差の拡大が起こる一方で、中間層が世界的に拡大するという。

報告書は次のように指摘している。

 「大部分の開発途上国において、今後15〜20年に中間層の絶対数も人口に占める割合も大幅に増加する見通しにある」

しかし、世界全体の中間層の資産を合わせても、所得上位2％の人々の莫大な資産に比べればわずかなものに過ぎない。これは結果として「ビン

から出たジニ」——ビンに閉じ込められていた精霊（精霊 Jinn とジニ係数の Gini を掛けている）が大暴れする（周囲に大きな影響を与える）ということ。つまり格差の拡大が世界中のあちこちで社会不安や暴動を引き起こす——というシナリオを描いている。さらに、報告書『世界潮流 2030』は以下のようにも指摘する。

　「世界全体の国内総生産（GDP）の増加とともに世界はより豊かになっていくが、持てる者と持たざる者との格差がさらに拡大して固定化しやすくなり、世界の幸福度が下がることになる。世界は、自己増強的な二つの循環によって規定されるようになっていく。その一つは、さらなる繁栄につながる"好循環"で、もう一つは、貧困と不安定化につながる"悪循環"である。政治と社会に緊張が高まり、世界の国々が勝ち組と負け組にはっきりと分かれることになる」

富裕層への怒りの声

　世界では現在、富裕層への「課税強化」を訴える「怒りの声」が高まっている。こうした要求に対し、ほとんどの国の富裕層は国外に資産を移したり、有能な弁護士を多数雇って合法的な資産隠しをしたり、課税強化と大きな政府に反対する政治活動に献金している。
　アメリカでは共和党の保守勢力「ティーパーティー」が連邦政府予算を選挙の争点に据え、歳出削減と減税、財政赤字と国家債務の計画的な大幅削減を訴えた。こうした目標は、保健をはじめとするあらゆる「公共財」（国内外を問わず）への支出を劇的に減らさない限り、達成できない。共和党が 2012 年の選挙で敗れたことは、「政府」とその公共財が政治的攻撃から守られうることを示す事例として解釈されている。しかし、各国の超富裕層が、世界の貧しい人々の保健・医療サービスのために巨万の富を譲ることを見込

　＊7　http://www.nature.com/nm/journal/v18/n12/full/nm1212-1719.html?WT.ec_id=NM-201212
　＊8　http://www.episouthnetwork.org/sites/default/files/bulletin_file/eweb_241_31_10_12.pdf; http://wwwnc.cdc.gov/travel/notices/outbreak-notice/malaria-greece-sept-2012.htm

むのは早計というものであろう。

課題【3】　世界保健の新たな使命
寿命と死因の劇的変化

　世界保健の動向に関する科学的調査として、史上最大の規模で実施された「世界疾病負担研究（GBD）2010」は、2012年末に結果が公表され、世界全域で「劇的な変化」が進んでいることが明らかにされた。

　世界の人口は長寿化しているが、人々は寿命が延びた年数の大部分を、健康の悪化や「慢性疾患」で苦しんでいる。また、主として世界保健プログラムの成功によって、1990～2010年の間に「感染性疾患」による死亡率は急減し、5歳未満の子どもの死も減少し、70歳、80歳を超える高齢者が増えている。

　この「寿命」と「死因」の劇的変化から、世界保健の取り組みは根本的な「方向転換」を必要としていると考えられる。今後も、エイズ・結核・マラリアを予防する取り組みと、子どもの予防ワクチン接種は継続しなければならないが、世界人口の大部分は別種の予防と治療を必要とすることになる。

　「2010年の世界の死者総数は5280万人だった」と、「世界疾病負担研究2010」は総括している。

　「世界の死因全体に占める感染症、小児・周産期関連、栄養不良の割合は、1990年の34.1％から2010年は24.9％にまで低下した。この低下の主な要因は、下痢性疾患による死の減少（250万人→140万人へ）、呼吸器感染症による死の減少（340万人→280万人へ）、周産期異常による死の減少（310万人→220万人へ）、麻疹（はしか）による死の減少（63万人→13万人へ）、破傷風による死の減少（27万人→6万人へ）である。その一方でHIV（エイズウイルス）／エイズによる死者は、1990年の30万人から2006年に史上最悪の170万人に達し、2010年は150万人となっている。マラリアによる死者も1990～2010年の間に19.9％増加し、117万人となっている。結核による2010年の死者は120万人。非感染性

疾患による死者は1990〜2010年の間にほぼ800万人増加し、世界の死者の3人に2人を占めるに至った（合計死者数は3450万人）」

このようなデータを踏まえて「世界疾病負担研究」（GBD）は、禁煙やダイエットに加え、慢性疾患、糖尿病、ガン、心血管疾患、精神疾患、老化を対象とする「医療システム」に取り組みの重点を置く必要があるとしている。

「ユニバーサル・ヘルス・カバレッジ」の推進と問題点

2015年を達成期限とする「ミレニアム開発目標」（MDGs）に続く取り組みに関する議論が進むなかで、保健目標の第一に位置づけられているのが「ユニバーサル・ヘルス・カバレッジ」（UHC）である。

2012年12月の国連総会は、2011年に世界保健総会（WHA）が採択したのとほぼ同じ骨子で「ユニバーサル・ヘルス・カバレッジ」の推進を正式に決議した。「ユニバーサル・ヘルス・カバレッジ」が2020年代の目標に定められれば、世界の大半の国が医療従事者の確保と訓練、医療システムの管理運営、医療予算の確保と保険、外来治療、慢性疾患に関する指導を必要とすることになる。

しかし、現状の世界保健の構成は、たとえばHIV／エイズ・結核・マラリア・周産期医療など、「疾患」ごとに分離された形になっている。にもかかわらず、「世界保健機関」（WHO）は、保健の運営管理と資金調達に関するノウハウをわずかしかもっていない。「世界銀行」でさえ、各国における公的医療と民間医療の統合や入手可能な医療保険、疾病の予防・健康生活のための良質な医療を支援する能力に欠けている。

さらには、「世界エイズ・結核・マラリア対策基金」も、2010年に不適正な支出が問題化する以前に総合保健への転換が議論されていたが、それに足る能力は持っていない。

国連が「ユニバーサル・ヘルス・カバレッジ」（UHC）を次期の主要保

健目標とした場合、保健分野における多国間活動の構成全体に「大再編」が必要となるが、そのような再編は政治的に大論争を呼ぶことになる。とくに争点となるのは、援助供与国と被援助国との関係と、エイズ・結核・マラリアの「予防対策」の先行きである。

同じ過ちを繰り返さないために

　過去の歴史は、「医療の提供」に重点が移ることにより、「公衆衛生」の力と優先順位が下がることを示している。子どもの予防ワクチン接種、安全な水の提供、十分な新生児ケア、感染症対策、基礎栄養、喫煙の根絶など、旧来の公衆衛生対策がまだ完全に行き渡っていないなかにあって、世界保健の主眼を検証なしで世界的な「医療の提供」に移すことは、早計なばかりでなく、危険でさえあると考えられる。

　どれほど成果が強調されようと、現実には今なおニューヨーク市で医療保険と高度な医療がありながらエイズで人々が死んでいる。また多剤耐性結核が増加しており、結核罹患数そのものは減少していても、ほぼ治療のしようがない多剤耐性結核で死亡する人が急増している。

　マラリアの予防と治療についても、アーテミシニン（抗マラリア薬）併用療法と蚊帳（かや）の普及などによってめざましい成果が上がっているが、新たな薬物耐性マラリアが出現し[9]、また西アフリカではなぜか、蚊が不思議な方法で蚊帳をくぐり抜けことが出来るようになっている。

　公衆衛生における闘いが完全な勝利に至ることはほとんどなく、あるのは敵を一定水準以下の力に抑え込むことだけである。人間の側が防御を緩めれば必ず敵が息を吹き返し、往々にしてより強力に変身することになる。

　たとえば、1970年末にアメリカの公衆衛生当局は「感染症の根絶」を宣言したが、実際にはHIV（エイズウイルス）が同性愛社会と輸血用血液に潜んでいた。国際社会は、この大きな過ちを二度と繰り返してはならない。

課題【4】 世界の食糧供給

投機対象となった食糧

　2007年後半に不動産と株式のバブルが膨み、投資家たちは先行き懸念から、資金の安全な逃避先を探し求めた。その年の第4四半期、主として穀物先物相場などの「食糧市場」に空前の資金が流れ込み、日々の取引高も未曾有の水準に達した。ヘッジファンドや投機筋が、コメや小麦、トウモロコシ、大豆など主要穀物の先物取引になだれ込んだ。こうして主要穀物の価格が急騰するなか、「国連食糧農業機関」（FAO）は座視するばかりだった。

　そして2007年12月、インドが世界的な食糧危機を危惧してコメの全面輸出規制に踏み切ったことにより、事態は危機的状況に至る。これにより、世界のコメ市場は軒並み急騰し、インドがさらに他の穀物輸出規制を強化すると、ベトナムも同様の措置に踏み切った。2008年3月までにアジアの諸地域で、コメ価格が最大で"3倍"にも跳ね上がり、数カ国で暴動が発生し、世界銀行は「1億人以上が貧困生活に押し戻された」と発表した。

上昇基調にある食糧価格

　2008年以降、世界的な食糧価格高騰危機は「3回」発生している[*10]。いずれも、その後に食糧価格は低下に転じたが、それでも危機前の価格水準を超える「新常態」で高止まりしている。言い換えれば、食糧価格は乱高下を繰り返しながらの上昇基調にある。国連食糧農業機関は歯止めの利かないインフレ傾向を予測し、「飢饉や世界的な栄養不足の回避を図る慎重な政策を通じて緩和にあたるしかない」としている。

　人の健康にとって、栄養のある適正な食物の入手が必須であることは明白

[*9] http://www.iol.co.za/scitech/science/news/drug-resistant-malaria-on-the-rise-1.1416104#.UJPnZ2-zKSo; http://www.google.com/hostednews/afp/article/ALeqM5ijTS9DbmC8eNgSiFCQB24TuPU6Ww?docId=CNG.912a8ea62413e194b938a5ec89ba4598.2d1

[*10] http://professional.wsj.com/article/SB10000872396390444301704577631081721558666.html?mod=googlenews_wsj&mg=reno64-wsj
and http://www.google.com/hostednews/afp/article/ALeqM5gZqt-rYvcWve1UAE_ljqAj0kLS8g?docId=CNG.e4b1f2cf455cdc265fd51d4f1268045b.231

だが、現状の世界保健の構成には「食糧問題」がまったく織り込まれていない。その解決には、長期的な戦略と計画を主要な食糧・開発プログラムと調和化させ、オックスファム（OXFAM）、世界保健機関（WHO）、国連食糧農業機関（FAO）、世界銀行、そして数千に及ぶ食糧関連の人道支援団体やNGO（非政府組織）を結束させることが賢明な策と考えられる。しかし、そのような動きはまだ現実に現れていない。

　食糧価格上昇の背景には複数の要因があり、それぞれ対策によって緩和できる度合いが異なっている。「世界保健」の取り組みにおいては、このような傾向を理解し、21世紀半ばの時点で90億人の食糧消費に妥当な水準の食糧安全保障を確立できるように、食糧・農業関連機関と協働する必要がある。食糧価格上昇の原因の一部は人々の健康悪化にもつながっているので、明白な共通の取り組み課題を策定しなければならない。

バイオエタノールへの転向

　2008年に食糧価格高騰危機が発生する前の時点で、アメリカではジョージ・W・ブッシュ政権が、農家にバイオエタノール専用のトウモロコシ栽培を促す補助金制度を開始していた。その結果、トウモロコシが過剰生産され、他の作物栽培の耕作地が減ると同時に、トウモロコシ収穫量の約40％が食用でなく、「燃料生産」に回される状況となった。つまり、トウモロコシの生産高が増えていながら食用供給は急減したのである。

　同様に、ヨーロッパでも「気候変動対策」としてのエタノール生産を目的とする耕作地利用が広がり、食用穀物生産が減少する結果となった。BRICS（ブラジル、ロシア、インド、中国、南アフリカ）の各国も、とくにブラジルと中国がエタノール生産のための耕作地転用を推進しており、国内だけでなく、海外の貧しい国々においても簡単にエタノール燃料に転用できるサトウキビやアブラナ、トウモロコシなどの大規模生産を行なうために耕作地を買い占めている[10]。

食糧生産力のカベ

　世界人口の増加と経済的繁栄とともに、「食糧」の総需要は拡大している。水資源と耕作可能な土地の減少、気候変動に起因する気温変化、農業近代化の遅れのなかで、世界の「食糧生産力」を高めなければならないことに関して、需要側には農業開発と投資のサイクルに議論が起こっている[*11]。とくにアフリカは農業の基礎的条件を改善する能力が大きく不足しており、インド亜大陸も穀物の市場出荷に大きな非効率と無駄を抱えたままの状態にある。

　国連食糧農業機関（FAO）によれば、アメリカでは「生産性」（1エーカー当たりの穀物収穫量〈トン数〉で測られる）が、1961年の1トン弱から2009年の3トン弱へと3倍に上昇した。また、同時期に、中国では0.5トンから2トンに、ヨーロッパでも0.5トンから1.5トンに上昇した。インドでも穀物生産性は倍増した。ところが、アフリカでは生産性がほとんど上昇しておらず、2009年でも1エーカー当たり0.5トンに達していない。

　G20（主要20カ国）は2009年の「ラクイラ・サミット」で食糧価格高騰危機への対応を協議し、とくにアフリカのための農業開発の強化や国際援助基準の改善など、一連の決議をまとめ上げた。しかし、「食糧投資」に関する合意事項は約束どおりに実行されなかった。

食肉消費量の増加と二つのリスク

　人口の増加に加え、経済的繁栄の拡大が直接的に「食肉消費量」と「摂取カロリー」の増加につながっている。国連食糧農業機関によれば、中国では1980年以降、人々の平均的な食事によるカロリー摂取量が2倍以上に増加し、1人当たり食肉消費量も1980年の13kgから2005年の59kgへと増加

＊11　http://www.globalchange.umich.edu/globalchange2/current/lectures/food_supply/food.htm
and http://www.fastcoexist.com/1679338/what-the-global-food-supply-will-look-like-in-2021
and http://www.scientificamerican.com/article.cfm?id=foley-global-food-production-reduce-environmental-damage-maps

した。

　世界銀行は、魚食文化をもつ日本とノルウェーを除く先進各国で、1人当たり「所得水準」と「食肉消費量」が相関関係にあることを実証している。食肉の需要増加とともに飼料用穀物の消費量が増加するため、土地と水資源に対する負荷が増し、食用穀物の増産に悪影響が及んでいる。

　食肉の需要増加は、人の健康に少なくとも「二つ」の直接的影響をもたらす。まず、脂肪分の多い赤身の肉を食べることは、主にLDLコレステロールの増加を通じて「心血管疾患」につながるおそれがある。次に、品種改良された牛や鶏、豚などの家畜を狭い畜舎に閉じ込めて飼育する方法は、とくに薬剤耐性をもつ「ウイルス感染症」の出現につながりやすい。

　2009年の「豚インフルエンザ」(H1N1)の世界的流行はアメリカの養豚場から広がり、「鳥インフルエンザ」(H5N1)の拡大阻止もアジア諸国の養鶏場の管理の不備に妨げられている。「薬剤耐性菌感染症」の出現に関しては、家畜の成長促進剤としての抗生物質の使用が最大原因であることが数々の研究によって示されている。「SARS」(重症急性呼吸器症候群)や「ニパウイルス感染症」などのウイルスは、家畜と家畜市場を通じて人間に広がった。

穀物の飼料転用は食糧価格の上昇を招く

　食肉価格は穀物価格を上回るペースで上昇しており、今後も食糧価格上昇の主因となることは変わらないだろう。そのため、飼料への穀物の「転用」はさらに増えていく。上述の諸要因が相まった食糧価格上昇の連鎖は、投機筋にとって格好の投資機会となり、したがってさらに価格が上がっていく。

喫緊の課題と対策

　気候関連の災害(おそらくは気候変動に伴う災害)によって穀物収穫量が減るたびに、2008年以降、食糧価格が跳ね上がってきた。したがって、世界保健の喫緊の課題は「農業開発」と「気候変動」対策を織り込むことである。

鳥インフルエンザ（H5N1）や SARS（重症急性呼吸器症候群）、薬剤耐性菌感染症など、動物原性感染症の大流行（パンデミック）の脅威に対しては、潘基文（パン・ギムン）国連事務総長の特使となったデービッド・ナバロ博士（Dr. David Nabarro[11]）の多大な尽力もあり、食糧・獣医学・保健分野の国際機関が一体化して対応に当たる態勢が維持されている。
　今後、食糧と農業政策と対策について、このような成功事例から教訓を学んで上積みしていくことが、複数のセクターにまたがる実りある協力に向かう第一歩になることは明白であろう。

「ワン・キャンペーン」をモデル化
　最後の点として、「人畜共通感染症」の出現につながっている地球環境への負荷が、世界の「農業」にも大きな混乱を引き起こしている。最大の懸念材料のひとつに、「小麦さび病」の病原菌「Ug99」がある。これは10年前にアフリカ東部で初めて確認された後、たちまち中東とアジアにも拡大した。さらにその後、農薬に耐性のある遺伝子を持ち、伝染性の強い変異体が出現して「感染率」が上昇した。
　作物の伝染病と人間・動物の伝染病とでは対処方法が異なるが、その原因と予見性に多くの共通点があるため、ここでも協力態勢が可能なはずである。現に、NGO（非政府組織）と学術界が後押しする「ワン・キャンペーン[12]」（One Campaign）は、新しい病気に科学者と保健専門家が協力して対処することを目指している。

子どもの発育不良への取り組みが急務
　そうした理想的な取り組みの対象として、食糧と栄養の不足が原因の子どもの「発育不良」が挙げられる。一般的には、カルシウムとたんぱく質の摂取不足により、骨の発達が阻害されて身長が伸びないことと受け止められている。発育不良は脳の発達と、学習や技能習得能力にも悪影響を及ぼし、したがって、人間の可能性と生産性が損なわれ、社会の将来に多大な影響を与

えることになる。

　しかし、現在のところ、世界保健における「発育不良」に対する取り組みは、農業開発、気候変動対策との協力のもとに置かれていない。そのような協力態勢が、合理的な形で早急に確立されるべきである。

課題【5】　気候変動
懸念される地球温暖化とマラリアの拡大

　気候変動と食糧危機との関連に加えて、地球の二酸化炭素（CO_2）レベル上昇は、世界保健に関わる一連の危機を引き起こしている。気候変動に関して、世界保健の分野で最も重大視されているのは、気温の上昇と降水量の増加が蚊などの媒介生物の増殖につながっていることである。地球の平均気温が「2℃」上昇すると考えられる事態のなかで、保健分野において最も懸念されているのが「マラリア」の拡大である。

　10年ほど前から公衆衛生の専門家たちは、「地球温暖化によってマラリアなどを媒介する蚊が高緯度地域でも生息できるようになり、さらに洪水や大雨によって繁殖環境も拡大する」と警告していた。そして、現実にそのとおりのことが起こっている。

　たとえば、マダガスカルでは2012年、気候パターンが変化するなかで、マラリアの感染者数と死亡者数が過去最悪を記録した。アフリカ東部での調査結果からは、山岳地域での平均気温上昇とともに、蚊の生息域が急拡大したことが示されている。さらに最近、アラスカの野鳥にマラリアが発見され、研究者の間に動揺が広がった。数十年前にマラリアが根絶されていたヨーロッパ南部で再発生したことも、懸念に輪をかけている。

感染症の再興・拡大

　このように最も注目されているのは「マラリア」であるが、気候変動に伴う感染拡大が懸念される病気はほかにもある。やはり蚊が媒介するウイルスが原因で感染し、出血熱によって死に至る場合もある「デング熱」がポルト

ガルでほぼ1世紀ぶりに再発生し＊12、これまでデング熱とは無縁だった地域、あるいはかなり前に根絶された地域での発生が報告されている。

また、「コレラ菌」は、温かい汚染水の中で繁殖するカイアシなど、一連の海生微生物によって運ばれる。そのため、海面水位の上昇と平均気温の上昇とともに、「コレラ」や「赤痢」を引きおこす微生物による感染症が温帯地域にも広がり始め、また発生時期も寒冷期に拡大している。

多くの科学研究機関から、地球温暖化とともに、新しい地域や今までと違う時期での感染拡大が予測される微生物由来の感染症のリストが発表されている。そのいくつかは、世界保健機関（WHO）、アメリカの疾病対策センター（CDC）、各国の保健機関などから出版されている。

海面上昇と異常気象の頻発

すでに現時点で、それよりもはるかに甚大な影響を引き起こしているのが「大嵐」と「熱波」である。地球温暖化は2012年に予測の上限レベルで推移し、氷河・氷床の融解と気温の上昇は国連の予測を大きく上回った。

現時点で多くの専門家が、「おそらく2016年までに、北極海では夏に海氷が消えることになる」と予測している。北極海と氷河地域における氷の融解＊13によって、太陽光の熱を大気中に反射する「アルベド効果」[13]が弱まり、酸性の淡水が海に流れ込むことになる。

この海洋酸性化に水系の温度変化、降水量の増加が加わり、海面水位の上昇だけでなく「異常気象」の頻発にもつながっているが＊14、そのメカニズムはまだ十分に解明されていない。2012年の夏、北極海の海氷融解は国連

＊12 http://www.theglobaldispatch.com/madeira-dengue-fever-outbreak-tops-2000-cases-76522/
＊13 http://blogs.scientificamerican.com/guest-blog/2012/09/21/arctic-sea-ice-what-why-and-what-next/
＊14 http://www.economist.com/node/21563278
And http://www.sciencemag.org/content/338/6109/881.full
And http://www.sciencemag.org/content/338/6109/864.4.short
And http://www.sciencemag.org/content/338/6109/864.3.short
And http://www.nature.com/nature/journal/v491/n7423/full/nature11566.html

の予測を超える空前の規模に達した*15。

　世界各地の氷河地域*16で急速な融解が起こり、その直接的影響が河川に及んでいる。気候パターンの変化と気温上昇のなかで、2012年には北米とインド亜大陸の大半の地域が干ばつ*17に見舞われ、また多くの地域で大嵐が発生した。大西洋地域では、海水温度の上昇が「ハリケーン」の巨大化につながっていることを示すデータが増えている。すでに保険業界は企業収益の観点から、もはや気候変動と異常気象とのつながりは明白であり、科学的立証を待つまでもないと見なしている。

巨大化するハリケーン
　2012年10月に発生した大型ハリケーン「サンディ」は、海面水位の上昇と気候変動が沿海部の都市と国家の「安全保障」に甚大な影響を及ぼすことをまざまざと示した*18。このハリケーンの発生に気候変動がどのような形で関係したかについては、専門家の見方が分かれているが、その相違は気候変動が関係していたか否かではなく、大気中の「二酸化炭素濃度」の上昇に起因する一連の環境変化がどれだけ関係していたのかという点である。

　ハリケーン「サンディ」については、2012年の大西洋の海面温度上昇によって「巨大化」したことを示す、強力なデータが得られている。とくに高潮と洪水など、「サンディ」による被害は、2007年時点の予測*19がほぼ完全に的中した形となり、専門家たちは予測に対する疑いを晴らす結果となった。「サンディ」が去ったあと、ニューヨーク・タイムズ紙は「これで終わりなのか？」と見出しに掲げた。

予測を超えるCO_2の上昇ペース
　大気中の「二酸化炭素濃度」の上昇は予測を大幅に超えるペースで進んでおり、2012年に過去最高を更新した。世界銀行は2012年の『世界開発報告書』において、「地球の平均気温が4℃上昇すれば沿海部に暮らす数億人が移住を強いられ、食糧供給にも深刻な打撃が及ぶ」、また「1.5℃の上昇で

も、アメリカだけで約 600 万人が沿岸部からの移住を迫られる」と予測している。

　北米における気候変動への適応策[*20]には、莫大な額のインフラ投資が必要となる。太平洋の島国など、移住以外に適応策がなく国土を放棄することになりかねない国も少なくない。緊急対策を中心として、気候変動に対する適応費用はすでに実感されるところとなっている。世界銀行は年間費用を1兆 2000 億ドルと推計していたが、これはハリケーン「サンディ」がアメリカの東部沿岸地域に甚大な被害をもたらす前の推計である。

気候変動に脆弱な保健システム

　「緊急医療体制」[*21]に関しては、2005 年 8 月の大型ハリケーン「カトリーナ」、2012 年の「サンディ」[*22]やほかの異常気象が頻発するなかで、長びく冠水や電力の喪失、トラウマ（心的外傷）を負った人々に対応できる医療施設は「ほとんどない」ことが明らかになった。

　世界保健機関（WHO）は、気候変動に起因する豪雨の影響が、先進国でも開発途上国でも「保健システム」に及ぶことになると警告している。世

＊15　www.msnbc.msn.com/id/50063002/ns/technology_and_science-science/
And http://www.sciencemag.org/content/338/6111/1172.abstract
＊16　http://www.nature.com/nclimate/journal/v2/n10/full/nclimate1592.html?W
And http://www.nature.com/nature/journal/v488/n7412/full/488468a.html
＊17　http://www.politico.com/news/stories/0912/81276.html
＊18　http://americansecurityproject.org/featured-items/2012/climate-security-report/
and http://www.eurekalert.org/pub_releases/2012-10/uoca-cva102212.php
and Climate variability and conflict risk in East Africa, 1990-2009.pdf
＊19　and http://www.nytimes.com/2012/09/11/nyregion/new-york-faces-rising-seas-and-slow-city-action.html?pagewanted=1&hp&pagewanted=all
＊20　http://blogs.cgdev.org/globaldevelopment/2012/10/how-to-decide-which-countries-should-get-climate-adaptation-finance.php?utm
＊21　http://www.nejm.org/doi/full/10.1056/NEJMp1213843
and http://www.nejm.org/doi/full/10.1056/NEJMp1213844
and http://www.nejm.org/doi/full/10.1056/NEJMp1213486
and http://www.nejm.org/doi/full/10.1056/NEJMp1213492
＊22　http://www.fas.org/sgp/crs/homesec/R42804.pdf
and http://www.eurekalert.org/pub_releases/2012-11/nu-ddb110212.php
and http://www.nature.com/news/hurricane-sweeps-us-into-climate-adaptation-debate-1.11753

界銀行のジム・ヨン・キム総裁は2012年、気候変動対策を世界保健の課題とHIV（エイズウイルス）対策に結びつける提案を受け入れる姿勢を明らかにした。

「保健システム」にとって、海面水位の上昇、豪雨、大規模災害は最も明白な対応課題であり、とくに「バングラデシュ」など、海抜ゼロメートル地帯に多数の人々が暮らす貧困国が焦点となる。その一方で、「気温上昇」という"暑さ"そのものからも、同様に人の健康に対して深刻な影響が生じるおそれがある。

海洋生態系の異変と農・漁業への影響

暑さと海水塩分濃度の変化によって海洋生態系に異変が生じ[*23]、漁業に直接的影響が及んでいる。その結果、太平洋の島国や日本、インド洋と南シナ海の沿岸域に暮らす人々の食糧供給にも影響が波及している。海面水位の上昇による「塩水域」の拡大は、直接的に「飲み水」に影響を及ぼし、世界の多くの地域で人の健康と農業が脅かされている。

しかし、海洋生態系の変化があまりにも急激に起こっているため、研究者たちはさまざまな要因の重要度をつかむことができないでいる。なぜなら、乱獲による漁業資源の枯渇、ゴミの放棄、海洋汚染、海水の塩分濃度と酸性度の変化、気温の上昇、海洋循環の停滞など、さまざまな要因が複雑に絡み合っているからである。

人の健康という観点から、さらに重大なのが、漁業資源の絶対的な「涸渇」と、さまざまな細菌の繁殖につながる沿岸水域の「汚染」である。また、インド亜大陸の大部分では酷暑と干ばつが「常態化」するおそれがある。すでに、インド、パキスタン、バングラデシュの諸地域では、モンスーン（雨期）の到来の遅れ、気温の上昇、深刻な干ばつが農業生産に壊滅的な打撃を及ぼしている。

異常高温の常態化と死亡率の増加

　"暑さ"が人体に及ぼす影響は気づかぬ間に進むため、気候変動に伴う死亡増加の原因のなかで最も認知されにくい。2012年に、アメリカ航空宇宙局（NASA）は、発生頻度とその過酷さが人体にとって安全な水準を超える異常高温が、1951年から増加の一途をたどっているとする研究結果を発表した。それによると、気温分布そのものは典型的な鐘型曲線となっているものの、曲線の中央点が年々上方へ移っている。

　ヨーロッパは2003年に史上最悪の長い熱波に見舞われ、フランスだけで1万1000人強が熱中症で死亡し、アメリカでも1995年、シカゴが50日に及ぶ熱波に見舞われて692人が死亡した。その大半は貧しい人々、アフリカ系アメリカ人、高齢者だった。2005年のハリケーン「カトリーナ」によるニューオーリンズ市の犠牲者のうち、30％強が熱中症による死亡だった。

　ハーバード大学公衆衛生大学院は最近の調査報告のなかで、「酷暑下で最も死亡しやすいのは慢性疾患を抱えた高齢者である」と指摘し、アメリカの真夏の平均気温が"1℃"上がるごとに、「1万人の高齢者が死亡する」と結論づけている。この調査報告は、ある意味で気候変動と人の一死因の「用量－反応曲線」を示している。

実効性のある対策を示すとき

　こうした状況のなかにあって、世界保健界は気候変動に実効性のある対応を取っていない。保健の専門家と国際機関は「気候変動」をめぐる議論を避けて通り、問題への対処にほとんど資金や人材を投じていない。また、保健システムのあり方と、二酸化炭素レベルの上昇に伴うと考えられる異常気象や暑さなどへの適応に関して、具体的な議題は示されていないに等しい。

＊23　http://www.pnas.org/content/109/43/17633.abstract and http://www.nature.com/nature/journal/v491/n7422/full/491010d.html?WT.ec_id=NATURE-20121101
And http://www.pnas.org/cgi/doi/10.1073/pnas.1208160109

地球規模で進展する大気汚染

　二酸化炭素の排出と大気汚染が世界保健に及ぼす影響を科学的に把握するうえで、一つの決定的な機会となったのが 2008 年の「北京オリンピック」であった。北京オリンピックの会期中、中国政府は同国北東部の工場の操業と石炭使用の大部分を停止させて大気浄化を図った。北京オリンピックの開会前、会期中、閉会後の各期間において、アメリカと中国の大気観測データを比較した研究の結果、アメリカの大気環境が中国の大気環境と同様に変化していたことが判明した。つまり、二酸化炭素の排出による大気汚染が人の健康に及ぼす影響は「地球規模」の問題なのだ。

　沿海部と河川流域への人口集中度から、アジアはとくに大きな健康リスクを抱えているおそれがある。しかし、とくに中国をはじめとする急激な工業化とエネルギー消費の増加という、もう一つの要因も無視できない。石炭への依存度が高い「中国」は、世界最大の「煤煙排出国」であり、ギガトン（10 億トン）レベルの汚染物質の炭素を排出している。その炭素はヒマラヤの氷河地域を覆い、地球全体の二酸化炭素濃度を押し上げている。最近の調査結果から、中国は世界最大の「二酸化炭素排出国」であることが確認されている。

Part 5
世界保健の成果と未来像

世界保健の成果

　「世界保健」に対する資金拠出の増加、国際組織と各国政府の関心の高まりが多くの人命を救った。資金管理と説明責任の面で混乱はあったにせよ、ごく短期間のうちに数千万の人命が救われた。世界人口が30億人だった1960年当時、毎年2000万人の5歳未満の子どもが、主として「感染症」で命を失っていた。これに対し、世界人口が68億人となった2010年、5歳未満の子どもの年間死亡数は約800万人にまで減った。

　「ビル＆メリンダ・ゲイツ財団」の見通しでは、予防ワクチン接種、マラリア予防、栄養補助、HIV（エイズウイルス）の母子感染の根絶、それに子どもの肺炎と下痢性疾患の治療に対する一貫した取り組みと資金拠出によって、世界人口が80億人を超える2025年には、子どもの年間死亡数を「500万人未満に抑え込むことができる」としている。

マラリア死の減少

　「マラリア」による死亡数は2000年時点で約100万人、その大半が12歳未満の子どもだった。それが2009年には、世界的な資金拠出とマラリア対策プログラムの効果により、世界保健機関（WHO）のデータによると、死亡数は78万人のレベルまで減少した。

エイズ関連死の減少

　「国連エイズ合同計画」（UNAIDS）の推計では、2011年末時点で約600万人が抗HIV薬を服用し、そのうちの230万人をサハラ以南アフリカの患

者が占めている。「国連エイズ合同計画」によれば、HIV対策が世界的に高まり始めた2001年以降、世界の新規HIV感染者数は半減し、アフリカにおけるエイズ関連死は30％以上減少したという。「国連エイズ合同計画」は2012年11月、次のように発表している。

　「世界で最もHIV感染が広がっている地域でも2001年以降は新規感染率が劇的に低下した。マラウイは73％、ボツワナは71％、ナミビアは68％、ザンビアは58％、ジンバブエは50％、南アフリカとスワジランドは41％の減少となっている」

　2011年のエイズによる死亡者数は、2005年の死亡者数と比べて50万人以上も減り、その間に合計100万人以上の命が救われたことを示している。
　ジョンズ・ホプキンス大学の調査報告によると、「アメリカ大統領緊急エイズ救援計画」（PEPFAR）により、わずか4年の間にアフリカを中心に「74万人」の命が救われた。この数字は、「アメリカ大統領緊急エイズ救援計画」の対象となったアフリカ諸国と、対象とならなかったほかのアフリカ諸国における死亡率の比較から割り出されている。

妊産婦死亡率の抑制
　「妊産婦死亡率」の抑制についても、資金拠出こそ比較的低水準にとどまっているものの、周産期医療に対する世界的な取り組みが結実し、何百万人もの命が救われている。
　世界全体の妊産婦死亡数は、1990年以降に47％も減少し、女性のリプロダクティブ・ライツ（性と生殖に関する権利）がほとんど認知されていない国々や、女性1人当たり出生数が5人を上回る国々でも、妊産婦の死亡は減少している。国際NGO（非政府組織）の「セーブ・ザ・チルドレン」の調査によると、2012年の数字で、人口当たりの妊産婦死亡数が最も多いのは、アフガニスタンとサハラ以南アフリカの9カ国である。

感染症の抑制

　2012年の「世界疾病負担研究」（GBD）からも、世界保健の成果向上が示されている。たとえば「障害調整生存年数」[14]損失の原因として、「結核」は1990年時点で全体の第9位だったのが、2010年には第13位に後退している。また、1990年に第16位だった「はしか」も、予防ワクチン接種プログラムの成果で、2010年には27位まで後退した。全体的に見ると、1990年には7つの感染症が死因のトップ10に入っていたが、2010年には4つに減っている。

ユニバーサル・ヘルス・カバレッジの追求

　2013年における「世界保健」の課題は、焦点を「慢性疾患」に移していくとともに、「食糧安全保障」と「気候変動対策」に取り組む組織と協力関係を組みながら、このような成果を持続させ、さらには加速させることである。

　「ユニバーサル・ヘルス・カバレッジ」（UHC）の追求は、明確な定義と現実的な成果測定指標を伴うものであるなら、人の健康と幸福（well-being）に対するさまざまな脅威に立ち向かうための適応能力と、手の届く保健システムの確立に希望を持つことができる。しかし、世界保健システムの基礎構造を根本的に修正せず、また資金援助の変化と拡大を果たさないなら、世界の大部分で「ユニバーサル・ヘルス・カバレッジ」の追求とその適応能力は"見果てぬ夢"でしかなくなる。

世界保健の定義をアメリカに委ねるべきではない

　「人類の生存」という、大きな使命のための政治的結集には、世界保健の「定義」を共通化する必要がある。世界金融危機による悪影響を受けて、そのような定義につながりうる対話が、まだ混沌とした状態ではあるものの、始まっている。しかし、必要とされているのは、世界保健総会（WHA）や国際援助をめぐる援助側と被援助側の交渉の枠外で、熟考したうえでの議論

を重ねることである。

　2000年以降、援助資金の流れが取り組みのあり方を決めるようになり、最大のドナー（資金提供者）が政策と最善の手法という議題に大きな影響力を振るっている。オバマ政権が発足当初から、アメリカの対外援助プログラムの構造を問題視しているのは、被援助国側に公衆衛生と医療の「主導権」を持たせるべきだという、真摯な姿勢の現れである。だからといって、アメリカ政府の資金援助規模がどれほど大きかろうとも、世界保健の「定義」はアメリカ政府によって決められるべきものではない。

　その定義の一部分は、2015年以降の国連の目標をめぐる協議を通じて明確化するはずだが、その協議過程に包摂性が欠けている。国連の議題の対象となる（あるいはなるべき）世界人口の大部分は、その協議のことを何も知らず、したがって、彼らの声は反映されない。現状のままでは、国際機関と主要ドナー（資金提供者）、国際NGO（非政府組織）が協議を主導することになる。

「慈善」の部分をなくす

　財政的にも経済的にも困難な状況にあるなかで、指針となるビジョン（未来像）をまとめ上げるにも資金事情を考えないわけにはいかない。しかし、そのビジョンの一部分はすでに固まっている。それは、世界保健の「慈善」部分をなくすことである。

　21世紀初頭に、世界保健の取り組みと資金拠出の急拡大をもたらしたのは、多くの関係者によって生み出された新しい考え方だった。その一人である経済学者のジェフリー・サックス（Dr.Jeffrey Sachs[15]）は2000年に、世界保健の取り組みを人々の娯楽に関係づけて論じてみせた。

> 「もし北米とヨーロッパのすべての人が毎年、映画館の1回分の入場料とポップコーン代を節約して寄付すれば、HIV（エイズウイルス）・結核・マラリアの蔓延を食い止めることができる」

サックスは世界銀行とアメリカ連邦議会の吝嗇ぶりを批判し、豊かな北半球から貧しい南半球に数十億ドル規模の資金を流すことが世界保健の"カギ"だと訴えた。

　この考え方に沿って活動が広がり、資金の流れが生まれた。そして、その資金によって何百万人もの命が救われた。しかし、感染症に対する勝利の意識、そして新たな保健システムおよび気候と食糧の安定、非感染性疾患の予防といったビジョン（未来像）には、「慈善」以上のものが求められる。それには、各国みずからが課題を政治的に受け入れ、国民の健康な生存を誓い、変革への恒久的な構造とガバナンス（統治）を確立しなければならない。

■ 編集部注

1　ダボス・ワールド　「世界経済フォーラム」に代表される世界。「世界経済フォーラム」は1971年にスイスの経済学者クラウス・シュワブにより設立され、約2500名の選ばれた知識人やジャーナリスト、多国籍企業経営者や国際的な政治指導者などのトップリーダーが一堂に会し、健康や環境等を含めた世界が直面する重大な問題について議論する場。ジュネーブに本部を置く非営利財団で、ダボスで開催される年次総会が特によく知られている。
2　国境なき医師団　中立・独立・公平な立場で緊急性の高い医療ニーズに応えることを目的として1971年に設立された民間・非営利の国際団体。紛争や自然災害の被害者や、貧困などさまざまな理由で保健医療サービスを受けられない人びとなど、その対象は多岐にわたる。日本政府は2015年2月25日に、国境なき医師団にエボラ出血熱対策として200万ドルを拠出すると発表した。
3　アクト・アップ（AIDS Coalition to Unleash Power／力を解放するエイズ連合）　エイズ患者の生活を擁護し、エイズの流行により健康や生命が失われることを法律・医学研究・治療法・政策を通じて阻止するために1987年に設立された。ニューヨークを中心に直接行動やアートを核として活動。
4　オックスファム　貧困と不正を根絶するための持続的な支援・活動を100カ国以上で展開している国際協力団体。オックスファムが2015年1月19日に発表した見通しによると、2016年には世界の上位1％の富裕層が持つ富が、残りの99％が持つ富の合計を上回ることになる。特に金融業界や製薬業界などで、富の蓄積が目立つ、と指摘している。
5　「ミレニアム開発目標」の目標6
HIV／エイズ、マラリアその他疾病の蔓延防止
ターゲット6A：HIV／エイズの蔓延を2015年までに阻止し、その後減少させる。
ターゲット6B：2010年までに、HIV／エイズ治療薬への普遍的アクセスを達成する。
ターゲット6C：マラリア及びその他の主要な疾病の発生を2015年までに阻止し、その後発生率を下げる
6　ユニバーサル・ヘルス・カバレッジ　2012年12月の国連総会で国際社会の新たな「共通目標」として決議されたもので、すべての人が適切な予防、治療、リハビリなどの保健医療サービスを、必要な時に支払い可能な費用で受けられる状態を指す。

7　マイケル・スペンス　　2001年ノーベル経済学賞受賞。新興国の経済政策、情報の経済学、経済成長におけるリーダーシップの影響の研究を専門とする。2006年より2010年まで、経済の急速かつ持続的な発展と貧困削減の戦略に焦点を当てた独立したグローバル政策立案機関である「成長と開発に関する委員会」の委員長を務めた。

8　ウォーレン・バフェット／ビル・ゲイツ現象　　ともに世界の大富豪であり慈善事業に多大な貢献している。「ビル＆メリンダ・ゲイツ財団」はマイクロソフト会長のビル・ゲイツと妻メリンダが1998年に創設した世界最大の慈善基金団体で、すべての人びとが健康で豊かな生活を送るための支援を実施。2006年には投資家のウォーレン・バフェットが同財団に300億ドルもの寄付をして規模が倍増した。主な活動は国際開発プログラム、世界保健プログラム、アメリカプログラムの3つからなる

9　ジニ係数　　所得や資産の不平等あるいは格差をはかるための尺度の一つ。完全平等なら0、完全不平等なら1であり、数字が大きくなると不平等度が増す。

10　　朝日新聞が伝えた2015年2月21日のニューヨーク・タイムズ・ニュースサービスによると、「植物を原料にしたバイオ燃料化政策は非効率だ。見直した方がいい──国際的な環境問題シンクタンク、世界資源研究所（World Resources Institute＝WRI、米ワシントン）が、最新の報告書で欧米政府のエネルギー政策に疑義と見直しを訴えている。　植物を液体燃料や電気に変えるのは効率的でないばかりか、世界のエネルギー需要にさしたる貢献もしない、と報告書は言う。欧米諸国ではバイオ燃料化に数十億ドルも投資しているが、世界の人口増をまかなうべき肥沃（ひよく）な多くの大地がそのためにつぶされてしまいそうだ、とも指摘している。すべてのバイオ燃料について見直すべきだというのではない。木くず、伐採で出る枝や枯れ木、トウモロコシの茎といった、いわゆるゴミを使ってできるバイオ燃料などはそれなりに意義がある。ジョージ・W・ブッシュ政権時代、自動車燃料の30～40％をトウモロコシ原料とするエネルギー政策関連法が連邦議会で採択され、オバマ政権でも引き継がれている。この結果、世界の穀物価格が上昇し、いくつか大気汚染物質も増えた。温暖化の目安となっている二酸化炭素の排出量削減の効果もほとんどなかった」と報じている。

11　デービッド・ナバロ　　医師で公衆衛生の専門家。国連食糧安全保障危機ハイレベル・タスクフォース調整官兼国連インフルエンザ対策上級調整官を務める。2014年8月には潘基文国連事務総長よりエボラ出血熱に関する国連システム上級調整官に任命され、WHOの対応の支援に当たっている。

12　ワン・キャンペーン　　米国を基盤とした貧困救助のための民間非営利組織。ゲイツ財団、セーブ・ザ・チルドレン・USA、オックスファム・アメリカなど11の非営利人道団体により設立され、開発途上国地域でエイズ、極端な貧困からの救済などを行っている。キャンペーンの一環として、「ミレニアム開発目標」を支持している

13　アルベド　　太陽から降り注いだ光を地球がどれだけ反射するかという割合を指す。大気の温度を決める要素のひとつで、理論的にはアルベドの大きい方が、地表面の温度上昇に与える影響が少ない。表面が氷雪に覆われている場合ではアルベドが80％にも達するが、温暖化によって氷雪が減る事になれば、温暖化の加速につながると考えられている。

14　障害調整生存年数　　障害の程度や障害を有する期間を加味することによって調整した生存年数のことで、WHOや世界銀行がこれまでの平均寿命とは異なる、疾病や障害に対する負担を総合的に勘案できる指標として公表した。各種疾患による生命の損失や障害を、死亡件数や患者数としてでなく、苦痛や障害の程度を考慮に入れているところに特徴がある。

15　ジェフリー・サックス　　アメリカの開発経済学、国際経済学学者。コロンビア大学地球研究所長。国連「ミレニアム開発目標」についての潘基文国連事務総長の特別アドバイザーを務める。

5

脆弱国

ブルース・ジョーンズ
ベンジャミン・トートラニ

ブルース・ジョーンズ
Bruce Jones

ニューヨーク大学国際協力センター（CIC）・ディレクター／シニアフェロー。ブルッキングス研究所シニアフェローでもあり、グローバル・オーダー・プログラムのマネジングディレクターを務めている。最近では、世界銀行の「世界開発報告書 2011：紛争・安全保障・開発」の上級外部顧問を務めた。2010年3月、国連事務総長により「国際文民能力レビュー」上級顧問グループのメンバーに任命。

ベンジャミン・トートラニ
Benjamin Tortolani

ニューヨーク大学国際協力センター（CIC）のアソシエイト・マネジングディレクターとして、センターの運営に幅広く関わっている。安全保障・開発・平和活動の関連性を重視。国連開発計画（UNDP）のコンサルタントを経て国際協力センターに加わり、いくつかのポジションを歴任した。

Part 1
「脆弱国」とは

1 脆弱国の背景を分析する

増える低所得脆弱国

現在、世界の「貧困人口」の約3分の1が「脆弱国」で暮らしている。OECD（経済協力開発機構）の予測では、2015年までにその割合は50％に増加する。

ただし、この数字には国内に地域紛争を抱える中所得国も含まれており、問題は異なる様相を帯びる可能性がある[1]。それでも、インド、ナイジェリア、中国、パキスタンなどでの経済成長と貧困削減のペースを踏まえると、世界の貧困人口に占める「低所得脆弱国」の割合は、少なくとも"50％"まで上昇することは確実で、おそらくはそれ以上になるとみられる。

「社会開発指標」の観点からの見通しはさらに暗い。2011年の世界データで、初等教育を受けていない子どもの77％、乳児死亡の70％、安全な水を入手できない人口の65％、飢餓の60％が「脆弱国」に集中している[2]。また、2012年時点で、すべての低所得の紛争影響国は「ミレニアム開発目標」（MDGs）を一つも達成していない。

内戦と貧困

となると、「脆弱性」と「紛争」を低開発の中心的要因と見なす傾向が強まっていることも驚くにあたらない。これまでポスト冷戦時代の大部分を通

---

[1] OECD Ensuring Fragile States are not left behind: 2013 Factsheet on resource flows and trends. (Paris, 2013)
[2] World Bank, *World Development Report 2011* (the World Bank, Washington DC).

じて、「開発課題」は後回しにされてきた。国連安全保障理事会などの国際機関が、貧困国に最も多い紛争形態である「内戦」に関心を向けるようになってからも、その状況は続いてきた。しかしながら、アジアと中南米における経済成長によって貧困国の数が大きく減ったことにより、脆弱国における「貧困」が貧困削減の中心的部分を占めるという理解が高まり始めたのである。

ODAの変化と政治的関心の高まり

　このような貧困地図の変化が、それと関係する"二つ"の傾向を生み出している。

　そのひとつは、脆弱国に対する1人当たりODA（政府開発援助）の変化である——脆弱国におけるODAのパターンの変化については、OECDのEnsuring Fragile States are not left behind: 2013 Factsheet on resource flows and trends にまとめられている。

　もうひとつは、英国国際開発省（DFID）のような二国間開発機関など、主要開発機関と資金援助機関の脆弱国に対する政治的関心の高まりである。

　西側の多くの国において、この変化はアフガニスタンへの派兵による経験と、安定化策開発の必要性の認識から始まった。開発の中心的課題としての「紛争国」と「脆弱国」という捉え方は、まだ定着していない。しかし、それを象徴する出来事として、世界銀行が2011年の『世界開発報告書』で「紛争」と「安全保障」と「開発」をテーマに取り上げた。

　また、2015年以降のミレニアム開発課題に関して、可能な対応策をまとめた国連作業部会の報告書でも、四つの優先課題の一つに「平和と安全保障」を取り上げた。[*3]

2 脆弱国の類型

脆弱国への対応策

　脆弱性にはいくつかの形態があり、その「類型」として少なくとも次のよ

うなものがある。
①　政府・公共機構の弱い国
②　分裂国家
③　圧政下にある国
④　紛争後の国

　対応策を分析するうえで、このような類型を踏まえる一方で、その一つ一つが全く独立した分類ではないことも認識する必要がある。その一例として、「シリア」は制度が弱い圧政国であり、また重大な宗教的分裂も抱えている——もちろん、少なくとも現時点ではまだ紛争後国ではない。この類型によって、それぞれ異なる対応策が求められ——内部的あるいは外部的対応策になじみやすい国と、そうでない国がある——、したがって国連システム内で異なる組織が必要とされることになる。

異なる政治体制と地域性
　しかし、このような類型のそれぞれが異なる政治体制のもとに存在しているという事実が問題を複雑にしている。たとえば、国土と人口が大きい君主制国家（サウジアラビア）、国土と人口が大きい準民主制国家（インドネシア）、国土と人口が大きい宗教国家（イラン）、国土が小さく貧しい世俗国家（トーゴ）等々である。
　さらに、「地域」による違いもある。欧州、中南米、アジアは開発の現段階で、域内の危機に対しておおむね自力で対処できる財政力と政治構造を持っている。例外もあるが、ほとんどがそれは、地域の周縁部に位置する小国であり、コソボ、ハイチ、東ティモールにおいて、国連はアフリカ以外では異例の強力な役割を果たしている。

　　＊3　「平和と安全保障」という言葉は、国連憲章第7章の文言と国連安全保障理事会が担う「介入」の役割を想起させるものであり、表現としてはうまくない。しかし、ここで注目される点は、2015年以降の課題に紛争と「脆弱性」（国連はこの言葉を用いていない）の問題が含まれたことである。

Part 2
脆弱国における国連活動

1 その規模と存在感

規模・国富と反比例

　上述のような新たな関心にくらべて、国連開発はかなり前から「脆弱国」に関与してきた。この点を大まかにまとめると、国連開発が生み出す効果は相手国の政治体制によって大きく異なり、さらに単純化していえば、相手国の規模もしくは国富と反比例している——相手国の「規模」の事例として、国連はネパールで大きな効果を生んでいるのに対し、パキスタンではわずかな効果しか生んでいない。また、相手国の「国富」の事例としては、モザンビークで相当な効果を生んでいるのに対し、エジプトでは現時点でわずかな効果しか生んでいない。

　この点については驚くにあたらない。というのも大国の場合、国境内の実体的な主権がどれほど空疎なものであっても、その法的主権を外部介入から守る仕組みをもつ余裕があるからである。

中東とアフリカに集中

　国連の投入資源の大部分が、地政学的には対極に位置する「アフリカ」と「中東」の、二つの低開発地域に集中している。どちらの地域とも、19世紀後半から20世紀前半の、欧州植民地支配下で取り決められた国境の中で築かれた、多様な政治体制が混在している。

　アフリカも中東も、その多くの国で貧困層が人口のかなりの部分を占め、極端な貧困も少なくない。両地域とも、1980年代と1990年代には市民的・政治的権利の面で、世界の底辺に位置していた（アフリカは、その後に

大きな変革を遂げている)。しかし、国際政治における位置づけの面では、アフリカと中東は根本的に異なり、国連もそれぞれに対して大きく異なる役割を担っている。

いうまでもなく、「中東」は良くも悪しくも世界経済の主要エネルギー源地域であると同時に、現在の世界で最も長く激しい紛争といえるイスラエルとパレスチナの紛争を抱えている。この二つの要因が相まって、中東は世界の主要国の利益と戦略にきわめて大きな存在となっている。その点、「中東」における国連は、ここにきて存在感を増しているとはいえ、小さな活動主体にとどまっている。

これに対し、「アフリカ」は世界の最貧国を多くかかえ、国連の「平和維持活動」全体の75%を占めると同時に、人道支援の大きな対象ともなっている。

2 国連開発の関与

人道支援と開発支援

脆弱国における国連開発の関与は、重なり合いながらも明確な二つの側面を持っている。国内紛争への対応が国際問題として一気に浮上した冷戦後の最初期から、国連は紛争影響国の人道支援に関与し、たとえば「人道支援」と「開発」の両面で役割を担うユニセフ(UNICEF:国連児童基金)などの国連機関を充ててきた。

国連開発システムはすでに世界的に展開しており、1990年代前半の時点でも、多くの場合、最小限であったにせよ、国連常駐調整官と国連開発計画(UNDP)事務所が危機的状況にある国々に配置されていた。そこでは、人道問題調整が開発問題調整を補完するケースが多かった。その象徴が、紛争影響国における「国連開発計画」と「国連人道問題調整事務局」(OCHA)との間の取り決めで、国連は常駐調整官を常駐調整官兼人道調整官(RC/HC)——通常は国連人道問題調整事務局または国連人道関連機関から派遣される——に置き換えた。

安定的開発への回帰

　国連の開発機関が取り組みを強化したのは、1990年代後半から2000年代前半にかけてのことである。1995年には、こうした変化を組織構成に反映させた初の事例として、国連開発計画（UNDP）内に「緊急対応部」（＝FRD、現在は危機予防復興支援局＝BCPR）が設置された。この流れを決定づけたのは、1990年代末にバルカン半島とサハラ以南アフリカでいくつもの内戦が終結すると、紛争後の支援活動に的が移され、「安定的開発」への回帰が強く意識されるようになったことである。

　その後、「紛争後の開発」という課題に対する認識の高まりは「平和構築」という言葉で表現されることになったが、それは依然として紛争影響国・地域における国連開発、あるいはそれに準ずる開発関与にとって、概念的枠組みの中心だった。

平和構築

　以後、紛争影響国における国連開発プログラムは着実に拡大してきた。2000年代の終わりには、紛争後の「平和構築」が国連開発活動の中心的部分を占めるに至った。それは次のような数々の数字が物語っている。

　2011年の発表で、国連は25の脆弱国における「開発・人道支援」に60億ドル強を支出した。この額は、紛争の影響下にない低所得国全体に対する支出額の2倍にあたり、また中所得国に対する合計支出額に相当する。OECD（経済協力開発機構）加盟国のODA（政府開発援助）支出総額に人道支出が占める割合は9%であるのに対し、国連では支出総額の41%を人道支出が占めるまでに至った。

人員規模の拡大

　さらに著しいのが「人員規模」の拡大である。2011年の発表で国連開発機関が25の脆弱国に配置した人員は2万5000人強に及び、他の国々に配置された人員規模を上回った（地域事務所の職員は含まない）。この人員数

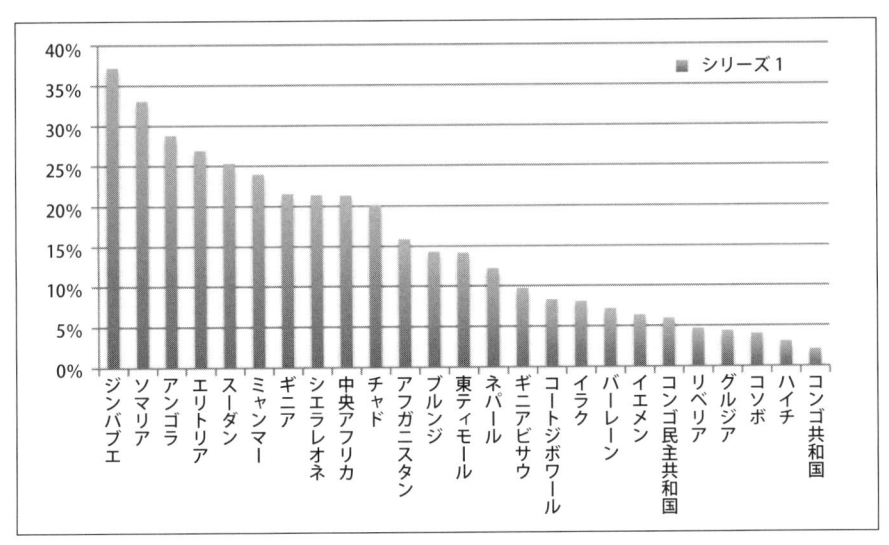

ODA 全体に占める国連開発支出の割合*4

には「平和維持活動」の民間要員も含まれているが、その数を除いたとしても、国連開発機関が脆弱国に配置している人員には相当な重みがある。たとえばスーダンの場合、平和維持活動以外の国連職員は1300人強にのぼる。中所得国の場合、その数は平均的に数十人あるいは100〜150人(地域事務所の職員は除く)、低所得国では多い場合で150〜200人である。

3 国連活動の規模

開発資金の援助

このような配置状況から、脆弱国における国連活動の規模と重要性がうかがえる。それは支出状況にも表れている。ジンバブエ、ソマリア、アンゴラ、エリトリア、スーダンの5カ国では、国連によって(または国連を通じて)投じられている「開発資金」がODA(政府開発援助)全体の25%

---

*4 出典：World Bank Data 2010; and United Nations Report of the Secretary-General Analysis of the Funding of Operational Activities for Development of the United Nations System for the Year 2010 - Statistical Annex (July 2012), Office for ECOSOC Support and Coordination.

国	ODA全体に占める国連開発の割合	ODA全体に占める世界銀行・国際開発協会の割合
アフガニスタン	16%	3%
アンゴラ	29%	4%
バーレーン	7%	22%
ブルンジ	14%	17%
中央アフリカ共和国	21%	7%
コートジボワール	8%	24%
チャド	20%	3%
コンゴ民主共和国	6%	33%
エリトリア	27%	4%
ギニアビサウ	10%	5%
グルジア	4%	10%
ギニア	22%	0%
ハイチ	3%	3%
イラク	8%	3%
コソボ	4%	0%
リベリア	5%	6%
ミャンマー	24%	0%
ネパール	12%	18%
コンゴ共和国	2%	14%
シエラレオネ	21%	12%
ソマリア	33%	0%
スーダン	25%	0%
東ティモール	14%	1%
イエメン	6%	22%
ジンバブエ	37%	0%

脆弱国に対する国連と世界銀行の ODA

超に達し、とくにジンバブエでは 37% に及んでいる。また、その数字が 15 ～25% の範囲にある国も、ミャンマー、ギニア、シエラレオネ、中央アフリカ共和国、チャド、アフガニスタンの 6 カ国を数える。

　しかし、その他の脆弱国では、上は 15% 弱から下はコンゴ共和国の 2%、ハイチの 3% となっている。脆弱国全体の平均は 15% である。人道支出を加えると数値がいくらか高くなり、60% を超える国もあるが（スーダン、

チャド)、全体の平均は 26% にとどまる。

　「国連開発」のシェアと「世界銀行」のシェアとの比較が興味深い。「未払い状態」に脆弱国があるということは、世界銀行がその国にスタッフや、融資や国際開発協会（IDA）の資金配分をしていないということである。それ以外の脆弱国では、世界銀行は ODA（政府開発援助）全体の 11% を占める（当然ながらこれは世界銀行の融資活動を意味していない）。しかし、国ごとのばらつきが大きく、世界銀行が事務所を置いているほぼ半数の国々では ODA の大きな割合を世界銀行が占めている。

Part 3
紛争

❶ 紛争と開発

政治と安全保障

　国連開発の達成状況を理解するうえで、本筋からは外れるが重要な意味をもつ問題として、低開発の国々における「紛争」の原因を簡潔にまとめておきたい。

　かつては長い間、「紛争」と「開発」に関する研究は別個の領域として行なわれていた。しかし近年、開発に携わる関係者と研究者は、とくに脆弱国に関して、政治と安全保障の問題が開発と国家建設に及ぼす影響の重要性を理解するようになった。そのうえ、安全保障に関する研究は、とくに内戦など、低所得の脆弱国で生じやすい種類の紛争に重点を置くようになった。

　脆弱国のこうした問題にどう対応したらよいかについて、「紛争」と「低開発」と「復興」とのつながりを理解することが中心的な研究課題となっている。

内戦の研究

　脆弱国の「低開発」に関する研究を「紛争」に関する研究に結びつけようとした先駆的試みは、1990年代末に、世界銀行がポール・コリアー（Paul Collier：イギリスの経済学者。オクスフォード大学教授）の指導のもとで行なった研究である。

　「内戦」に関する研究自体は、それまでにもあった。それまでの数十年にわたり、国際社会は中央アフリカおよび東アフリカ、バルカン半島での内戦に大きな関心を向けていた。外からの視点では、これらの内戦は長年の民族

対立を根本原因とし、それが泥沼化してソマリアやルワンダのような破局状態に行き着いているように見えた。

　ところが、「内戦」について研究する政治学者たちは、一連の内戦を狭い意味での民族紛争として捉えるのではなく、実際には政治、安全保障、アイデンティティ、社会制度、リーダーシップという要因が複雑に絡み合っていることを見いだしていた[*5]。しかし、内戦に関する安全保障の研究成果は「開発政策」にほとんどつながっていなかった。

禍根よりも経済的欲望

　しかし、コリアーの研究は、その点に違いがあった。世界的存在である世界銀行から報告書が発表されたことも相まって、コリアーの研究は現実の政策論議にも影響を及ぼし、内戦の原因は「禍根」よりも「経済的欲望」のほうが大きいという点に、とくに開発コミュニティが注目した——コリアーの結論はこれよりも複雑だったが、単純化されて政策論議に影響を及ぼす結果となった。なぜなら、経済的な動機は測定が可能であり、したがって援助など既存の仕組みを通じて対処することができるからである。

2 紛争の原因

定量的研究

　紛争の「経済的原因」を指摘する研究結果を受け入れたのは開発コミュニティだけではなかった。政治学の分野も比較研究や定性的研究から定量的研究へ転換するさなかにあった。コリアーは、内戦の原因に関する研究に定量的研究という手法を用いた最初の一人だった。開発コミュニティから熱い注目を集めただけでなく、政治学者にも受け入れられたことによって、コリアーの研究は、その後の10年間にわたる経済的動機と内戦の原因に関する研究へとつながった。具体的には、

＊5　Stedman 1995; Brown 1995; Stedman & Rothchild 1996.

① 天然資源*6
② 1人当たり所得の低さ*7
③ 所得不平等*8

などが研究の焦点となり、脆弱国の貧困削減に重点を置く開発コミュニティの援助戦略が強化された。

「経済的欲望」仮説の修正

しかし、一つだけ問題点があった。それは、「経済的欲望」仮説に欠陥があったことである。コリアーは徹底した学究者であり、優れた学者の例に漏れず、絶えず研究結果に自問を重ねていた。そして、その後の研究で「経済的欲望」仮説の修正を進めていった。

コリアーは、内戦に関する最新の著書では"経済的要因"にほとんど重点を置かず、安全保障上の問題、政治的要因、制度上の問題に焦点を当てている。これらは、「経済的欲望」仮説が提起される以前に政治学者たちが検証していた要因の一部である。これはコリアーだけに限らず、いくつかの主要な新研究においても、「経済的欲望」だけで内戦あるいは低開発のパターンを説明することはできないことが示されている*9。

政治的要因に焦点

これと並行する形で、「経済協力開発機構」の「開発援助委員会」（OECD／DAC）が、国家建設の新しい捉え方を模索し始めていた。この研究は、従来の開発経済研究の流れから離れ、国家の構築と発展に関する政治学と歴史学の研究成果を活かそうとするものだった。

そこから生まれたのが、「政治的要因」に比重をおいた捉え方である。その焦点は、統治正統性および政治解決、国家建設に関わるさまざまな営為の関係性、つまり機構構築や社会的ニーズの充足、国家アイデンティティの育成などであった*10。

領域	内部的要因	外部的要因
安全保障	・過去の暴力や遺恨	・侵略、占領 ・反乱への外部的支援
経済	・所得水準の低さ、反乱の機会費用の低さ ・若者の失業 ・天然資源 ・汚職・腐敗の蔓延 ・急激な都市化	・物価の急騰 ・気候変動
政治	・民族・宗教・地域間の争い ・差別や被差別意識 ・人権侵害	・特定の民族・宗教集団に対する世界的な不平等・不公正な扱い

紛争につながる内部的要因と外部的要因

経済的変数からの解釈

　世界銀行が『世界開発報告書2011』で、脆弱国と紛争の問題に関して、経済学、政治学、政策研究の知見を総合的にまとめ上げた。この報告書は、相当量の英語文献に加え、フランス語、スペイン語、アラビア語をはじめとするさまざまな言語の文献にもとづき、主要な定量的研究の再検証、定性的研究と比較研究の再検討、OECD（経済協力開発機構）の知見の検証などを行なった。また、個々の事例と"国際的要因"に関する包括的な研究も外部委託された。

　報告書の編纂にあたっては、各国の政策立案者や学者との諮問会議が南アジア、中東、ペルシャ湾岸地域、中南米、中央・西・東アフリカ、バルカン半島で開かれた。社会科学者が利用できる「機構的要因」に関するデータもまとめ上げられた。それまでの定量的研究に関する再検証の大きな成果の一つとして、定量的研究の多くは、「政治的要因」あるいは「機構的要因」に

* 6　Collier 2003; de Soysa 2000.
* 7　Fearon2010; Keefer 2008.
* 8　この関係は殺人率によって捉えられている。（Fajnzylber, Lederman, Loayza 2002; Messner, Raffalovich and Shrock 2002.）
* 9　Fearon 2010; Goldstone 2010.
* 10　Jones and Chandran 2008; Papagianni 2009.

関するデータをまったく取り上げていなかったことが指摘された。

つまり、"経済的変数"を測定するほうが容易ということであり、正確に解釈すれば「経済的要因のほうが大きい」のではなく「入手できるデータに基づけば、経済的要因のほうが大きいと考えられる」ということだったのである。この『世界開発報告書2011』によって、各国の機構的変数に関して、世界銀行が保有する膨大なデータが初めて研究と検証に活用されたのだった。

脆弱性と紛争

突き詰めていえば、この『世界開発報告書』の知見によって私たちは、1990年代末に比較政治学者たちが到達し、OECD（経済協力開発機構）が向かい始めていた地点に立ち返ったのである。

つまり、脆弱性と紛争は"複雑な原因"による"複雑な問題"であるという捉え方である。コリアーの新著、ジェームズ・フィアロン（James Fearon：スタンフォード大学教授）の新しい研究、複数の研究者による「政治的暴力」に関する代表的研究も、同様の結論を示していた[*11]。これらの知見は複数の研究によって追認され、その信頼性が高められた。

3 内戦の原因

暴力の動機・引き金・経済的要因

要するに、「内戦の原因」に対する捉え方は次のようにまとめられる。

まず第一に、「暴力」は〈非合理的反応〉あるいは〈感情的反応〉と見なされるべきではない。なぜなら、多くの場合かなりの行為者にとって、暴力は戦略としての「合理的」な選択だからである。

第二に、個々の状況に応じて、一連の要因のいずれかが、政治指導者などを「暴力的戦略」に向かわせる"動機"を生み出す。それらの要因は、基本的に政治的性格を帯びる。ある民族集団や宗教的集団、地域的集団が権力の中心から排除されている場合、暴力的手段を含めて、既存の秩序に挑もうと

する強力な"動機"が生まれる。その動機は安全の保障を求めて生じる。少数派集団が迫害あるいは抑圧されることを恐れ（あるいは実際に迫害や抑圧を受け）、その状況を正すために戦闘に転じるという構図である。

また、安全保障に関わる外部的要因も「暴力」の引き金となりうる。たとえば、侵攻される危険、あるいは波及的要因として国境内への武装人員や装備、資金などの流入、犯罪ネットワーク、金融、難民などである[*12]。

さらに、「経済的動機」もありうる。排除された集団が国家予算の恩恵を受けることができず、民間セクターが限定され、統制下にある場合、既存の秩序に挑むことへの強力な経済的要因が生まれる。国家が重要な天然資源を保有している場合、そのような経済的動機はさらに強まる[*13]。このような動機は主として内部的要因であるが、地域や外部の力学によって増幅・操作・補強または制限されうる[*14]。

4 暴力[*15]

機構の脆弱さに起因

内戦の原因の捉え方の第三に、決定的に重要なこととして、そのような動機は内戦下にある国々に限らず、その他の多くの国にも存在している。内戦に至る国と至らない国がある理由のもう一つの決定的要因が、「機構の脆弱さ」である。政治と結果責任に関して十分な機構が備わっている国では、既存の秩序に対する挑戦も往々にして政治的対話や法的措置、非暴力的闘争などを通じて吸収されうる。

「暴力」への誘因が強まるのはこのような機構が弱い場合である。内戦と極端な暴力の予測には、弱い財政・行政そして強制行為能力が、その他の局面（たとえば、経済略奪、政治不満、人種統合など）の因子よりも適してい

[*11] Jones and Chandran 2008; Papagianni 2009.
[*12] Brown 1996; Puerto Gomez and Christensen 2010; Gleditsch 2007; Fearon and Laitin 2003; Saleyhan 2006, 2007; Collier 2003; Craft 2002.
[*13] Auty 2001; de Soysa 2000; and Karl 1997. などの文献がある。
[*14] Fearon 2004; Auty 2001; de Soysa 2000; Ross 2004; Svensson 2000. などの文献がある。
[*15] World Development Report 2011.

る*16。

　『世界開発報告書 2011』は、開発に関わる多数の機構のうち、内戦の発生または再発に最も関係しやすいものとして、「治安機構」「司法機構」「雇用創出機構」の三つを特定した。また、これらの機構が確立されるためには「包摂的」な政治的解決が前提となることを明らかにした。

＊16　Fearon 2010.

Part 4
脆弱国における国連の役割

❶ 比較優位性
政治と安全保障をつなぐもの

　以上の点はすべて、国連開発システムの脆弱国に対処することの比較優位性、すなわち、その国連の政治的手段と安全保障手段との"つながり"である。

　比較優位性の第一は、アフガニスタンでの北大西洋条約機構（NATO）による活動は例外として、「国連平和維持活動」（PKO）が、脆弱国に対処するための国際安全保障上の対応の中枢を占めていることである。よく「地域機構」の重要性が語られることも多いが、数字がはっきりと実態を示している。

　すなわち、冷戦後時代を通じて、脆弱国を中心対象とする国連平和維持活動の派遣人員（「国連ブルーヘルメット」）は着実な増加を続け、地域機構による展開規模の数倍に及んでいる。

　第二は、「国連人道機関」との"つながり"があることである。1990年代と2000年代の20年間、国連人道機関を通じた支出は、絶対額でも、「人道支出」が支出全体に占める割合でも着実に増加した。国連人道機関は広範な国連開発機関（UNDGO：国連開発グループ事務所、現在はUNDOCO：国連開発業務調整事務所）の一部であり、人道機関は国連に脆弱国に関与する機会を提供している。

　そして第三に、この"つながり"は「統合」（インテグレーション）を支える政策環境を提供していることである。もしも国連がこうした政策環境になかったならば、上述のようなつながりも意味をもつことにはならなかっ

た。各国政府や多国間機関の間で、紛争状況においては「各機関全体の対応が必要である」という認識が広がっているが、国連以外の多国間機関はこの結論に達するのが遅かった。

たとえば、北大西洋条約機構（NATO）が「包括的対応」を採用したのは 2010 年のことである。これに対し国連は、1998 年に人道・開発・政治、そして安全保障の統合化に向けた、初の「指針」を打ち出している。

統合の基本モデル──その長所と短所

具体的には、国連「事務総長特別代表」（SRSG）の権限のもとに国連の現地活動を統合する基本モデルが設定された。その後、経済と開発に関わる活動において、また必要な場合には人道支援活動においても、「国連常駐調整官」（UNRC）が「事務総長特別副代表」（DSRSG）を務める仕組みとなった。

このモデルには長所と短所がある。開発活動がどうしたら包摂的な政治過程を強化できるか──。国連事務総長特別代表が見通せている場合には、「統合」の仕組みは戦略を行動に移すことを助ける。しかし現実には、そのような見通しもなく、あるいは組織開発に関する基本的理解に欠ける国連事務総長特別代表が多い。

加えて、この形態による国連活動の「統合」はいくつかの基本的事実を看過している。すなわち、国連のミッションは戦略の全側面に焦点を充てたものでも、国連カントリーチームに焦点を充てたものでもないという事実である。というのは、人道・社会分野では国連機関は中心的役割を担うが、経済分野では国際金融機関と二国間援助国がより大きな重みをもっているからである。

2 国連モデル

統合的戦略モデルの形態

「国連モデル」に基づくいくつかの形態が試されており、課題と選択肢の

両方を示している。それらを以下に示す。

❶ 政治面、軍事面、または援助面での非公式的な協力
　　……レバノン、ネパール。
❷ 特定の国で活動している国際機関による合同計画立案の立ち上げ
　　……国連コンゴ民主共和国ミッション（MONUC）。
❸ 国際金融機関の国連ミッションへの「統合」
　　……国連イラク支援ミッション（UNAM）の初期段階。
❹ 政治、法の支配／公共行政、経済開発などの分野別による複数の国連事務総長特別副代表の活用
　　……国連コソボ暫定統治ミッション（UNMIK）、国連アフガニスタン支援ミッション（UNAMA）。
❺ 国連ミッションの各構成部分とその他の活動主体を集め、「戦略策定チーム」として活用
　　……UNMIKの初期段階。
❻ 当事国および国際的責任を固めるための「ストラテジック・コンパクト」（戦略的契約）の開発
　　……1998年および2005年のアフガニスタン。
❼ 対象国別の「平和構築委員会」（PBC）の設置――当事国政府、国連事務総長特別代表、国連カントリーチーム、国際金融機関（IFI）、二国間援助国および主要な地域活動主体を結びつけ、コンパクト（契約）をも活用
　　……ブルンジ、シエラレオネ。

二つの教訓

それぞれの「統合戦略モデル」の長所と短所については、本報告書の目的範囲外である。しかし、ここでの要点として、国際的取り組みを調整する主導者としての「国連ミッション」の重要性は、時間の経過とともに変わることになりやすい。政治的状況と治安が安定化すれば、より幅広いプログラム活動が入ってくるからである。端的に述べれば、一連のかたちを通じた10

年間の実験から、「統合ミッション」（Integrated Mission）あるいはそれに準ずる試みを通して二つの教訓を得ることができる。

● 戦略から組織統合へのすり替え

　第一に、国連の統合戦略実績が依然としてかなり"弱い"ことである。その理由の一つは、国連の「統合ミッションモデル」（最近までの主流モデル）の焦点が、「戦略」から「組織」統合にすり替わっていることにある——とくに国連関連諸機関に焦点が絞られている。

　したがって、統合ミッションはおのずと国連関連諸機関そのものの構造を反映する組織構造となり、それぞれの機関の利益のすべてを反映する多面的な戦略をもつことになる。国連安全保障理事会も任務の規定にあたっては、「考えられうることのすべて」もしくは「責任を問われうる過誤のすべて」をカバーしようとし、したがって現地で活動する国連の諸機関は、中心的戦略に力を合わせることよりも、さまざまな方向に動かされることになる。

● 統合戦略の成果

　第二に、それにもかかわらず、「統合戦略」の問題に関して、国連は他の国際機関よりもすぐれた「成果」を上げている。さらに、ここにきてとくにリビアなどで、注目に値する新しい統合形態が現れている。

　すなわち、経験豊富な国連事務総長特別代表の手腕によって、戦略の遂行に資さない国連機関を関与させないように国連システムを効果的に活用するとともに、「統治」の文民領域に対する国連の関与拡大を求める圧力を拒む一方で、世界銀行との創造的なつながり方を見いだすことには応じる、というあり方である——世界銀行はリビアの石油開発の資金調達管理に関わっていることから、リビアできわめて大きな役割を果たしている。

Part 5
成果不足

◼ 復興初期段階の対応

戦略・人材・資金の不足

しかしながら、このような「統合」の努力は、いずれも次のような重要問題の解決につながっていない。包摂的な政治を促進する早期の効果的な行動をまとめ上げ、主要な国家機構の変革過程を開始するという目標が、国際支援の"弱点"の一つとして残り続けているという問題である。復興促進のための効果的な行動は改革努力の足かせになっている。

なぜなら、紛争終結後の「第一局面」（最初の 12 カ月から 24 カ月）において、「早期復興」を可能とする行動の"まとめ上げ"という任務は、紛争対応を中核任務としていない二国間および多国間の開発活動主体の「急造グループ」に委ねられる。その種の開発活動主体は、その場で必要とされる文民や行政官の「人材」を持ち合わせておらず、資金も間欠的で緩慢な「任意拠出金」に頼っているからである。

初期構想の欠落

その結果として、驚くまでもなく、中核的な統治能力の構築と経済活動の点火を図る「初期の構想」が打ち出されないことが少なくない。同様に、国家の機能とサービス提供に必須の「公共行政」への投資、生計に必須の「農業復興」への投資、平和の持続に必須の「治安部門」の改革などもなされずに終わる。「政治過程」に対する信頼も維持されていない。そして、これらはすべて劣悪な結果につながる。

すなわち、国際活動主体が派遣の延長を余儀なくされるか（ボスニアのよ

うに)、復興努力がつまずくか (アフガニスタンのように)、あるいはその両方である (東ティモールのように)。

三つの本質的弱点

復興初期段階の国際的対応は、次にあげる三つの本質的な「弱点」を抱えている。

❶「戦略」の不足……和平合意の実施戦略を復興の他の側面につなぐ手段の不足。
❷「資金調達」の不足……資金調達手段に柔軟性と迅速性と即応性が欠けている。
❸「能力」の不足……とくに「法の支配」などの分野における文民能力の不足。

このような"弱点"によって、国家の統治力回復を支える「国連平和維持ミッション」の能力が損なわれている——復興初期段階の取り組みのもう一つの欠点として、国内外からの国家能力の評価を起点としていない点がある。

2 統治力回復の取り組み

供給側の主導の援助

そのうえに、紛争後の資金支援が当該復興担当官庁も含め、開発の正統主義に閉じ込められているため、「復興」に適していない。一例として、「供給側主導の援助」という現象がある。2000年以降の平均値で、紛争後の国々ではGDP (国内総生産) の70%を占めている農業に、開発援助は平均して全体の3%しか振り向けられていない。

さらに、ドナー (援助提供者) 側はいまだに、「法の支配」や警察活動などの決定的に重要な「復興プログラム」への十分な支出を可能にする政治的改革を完了させていない——たとえば、OECD (経済協力開発機構) の

ODA（政府開発援助）基準のように。ただし、ごく最近になって、この点はいくらかこういった方向に向かう変化が生じている。

制度変革への支援不足

　第二に、当該国の政治制度、治安制度、司法制度の「変革」を支援する取り組みに不足がある。これは国連だけの問題ではなく、脆弱国への対応という「国際的安定化」の取り組み全般における欠陥である。一般論として、問題点は次のようになる。

　国際システムは基本的に、国連だけでなく、「北大西洋条約機構」（NATO）――程度は少ないが地域機構も――を通じて、政治的課題と安全保障上の課題に短期的に対応している。こうした仕組み――国連安全保障理事会、国連平和維持活動局（DPKO）、国連政治局（DPA）など――は不足解消の手段として、新しい取り決めや制度的改革につながる重要なスペースをつくることはできるが、こうした仕組み自体が制度的改革を支えるわけではない。

　その一方で、一部の開発活動主体は「制度改革」を中心課題と捉えている。しかし、本論の **Part 2**（脆弱国における国連の役割）で述べた理由から、大半の開発活動主体は現時点で政治制度と治安制度の改革に大きく関与してはいない。

　しかし、例外として、英国国際開発省（DFID）のプログラム、ブルンジにおけるオランダの治安部門改革（SSR）プログラム、ハイチにおけるカナダ国際開発庁の司法制度改革の取り組みなどがあるが、あくまでも例外であって通例ではない。

　このように、紛争が後を絶たない「根本的原因」、すなわち包括的な政治的安定がなされていないこと、司法・治安・雇用の制度が弱いことに対する認識は高まったものの、その認識が国連を含む国際的対応の体制に反映されていない。

治安と開発の結びつきを強化

また、「国連平和構築委員会」(PBC)、「国連平和構築支援事務局」(PBSO)、「国連平和構築基金」(PBF) などの新しい仕組みも問題解決につながっていない。

「国連平和構築委員会」設置の主目的は、紛争後の復興における政治的側面と財政的側面をより強く結びつけること、つまり国連用語で言えば「治安と開発の結びつき」を確立することにあった。「国連平和構築委員会」で最初の二事例となったブルンジとシエラレオネの場合、重要なことは統合的な「平和構築戦略」を明確に定めることによってこの結びつきを強化することにあった。

3 平和構築の策定

戦略の枠組み

その議論のなかから、このような対応の利点と綿密な「戦略策定」の過程が導き出された。この点については後述する。

戦略の枠組みをどう定めるかは個々の事例によって異なり、またこれまでの経験も一様ではない。しかしながら、「国連平和構築委員会」は、関係するステークホルダー（利害関係者）間の対話を通して、平和の強化における政治・治安と経済・財政の重要な"結びつき"を強める基盤としての自らの価値を立証している。

さらに、その過程から、また関係活動主体が過程と組織に共に参加するという単純な事実から、各国の「平和構築」における財政面と政治面の緊張関係を緩和する機会、さらにはその相乗効果を生み出す機会も生まれた。とくに、下記の「二つの経験」によって参加活動主体の姿勢が変わり、主要な活動主体を本部に集結させるという、「国連平和構築委員会」固有の利点が浮かび上がってくる。

国連平和構築委員会

　その経験の第一は、「国際通貨基金」(IMF) がブルンジの第6次評価完了を先送りする意向を示した際の「国連平和構築委員会」(PBC) の対応である。国連ミッションの幹部を含めて、ブルンジで活動する関係活動主体は、国際通貨基金の対応をブルンジの不安定化と和平過程の不安定化につながるおそれのあるものとして受け止めた。

　その危機の回避に大きくつながったのが、ブルンジに関する国連平和構築委員会国別会合の議長をはじめとする国連平和構築委員会の積極的行動だった。国連平和構築委員会側は、ブルンジ政府と国際通貨基金の対話に政治的スペースを生み出し、ブルンジ政府に統治上の問題の解決を強く求めるとともに、経済関係の活動主体に対しても、経済危機が政治と治安にもたらす悪影響を考慮するよう強く求めた。この働きかけは国連平和構築委員会の本部と現地の両方で行なわれ、したがって、本部の政治的な意思決定と現地レベルの現実が直接的につながる結果となった。

経済的リスクの脅威

　第二の経験のシエラレオネにおいても同様に、「エネルギー」が戦略的枠組みの重要課題として組み込まれることによって、重要な原則が浮かび上がることになった。それは、「経済的リスク」は治安や政治上のリスクと同様に平和への重大な「脅威」になるという点である。シエラレオネにおいて「国連平和構築委員会」は、通常は中・長期的開発課題とされるエネルギーを、平和維持の枠組みに含めることに政治的支持をまとめ上げるうえで、ステークホルダー（利害関係者）間の交渉を促した。

　どちらの事例も、復興の政治的側面と財政的側面が「相互強化」の関係にならなければならないという、基本的要点を裏付けている。「制度」に関しては、一貫性のある復興戦略を推進するうえで、国連と国際金融機関は協働しなければならないということを意味し、「国連平和構築委員会」はこの目

的に貢献している。しかしながら、ブルンジとシエラレオネのあとに同様の事例はほとんど現れていない。

　ブルンジとシエラレオネにおける「国連平和構築委員会」(PBC)の貢献のもう一つとして、国連安全保障理事会の政治的関心が薄れてからも国連平和構築委員会は注目し続けたという事実がある。

　紛争を抜け出した国に対する政治的関心は、国際平和維持部隊の引き揚げとともに薄れる傾向にあるが、その時点ではまだ当該国の「国家制度」が完全に確立されていないために、「紛争再発」の危険が高まることになる。しかしながら、この点に関して、ギニアビサウでは、国情の深刻な悪化を防ぐだけの政治的関心を PBC は向け続けなかった。これは中央アフリカ共和国に関しても同じである。

4 平和構築・国家建設目標の策定
脆弱国側からの提言

　しかし、このような実情にもかかわらず、紛争後の安定的統治のための「制度強化」への転換は起こっていない。このギャップから、紛争影響国側が自発的な動きを起こすようになってきた。最も重要な進展として、18 の紛争影響国が、それぞれの開発経験から得た教訓を共有し、紛争影響国に対する国際活動主体による関与の効果向上を求めて、2010 年に「G7+」が立ち上げられた。

　「G7+」は、2011 年 11 月に開かれた第 4 回「援助効果に関するハイレベル・フォーラム」において「ニューディール」を発表し、脆弱国側が初めて、関与の枠組みに「平和構築と国家建設に関する目標」(The International Dialog on Peacebuilding and Statebuilding's Goal) を用いるよう求めた。そこで採択された 7 つの「平和構築・国家建設目標」(PSG) には、上述したギャップに対する問題意識が反映されている。

7つの「平和構築・国家建設目標」

7つの「平和構築・国家建設目標」(PSG)は次のとおりである。

1. 包括的な政治的安定・過程と包括的な政治的対話の促進。
2. 基礎的な安全保障と治安の確立・強化。
3. 平和的な紛争解決と司法の実現。
4. サービス提供を効果的に促進し、説明責任も果たす政府機構の確立。
5. 持続可能な生計手段、雇用、天然資源の効果的な管理など、包括的な経済開発の基盤づくり。
6. 和解と平和的共存のための社会的能力の強化。
7. 地域の安定と協力の促進。

この7つの目標は、2011年に韓国・釜山での「援助効果に関するハイレベル・フォーラム」において、「G7+」と経済協力開発機構(OECD)によって採択され、開発の新しい枠組みの重要な一部分となった。この採択に国連総会が関与しなかったことが、将来的に問題となる可能性もあるが、2015年以降の開発課題の協議過程において、部分的に対応することは可能である。このような問題点もあるとはいえ、この7つの目標は、脆弱国にとって、紛争再発の根本的原因の解消につながる開発の「規範的枠組み」として、大きな前進の一歩を意味している。

Part 6
国連の活動成果の評価

自己評価文化の弱さ

脆弱国における国連活動を分析的に調査する場合、個々の国連専門機関、あるいは国別プログラムの成果に関して詳細な結論を得るうえでも、また脆弱国のタイプ、平和維持活動の規模などによる「成果の差異」の分析に関しても、20年以上におよぶ評価資料を分析材料にすることができるはずである。しかし、実際には、必要な評価資料のごく一部すら揃っていない。

国連開発機関の「自己評価文化」の弱さに加え、まったく一貫性がないドナー（資金拠出者）主導の評価作業により、散発的で比較不可能なプロジェクトレベルの評価しか存在せず、専門機関別あるいは国別の総合的評価の基礎データが得られない状態にある。

評価測定の困難さ

さらに、効果的成果の「判定基準」についても合意すら得られていない。何をもって結果が達成されていることを知るのか？　国連は現在、紛争予防と平和維持と平和構築にまたがる活動に関して、どのように進歩をはかるのかという問題に取り組んでいる。当然、そこにも難題がいくつかある。

第一に、何をもって安定への最低限度の「進歩」とするかについて、見解がさまざまに割れている。

第二に、「国連安全保障理事会」もしくはドナー側（あるいは両者）の政治的必要性に駆られた「判断基準」は、国家オーナーシップを欠く非現実的な内容の目標、あるいは政治的疲弊と援助疲れが生じた時点で「成功」を宣言してしまえる、曖昧な目標につながるおそれが強い。

そして第三に、決定的に妥当な「指標」（有効な包括的な国内政治過程の存立）は流動的で、測定があまりにも困難である。

2005年の「平和構築委員会」（PBC）の創設に際しては、「すべての関連情報を『政治的安定』という中期目標の全体像にまとめ上げる仕組みを持つ」ということが重要な理論的根拠となった。また同時に、国連安全保障理事会と国連総会が「平和構築支援局」（PBSO）の創設も認め、「短期および中期の復興目標達成の測定」をその任務とした。しかしながら、現在までのところ、それは逆に平和構築委員会と平和構築支援局の最も弱い活動分野の一つになっている。

機構構築──G7+と国際対話
「G7+と国際対話」──「G7+」と経済協力開発機構（OECD）の「紛争と脆弱性に関する国際ネットワーク」（INCAF）──は、平和構築支援局の支援も得てこの問題に取り組み始め、結果の測定基準となる「平和構築・国家建設目標」（PSG）の一連の指標を打ち出した（265ページ参照）。
冷戦終結からほぼ25年も経ってから進捗状況を測定するための「指標」がようやく打ち出され始めたというのは驚きを通り越してしまうほどだが、少なくとも、そうした取り組みが現在進められている。
「G+7と国際対話」の長所の一つとして、包括的な政治・安全保障・司法の分野における「機構構築」に重点が置かれている。このテーマは世界銀行の『世界開発報告書2011』でも大きく取り上げられた。この分野における国連の成果をつぶさに見ると、重要な点が浮かび上がってくる。

Part 7
「法の支配」の確立

1 政策と活動主体
共通の焦点

　脆弱国における国連の役割を見ると、「法の支配」の確立が共通の焦点として浮かび上がった。この10年間に、国連安全保障理事会は160を超える「決議」のなかで、女性、平和・安全保障、武力紛争下の子ども、武力紛争における文民保護などの文脈で「法の支配」に言及している。

　安保理はまた、22の平和維持活動と8つの特別政治ミッションに、「法の支配」に関する任務を与えている（終了したものと継続中のものの合計数）。

包括的戦略と能力構築

　それとともに、国連本部から「法の支配」に関わる問題に、数々の政策が打ち出されている。2004年には、安全保障理事会に対して、第1回国連事務総長報告書「紛争中および紛争後社会における法の支配と移行期の司法」が発表され、また2005年、「世界サミット成果文書」では「世界の安定」に対する脅威と課題の性格の変化が強調され、「法の支配」の確立に的を合わせて問題に取り組む「包括的戦略」が提言された。

　また、国連が地域機関および国際金融機関との協力を通じて「法の支配」に対する支援を行なうために、強力な「能力構築」の仕組みを確立することが推奨された。

　これを受けて、大量の国連政策文書がまとめられた。たとえば、「法の支配に関する第2回国連事務総長報告書」（2006年）、「安全保障セクター改革に関する国連事務総長報告書」（2008年）、「法の支配の支援に対する国連

の対応に関するガイダンス・ノート」(2008年)、「移行期の司法に対する国連の対応に関するガイダンス・ノート」(2008年)、「国際レベルにおける法の支配の強化に対する国連の対応に関するガイダンス・ノート」(2011年)、「法の支配の支援に関する年間現状報告」(2008～2011年)、「法の支配に関する国連の取り組み総括報告」(2011年)などである。

現地レベルでの関与

　「政治」と「安全」と「開発」への対応を結びつけることの重要性を反映して、この分野には数々の活動主体が現地レベルで関与している。

　具体的には、国連政治局(DPA)、国連平和維持活動局(DPKO)、国連開発計画(UNDP)、ユニセフ(国連児童基金)、国連人権高等弁務官事務所(OHCHR)、UN Women(ジェンダー平等と女性のエンパワーメントのための国連機関)、国連薬物犯罪事務所(UNODC)、国連法務局(OLA)などである。

「法の支配」強化──機構の創設

　「法の支配」に関わるこれらの取り組みを調整するために、国連事務総長は2006年に「法の支配資源・調整グループ」(RoLCRG)を創設した。「法の支配資源・調整グループ」は副事務総長(DSG)レベルの指揮下に置かれ、「法の支配」に関わる取り組みの断片化を最小限に抑えるべく、国連システム内の調整の中枢として機能する役割を託された。

　その一方で、2007年、平和維持活動局が「法の支配・保安機構室」(OROLSI)を設立し、紛争影響国における司法と治安の再確立に求められる総合的対応の策定を担うことになった。さらに、国連開発計画も「法の支配」に関わる「危機予防復興支援局」(BCPR)を設置した。その危機予防復興支援局は2008年、37の脆弱国において「法の支配強化のためのグローバルプログラム」を開始した。

　その後、2012年から平和維持活動局と国連開発計画のプログラムは合同

配置されることとなった。

2 概念と実践における混乱
国連プログラムの欠陥

驚くまでもなく、このような政策が次々に打ち出され、国連の数々の活動主体が他の多国間・二国間活動主体と並行して「法の支配」に関わる問題に取り組むようになった結果、概念と実践の両面における重複、資源の限界化、全体的矛盾を生じるに至った。

基本的に「法の支配」の確立は、脆弱国の機構構築に対する支援の大半と同様に、政治的性格の濃い長期的努力である。ところが、国連プログラムの方式は、そのほとんどが技術的支援の性格を強く帯び、ドナー（資金提供者）の資金拠出期間に縛られている。これは「法の支配」の確立における最重要点を顧みない方式であり、脆弱国における国連活動を大きく損ねる結果となっている。

一方、現地には紛争後の脆弱国などにおける「法の支配」に関して、国連の活動主体が「政治」「安全保障」「開発」を結びつけることに創造性を発揮している重要な諸事例もある。しかし、それが規範となるにはほど遠い状態にある。

法の支配——二つの概念

さらにその一方で、「法の支配」の枠組みへ向かおうとする動きは、主に概念上の混乱から、官僚的なもつれを引き起こしている。「法の支配」に関して国連の政策と実践には「二つの概念」が混在している。

その一つは、司法・人権・治安制度の構築に焦点を置き、政治指導者たちに公式的な意思決定過程の縛りをかけ、「国家権力の乱用を防ぐ」という考え方——。

もう一つは、それよりも"厚い概念"で、手続きの規定だけでは個人や集団を抑圧から守れず、効果的な「法の支配」にはより深い「憲法と法の規

範」が必要であるとする考え方である。たとえば、完全な市民平等、裁判外紛争解決の仕組み、政治参加、多様な国際人権規定などの保障や、人間の安全保障と人間開発の促進につながる一連の政治的制度などである。

厚い概念——憲法と法の規範

　国連の政策文書に後者の"厚い概念"が徐々に取り込まれているが、前者の概念は現地での実施に色濃く反映されることが多い。しかしどちらとも、国連活動の最大の文脈、すなわち紛争状態からやっと抜け出した、低所得で政府組織が不整備の状況（つまり「紛争後状況」）にはふさわしくなく、また紛争後の開発であれ従来型の開発であれ、国連の関与を特徴づける「期間」にも合致しないように思われる。

　さらに、この混乱に加えて、「法の支配」に関する"厚い概念"は、国連が採用した平和構築の概念とほとんど識別できなくなっている。平和維持活動局（DPKO）の「法の支配・保安機構室」（OROLSI）と、国連開発計画の危機予防復興支援局（BCPR）の「法の支配強化のためのグローバルプログラム」の統合は、概念上の問題と組織上の問題を乗り越えていく第一歩ではあるが、まだごく初期段階でしかない。

3 人材確保

文民人材の確保とスタッフの拡充

　国連が現在直面しているもう一つの大きな問題として、平和維持活動と平和構築活動で要職に就く「文民人材」を確保することと、国連開発専門機関の本部で「法の支配」の問題に取り組む「スタッフの拡充」という、二層の問題がある。

　これは、国連の脆弱国における支援能力、つまり脆弱性の克服に必要な「法の支配」に携わる組織の確立に対する支援能力の核心に直結する問題である。

問題は「資金」

　これに関して、本部の問題は「予算」の問題である。平和維持活動局（DPKO）も国連開発計画（UNDP）の危機予防復興支援局（BCPR）も、この枢要な機能に対してわずかな通常予算権限しか持っていない。

　なぜなら、国連開発計画はみずからの足を縛っているのも同然で、この分野で国際的な求心力の中心となる大きな市場機会を十分に認識していない。法の支配・保安機構室（OROLSI）が平和維持活動局内に設置された時点で、みずからそのポジションを放棄したのかもしれない。

現地レベルの構造的問題

　一方、現地レベルの問題は「構造的」な問題である。端的に現在の国際社会には、平和維持活動に充てられるような判事や法務家、文民行政官、警察訓練官あるいは警察要員の余剰人員は存在しない。これは国連だけの問題ではなく、各国政府も行政と司法の文民人材を確保する必要性の認識を深めている。

　ここでも国連は市場機会を逸するおそれがある。というのは、世界のさまざまな国の人材に関する情報と調整の中枢になりうる「潜在的な比較優位性」を見逃しているためである。この役割は、名目上は平和構築支援局（PBSO）の権限下にあるが、実際には平和維持活動局が行なっているからである。

文民能力評価

　脆弱国支援における適正な「文民人材の動員」という課題を受けて、国連事務総長は2010年に、紛争後国の文民能力を評価する上級顧問グループを設置した。この上級顧問グループがまとめた報告書には、国連システムの総力を挙げて、持続可能な平和と開発を支える人材の規模と質の確保にあたることと、相手国の当該機関とのパートナーシップ（提携・協力）の拡充が提言として盛り込まれた。

この提言から、2011年に国連事務局で改革過程が始まり、現在は事務総長室を通じて実施されている。「文民能力評価」という原則は、国連安全保障理事会の委任による「国連リビア支援ミッション」に色濃く反映され、2011年末にリビアの紛争後復興計画立案の促進にあたる文民要員の迅速な展開につながった。これは前向きな事例であるが、文民能力評価のさらなる効果はいまのところ表れていない。

弱い分析力・監視・評価システム
　以上をまとめれば、「法の支配」に対する長期的支援において、国連の活動はまだ産声を上げたばかりである。包含度の高い政治的決着への傾注が不十分であり、経験基盤も弱い。また、意思決定の構造と文化についても、混乱の解消や意思決定の実践、あるいは加盟国との取り決めの合理化を図る「行程表」の提示ができない状態にある。

　紛争関連分野における国連活動の多くがそうであるように、分析の不足と監視・評価の枠組みの弱さが、「法の支配」に対する国連の関与をすべての側面で弱体化させている。

Part 8
変化する状況

5つの変化

　国連は、十分に確立された優位性と役割にもとづいて成果向上への取り組みを続けているが、国連活動が置かれる状況も変化している。それも急速に……。2010年代を迎えてから、国連は脆弱国への対応において5つの重要な状況の変化に直面しており、そのすべてが今後の国連の活動成果に重大な意味を帯びている。

❶　第一に、サハラ以南アフリカでも低所得国全体でも、「紛争」の数が着実に減っていることである。これは、部分的には国連の成功物語である。紛争数の減少に関して、国連による仲介者と平和維持要員の派遣が重要な一因となっていることを示す分析結果が積み重ねられている。しかし、紛争数の減少は活動の性格が変わることも意味する。つまり、国連は、紛争終結直後の復興（早期復興、戦闘要員の武装解除と社会復帰、難民の帰還など）から焦点を移し、「紛争後の開発」という長期的な課題に取り組まなければならない。

❷　第二に、2006年以降、紛争は「中東・北アフリカ」地域に移行し、中所得国での紛争が全体に占める割合を着実に増す傾向にある。この移行の及ぼす影響は深い。ごく単純化すると、1990年代と2000年代の脆弱国における国連の役割は、社会機構が未発達で、地政学的重要度の低い国々を主な舞台にしていたといえる——コソボとアフガニスタンを例外として。
しかし、中東・北アフリカ地域で国連（および他の活動主体）は、強力な組

織機構（もしくは部分的に強力な機構、とくに安全保障部門）を持ち、地政学的重要度の高い国々を相手にしている。これは国連の関与をとり巻く状況の"根本的変化"であり、国連の政策においてまだ十分に認識されていない。

❸ 第三に、新興国（とくに、中国、インド、ブラジル、トルコ、アラブ首長国連邦）が脆弱国への「経済的関与」を大幅に増していることである。その一部はODA（政府開発援助）に類似した資金援助、また一部は外国直接投資の形でなされているが、すべてが重大な結果を伴っている。この傾向は2000年代に広がったが、対象はおおむね近隣国に限られていた――インドはアフガニスタン、ブラジルはハイチ、アラブ首長国連邦はイエメンというように。ところが、この傾向が着実に変化し、一部の新興国は周辺地域を越えて大がかりな構想に着手している――トルコはソマリランド、アラブ首長国連邦はソマリア、ブラジルはモザンビーク、インドと中国はアフリカ諸国でというように。

❹ 第四に、従来の開発活動主体の間で、「紛争と脆弱性」に対する意識と関心が高まっていることである。とくに顕著なのが、経済協力開発機構（OECD）と世界銀行で、世界銀行は『世界開発報告書2011』において主要な考察の実施に関する指針をまとめ、ナイロビに「脆弱国ハブセンター」も設置した。このような関与の刷新は、世界銀行新総裁のジム・ヨン・キム（Jim Yong Kim）も全面的に継承している。

❺ そして第五に、現時点で国連活動の状況に影響が及び始めた2008年の「世界金融危機」である。ドナー（援助提供）国側の緊縮財政の影響が国連の活動予算にも波及すると予期されていたが、国連がすぐに世界金融危機のあおりを受けることにはならなかった。現実には、危機後の2年間、脆弱国における国連活動の中心にある「平和維持活動局」（DPKO）と「国連開発計画」（UNDP）の事業支出は増加を維持した。

世界金融危機の影響

しかし、2011年には、国連も世界金融危機の影響を免れないことが明白になった。事業支出の増加は頭打ちになり、平和維持活動局では横ばいに、国連開発計画では減少に転じた。

一方、状況の変化を示すさらなる兆候として、ODA（政府開発援助）が2011年に2%減少した。ODAの減少は1997年以来のことで、さらに翌2012年は4%減となった[17]。

2013年前半には、従来の開発ドナー数カ国が「援助予算削減」の方針を発表している。国連開発システムにとって、このような現実の進展は予想外だったと思われるが、ドナー側から「少ない予算で大きな成果」を求められ、国連の開発活動は深い影響を被ることになる。

[17] OECD, "Aid to Poor Countries Slips Further as Governments Tighten Budgets" (Paris, 2013)

Conclusions──結論

機構構築という開発課題

　上述のような変化のすべてが、国連の役割と活動に影響を及ぼしている。しかし、いずれも前向きの結果につながりうる変化である。紛争終結後の国々における国連の「機構構築」という長期的課題は、いくつかの面で紛争直後の課題よりも舵を取りやすい。現地での活動は不慣れな環境下になるとはいえ、直接的な暴力と不確実性が収まったあとで、「機構構築」の仕事は主要な開発課題により近くなる。

開発と民主化から得られた経験と教訓

　中東への移行は信じ難いほどに複雑だが、首尾よく舵取りできれば、地政学上の重要度から、国連活動に対する関心が大幅に高まりうるという側面もある。また、新興国の関与も、国連の中心性が強まることにつながるはずである。

　なぜなら、新興国が世界的レベルの活動で影響力を振るうには、国連を通じる以外に手段がないからである。そのうえ、新興国の関与によって国連に新たな「比較優位性」が加わることにもなる。すなわち、新興国みずからが比較的最近の「開発」と「民主化」の経験（民主化については一部の新興国に限られる）から得た教訓である。

　その教訓は現在の脆弱国にも大きく役立つ可能性が高く、西側先進国で規範となっている過剰な「開発」と過度に機構化された活動方式よりも、確実に意味をなすことになる。世界銀行が関与を深めることも、国連活動との効果的な調整（さらに望むらくは一体化）がなされるなら、脆弱国での開発活

動に"深み"と"強さ"が加わることになる。

期待される世界銀行の役割拡大

　しかし、現在のところ、国連にとっての好材料は世界銀行の役割拡大だけである。国連の潘基文（Ban Ki-Moon）事務総長と世界銀行のジム・ヨン・キム（Jim Yong Kim）総裁の良好な関係は明るい材料であり、これまで脆弱国以外の課題に焦点が置かれてきた協力のあり方も変わる可能性がある。しかし、それ以外の面では、それほど明るい材料はない。

脆弱国への取り組みの現状

　第一に、新興国はこれまで国連外での関与拡大にほぼ終始し、国連を通じた多国間関与よりも「南南協力」（途上国―途上国援助）や「三角援助協力」（ドナー国―途上国―途上国援助）を選んできた。唯一の大きな例外はハイチにおけるブラジルの活動で、首都ポルトープランスを中心として、平和維持活動の統率と開発の大きな刷新を一体化させている。しかし、そのブラジルも他の国々では二国間援助を選んでいる。ブラジルの多国間援助改革に対する関心は、この問題ではなく「持続可能性」の問題に向けられ、BRICS（ブラジル、ロシア、インド、中国、南アフリカ）による「新BRICS銀行」の創設に主導的立場を果たしている。トルコは、脆弱国での調停活動を重視する政策を進め、国連外に調停支援センターも設置している。カタールについても同様である。インドも、アフリカ諸国に対する開発と投資をほとんど国連を通さずに急拡大している。

　第二に、中東・北アフリカへの移行はきわめて混沌としており、リビアやイエメンでの国連活動のような成功事例が、エジプトやチュニジアでの失策とつまずきの陰に隠れてしまっている。「アラブの春」の中核課題ともいえる「法の支配」という強力な規範原理があるにもかかわらず、国連は依然として、その規範原理に立って各国の変革を支援すること、あるいは国際支援

をまとめ上げたり主導したりすることに、一貫した道筋を見いだしていない。しかもこの点は、現時点までのシリアにおける国連の関与の完全な失敗に触れるまでもなく言える。

　第三に、国連は、紛争直後から一歩踏み出した脆弱国における「機構構築」（とくに包括的な政治・治安・司法・雇用創出）に対する長期的な取り組みへ移行する必要性の意味をつかみ始めたばかりである。国連が徐々に関与を強化し始めたものが「法の支配」の機構構築であり、これまでは概念と実践の両面で大きな弱点を抱えていたが、今後は国連と国際社会全体にとって有望な分野となる。

今後の課題
　これらを考慮すると、今後も大きな課題が残ることになる。新たな課題もあれば永続している課題もあるが、最も重要なのは以下の「課題」である。

1 紛争から抜け出しながらも紛争再発の危険を抱えた国々での「法の支配」の機構構築に関して、概念と政策を明確にすること。また、国連開発計画（UNDP）、国連難民高等弁務官事務所（UNHCHR）、国連平和維持活動局（DPKO）／国連政治局（DPA）の活動の統合を深めること。
2「アラブの春」の危機的状況にもつながった「法の支配」の問題に関して、効果的な規範方針を採用すること。
3 国連の潘基文（Ban Ki-Moon）事務総長と世界銀行のジム・ヨン・キム（Jim Yong Kim）総裁の良好な関係を、脆弱国での国連と世界銀行の合同事業の実施に向けて生かすこと。
4「統合ミッション」というモデルを通じて、過去の「組織統合」よりも深く踏み込み、共通の戦略に基づく手段の統合に向かうこと。
5 文民能力の活用も含めて、新興国との政策・活動上のつながりを大幅に深めること。

――変革の必要性があるとはいえ、今後も国連開発システムの活動にとって脆弱国が焦点となることと、脆弱国の開発努力に国連が「中心的存在」であり続けることに、疑問の余地はほとんどない。

ブルース・ジェンクス（Bruce Jenks）

国連で30年近いキャリアを積み、国連開発計画（UNDP）事務次長補を最後に退官。現在はコロンビア大学国際公共政策大学院・非常勤教授。ジュネーブ大学でも講義を行なっている。ニューヨーク大学国際協力センター（CIC）・フェロー。オックスフォード大学で博士号取得。2011年、旭日中綬章叙勲。

ブルース・ジョーンズ（Bruce Jones）

ニューヨーク大学国際協力センター（CIC）・ディレクター／シニアフェロー。ブルッキングス研究所シニアフェローでもあり、グローバル・オーダー・プログラムのマネジングディレクターを務めている。最近では、世界銀行の「世界開発報告書2011：紛争・安全保障・開発」の上級外部顧問を務めた。2010年3月、国連事務総長により「国際文民能力レビュー」上級顧問グループのメンバーに任命。

丹羽敏之（にわ としゆき）

1939年、広島に生まれる。1945年8月6日、広島市内にて被爆。早稲田大学政治経済学部卒業。1965年、アメリカ・タフツ大学フレッチャースクール法律・外交大学院修士課程修了。民間企業勤務後、1971年よりUNDP（国連開発計画）勤務。1980～1983年イエメンおよび1983～1988年ネパールで、国連常駐調整官・UNDP常駐代表。1988～1990年、タイで国連常駐調整官、UNDP地域代表およびタイ・カンボジア国境救済活動（UNBRO）執行局長兼務。1990～1997年、UNDP事務次長補兼財務管理局長。1998～2003年、国連事務局総務担当事務次長補、国連共通サービス担当執行調整官。2003年、国連キャピタル・マスタープラン（国連ニューヨーク本部施設総改築計画）執行局長。2004～2007年までUNICEF（国連児童基金）事務局次長を務める。現在、関西学院大学総合政策学部特別客員教授（2008年～）。アメリカ在住。1988年、ネパール・ビレンドラ国王よりゴルカ・ダクシナ・バフー等勲章叙勲。2007年、天皇皇后両陛下御接見（平成19年2月28日）。2015年、瑞宝中綬章叙勲。

グローバルビジョンと5つの課題
岐路に立つ国連開発

2015年10月15日　初版第1刷発行

編者
ブルース・ジェンクス／ブルース・ジョーンズ
監訳者
丹羽敏之
発行者
佐々木久夫
翻訳協力
斉藤裕一
編集
鯨井教子・小池美咲
制作
井口明子
発行所
株式会社 人間と歴史社
東京都千代田区神田小川町2-6　〒101-0052
電話　03-5282-7181（代）／ FAX　03-5282-7180
http://www.ningen-rekishi.co.jp
印刷所
株式会社 シナノ

© 2015 Ningen-to-rekishi-sya, Printed in Japan
ISBN 978-4-89007-199-9　C0030

造本には十分注意しておりますが、乱丁・落丁の場合はお取り替え致します。本書の一部あるいは全部を無断で複写・複製することは、法律で認められた場合を除き、著作権の侵害となります。定価はカバーに表示してあります。視覚障害その他の理由で活字のままでこの本を利用出来ない人のために、営利を目的とする場合を除き「録音図書」「点字図書」「拡大写本」等の製作をすることを認めます。その際は著作権者、または出版社まで御連絡ください。

人間と歴史社　好評既刊

証言・日本人の過ち〈ハンセン病を生きて〉
――森元美代治・美恵子は語る

「らい予防法」によって強制隔離され、見知らぬ土地で本名を隠し、過去と縁を切り、仮名で過ごした半生。自らの生い立ちから発病の様子、入園、隔離下での患者の苦難の生活を実名で証言！　ハンセン病対策の過ちと人権の大切さを説く!!　「ニュース23」絶賛！　NHKラジオ「深夜便」「朝日新聞」ほか紹介！　「徹子の部屋」に森元夫妻出演・証言！感動を呼び起こした「事実の重み」　　　　藤田真一◆編著　定価2,136円+税

証言・自分が変わる 社会を変える
ハンセン病克服の記録第二集

「らい予防法」廃止から三年半。「人間回復」の喜びと今なお残るハンセン病差別の実態を森元美代治・美恵子夫妻が克明に語る。元厚生官僚・大谷藤郎氏、予防法廃止当時の厚生省担当係長、ハンセン病専門医らの証言から、らい予防法廃止の舞台裏、元患者らによる国家賠償請求の背景、彼らの社会復帰を阻害する諸問題、ひいては日本人の心に潜む「弱者阻害意識」を浮き彫りにする。　　藤田真一◆編著　定価2,500円+税

写真集【絆】　DAYS国際フォトジャーナリズム大賞・審査員特別賞受賞作品
「らい予防法」の傷痕――日本・韓国・台湾

「らい予防法」が施行されて100年―。本書は「強制隔離」によって、肉親との絆を絶たれ、仮借なき偏見と差別を生きた人々の「黙示録」であり、アジアの地に今なお残る「らい予防法」の傷痕を浮き彫りにしたドキュメントでもある。元患者の表情、収容施設の模様を伝える日本65点、韓国15点、台湾14点、計94点の写真を収録。キャプションと元患者の証言には韓国語訳を付す。　八重樫信之◆撮影　定価2,500円+税

ガンディー　知足の精神
ガンディー思想の今日的意義を問う――没後60年記念出版

「世界の危機は大量生産・大量消費への熱狂にある」「欲望を浄化せよ」――。透徹した文明観から人類生存の理法を説く。「非暴力」だけではないガンディーの思想・哲学をこの一書に集約。多岐に亘る視点と思想を11のキーワードで構成。ガンディーの言動の背景を各章ごとに詳細に解説。新たに浮かび上がるガンディーの魂と行動原理。
森本達雄◆編訳　定価2,000円+税

タゴール 死生の詩【新版】　生誕150周年記念出版
深く世界と人生を愛し、生きる歓びを最後の一滴まで味わいつくしたインドの詩人タゴールの世界文学史上に輝く、死生を主題にした最高傑作！

「こんどのわたしの誕生日に　わたしはいよいよ逝くだろう／わたしは　身近に友らを求める―彼らの手のやさしい感触のうちに／世界の究極の愛のうちに／わたしは　人生最上の恵みをたずさえて行こう／人間の最後の祝福をたずさえて行こう。／今日　わたしの頭陀袋は空っぽだ―／与えるべきすべてをわたしは与えつくした。／その返礼に　もしなにがしかのものが―／いくらかの愛と　いくらかの赦しが得られるなら／わたしは　それらのものをたずさえて行こう―／終焉の無言の祝祭へと渡し舟を漕ぎ出すときに。」（本文より）
森本達雄◆編訳　定価1,600円+税

【松本健一思想伝】
思想とは人間の生きるかたちである

思想は生き方の問題である。ひとは思想によって生きてゆくのではなく、生き方そのものが思想なのである。生き方そのものに思想をみずして、どうしてひとの沈黙のなかに言葉をみることができようか

● 各巻 320 頁　● 定価各巻 1,900 円＋税

1 思想の覚醒 思想の面影を追って
2 思想の展開 仮説の力を発条に
3 思想の挑戦 新たな地平を拓く

松岡正剛氏（編集工学研究所長）「松本健一氏が書いた本は、長らくぼくが信用して近現代史を読むときに座右にしてきたものである。とくに北一輝については絶対の信頼をおいて読んできた。（中略）あいかわらず松本を読むとぼくは得心する。この人は歴史の面影が書けるのだ。」

『週間エコノミスト』「北一輝研究の第一人者で思想家、評論家、作家、歴史家とさまざまな顔を持つ著者の膨大な作品の「まえがき」「あとがき」を集めた3冊本『松本健一思想伝』の第1巻。年代順に並べられ、1971年からの著者の思想的変遷が一目瞭然。3冊を通読すると、近現代史を見る著者の目が一貫して歴史の底に潜む思想の葛藤、ひいては一人一人の人間の思想的苦闘に向いていることが再確認できる。この巻では「私の同時代史」の長文が今も輝きを放ち、秀逸だ。」（2013・7・30号）

ひとはなぜ、人の死を看とるのか
日本的ホスピスのかたちを求めて

日野原重明 聖路加国際病院理事長「東京都大田区において開業医をしておられる鈴木荘一先生は、日本のホスピスケア、在宅ケアの第一人者である。鈴木先生が半世紀の臨床医としての生活の中から得られたホスピスの精神が、このたび『ひとはなぜ、人の死を看とるのか』という名著となって出版された。ホスピスの創設者シシリー・ソンダース医師のホスピス精神をもっとも深く理解されている鈴木先生が著された本書を、医療関係者や一般の方々に広く読んでいただきたいと思う」　鈴木荘一◆著　聞き手◆佐々木久夫　定価 2,700 円＋税

パンデミック 〈病〉の文化史

パンデミックは"パニック現象"を引き起こす―
そのとき、人間はどう行動したか　そして社会は、国家は……。
来るべきパンデミックに備え、　過去と現在から未来を観照する。

赤阪俊一　米村泰明　尾崎恭一　西山智則＝著
A5判 並製　380頁　定価：3,200円＋税

〈ケーススタディ〉いのちと向き合う看護と倫理
――受精から終末期まで

エルシー・L・バンドマン＋バートラム・バンドマン◆著
木村利人◆監訳　鶴若麻理・仙波由加里◆訳

倫理的思考を通して患者の人間としての尊厳・QOL・自己決定の在り方を具体的に提示、解説。「子宮の中から墓場に至るまで」のライフスパンごとの臨床現場に即した様々な事例（52例）を提示、そのメリット・デメリットを解説。各章ごとに「この章で学ぶこと」、「討論のテーマ」を配し、学ぶべきポイントを要約。A5判 並製　定価：3,500円＋税

人間と歴史社　好評既刊

ひと味ちがう
地球一周の船旅
──平和の種をまきながら

木村恵子◆著

タイ・ベトナム・スイス・アメリカに居住し、世界各地を旅行したエッセイスト・木村恵子が"ピースボート"による、ひと味ちがう地球一周の船旅をお届けします！

主な寄港地

ベトナム・シンガポール・インド・エジプト
トルコ・ギリシャ・イタリア・フランス
スペイン・モロッコ・カナリア諸島・ジャマイカ
コロンビア・パナマ・グアテマラ・メキシコ

国境のない海を行く
スローな船旅
さまざまな歴史、文化に触れ、
人々と出会いながら
地球をまわる
平和の種をまきながら

本体価格 1,500 円
ISBN978-4-89007-198-2

サステイナブルなものづくり
ゆりかごからゆりかごへ

Cradle to Cradle
W. McDonough & M. Braungart

ウィリアム・マクダナー　マイケル・ブラウンガート●著
岡山慶子・吉村英子●監修　山本聡・山崎正人●訳

**自然から得たものは自然に還す
この理念と実践こそが企業価値を決定づける！**

自然界に"ゴミ"は存在しない。ゴミは産業デザインの欠陥のシンボル。氾濫する未熟製品。再生産型システムをデザインせよ！　コンセプトは「ゴミ＝食物」「人が食べても安全」「永遠性のあるデザイン」「川はどんな洗剤であって欲しいと思うか」「その土地に適したものは何か」「風土に適した創意工夫」………。ものづくりの理念を一挙公開！

有馬朗人（元文部大臣・東京大学総長／日本科学技術振興財団会長）
『Cradle to Cradle』（ゆりかごからゆりかごへ）は、大量生産・大量消費・大量廃棄という「消耗の世界」から、多様な生き物と共生する「豊饒の世界」への転換を図るひとつのモデルである。地球環境の保全、人間の福祉と公正、経済的繁栄の共生をめざすサステイナブル社会実現のために、一人でも多くの人々に読んで頂きたい一冊である。この本には人類が直面するさまざまな問題を解決する答えがある。

山本良一（東京大学教授）
これからのものづくりの入門書として推薦します

島田晴雄（千葉商科大学学長）
「ものづくり」で生きてきた日本が、21世紀も引き続き世界をリードしていくためには、先人が築き上げてきた「ものづくり」の精神と技術に加え、本書のようなまったく新しい理念が必要だ。

【主な内容】
第1章　産業モデルの変遷
産業革命の歴史／現代の産業モデル
第2章　成長から持続へ
経済システムの転換／エコ効率の手法／エコ効率の原則
第3章　コントロールを超えて
未来の本をデザインする／未来の建物をデザインする／成長とは何か／デザインにおける新しい課題
第4章　ゴミの概念をなくす
ゴミの文明史／「ゴミは存在しない」が前提
第5章　サステイナビリティーの基本
多様性の尊重／相互依存性／自然のエネルギーとの接点／エネルギー供給の革新／デザインを視覚化するツール
第6章　サステイナブルなものづくり
フォード社のサステイナブル計画／エコ効果への5つのステップ／エコ効果への5つの指針

四六判　並製　定価1,600円（税別）

人間と歴史社　好評既刊

岐路に立つ国連開発
変容する国際協力の枠組み
United Nations Development at a Crossroads

ブルース・ジェンクス　ブルース・ジョーンズ　編著

国連児童基金(ユニセフ)元事務局次長
丹羽敏之　監訳

開発援助を考える絶好の書

世界最初の翻訳出版！「国連開発資産」の全体像を初めて公開！

民間と国際社会は"何をどう援助すべきか"
開発協力の未来像を探る

世界経済はこの20年間に歴史的規模の変貌を遂げた。「開発協力」もまたこの20年の間に変わった。各国政府に加えて「ゲイツ財団」のような民間慈善団体も関与するようになり、活動主体が数を増した。いまや官民パートナーシップが規範となり、公共セクターが枠組みと規制を定め、民間セクターが資金とともに管理と技術面のノウハウを提供している。本書は、国際社会が直面している課題と開発協力の現状を徹底分析し、「3つのシナリオ」を提示しつつ開発協力の未来像を探る。

国際協力の現場から
〈世界のいま〉〈世界の未来〉が見えてくる！

B5判並製　224頁　本体価格3,800円　ISBN978-4-89007-193-7